Gefährtinnen der Macht

Eva Maleck-Lewy
Virginia Penrose
(Hg.)

Gefährtinnen der Macht

Politische Partizipation von Frauen
im vereinigten Deutschland
– eine Zwischenbilanz

edition
sigma

Über sein sozialwissenschaftliches Gesamtprogramm informiert der Verlag Sie gern. Natürlich kostenlos und unverbindlich. Postkarte genügt.
edition sigma   **Karl-Marx-Str. 17**   **D-12043 Berlin**   **Tel. (030) 623 23 63**

Die Deutsche Bibliothek - CIP-Einheitsaufnahme

Gefährtinnen der Macht : politische Partizipation von Frauen im vereinigten Deutschland ; eine Zwischenbilanz / Eva Maleck-Lewy ; Virginia Penrose (Hg.). - Berlin : Ed. Sigma, 1995
   ISBN 3-89404-400-4
NE: Maleck-Lewy, Eva (Hrsg.)

Umschlagillustration: Ralf Butschkow, Berlin

Druck: WZB   Printed in Germany

Inhalt

Vorwort

Jedes Buch hat seine eigene Geschichte. Sie prägt seinen Geist und seinen Stil. So auch hier. Vor gut vier Jahren fand sich eine Gruppe von Sozialwissenschaftlerinnen aus Ost- und West-Berlin zusammen, um sich persönlich kennenzulernen und miteinander Fragen und Probleme der deutschen Einheit zu diskutieren. Aus dem theoretischen und politisch interessierten Ost-West-Dialog entstand eine Arbeitsgruppe, die sich vordergründig mit Problemen der Frauenbewegung, Frauenpolitik und politischen Partizipation von Frauen beschäftigte. Aus diesem Kreis stammt auch die Idee für dieses Buch.

Mit dem Zusammenbruch des politischen Systems des Sozialismus und der Herstellung der deutschen Einheit war die Periode der Nachkriegsgeschichte in Deutschland endgültig beendet. Es brauchte eine gewisse Zeit, bis in Ost und West das Bewußtsein über die grundsätzliche Bedeutung dieser Veränderungen zu wachsen begann. Während für die Bevölkerung der ehemaligen DDR die Veränderung aller Lebensbereiche plötzlich und abrupt einsetzte, wurden die Folgen der deutschen Einheit für die Mehrheit der Bevölkerung der alten Bundesrepublik erst allmählich spürbar. Die Betroffenheit durch die Folgen der Deutschen Einheit wie auch die zeitliche Wahrnehmung dieser Veränderungen in Ost und West waren dementsprechend unterschiedlich. Die Tatsache, daß sich unser Diskussionskreis aus West- und Ost-Berlinerinnen zusammensetzte, machte uns schneller als manch anderen deutlich, daß sich vierzig Jahre getrennte Geschichte und damit verhaltensbeeinflussende Lebenserfahrung weder einfach wegwischen noch beliebig austauschen lassen. Ein blindes Auge für das jeweilige "Andere" zu pflegen war uns nicht ohne weiters möglich. Beobachtung und wissenschaftliche Analyse politischer Partizipation zeigten, wie allzuleicht es auch in frauenpolitischen Zusammenhängen war, Westdeutsches als Gesamtdeutsches verkaufen zu wollen. Der Dialog, den die Herausgeberinnen und Autorinnen dieses Bandes führten, beinhaltete dagegen eine Anerkennung der in vierzig Jahren gewachsenen unterschiedlichen Wertmaßstäbe und Verhaltensweisen. Der Versuch, eine "Zwischenbilanz" zur politischen Partizipation von Frauen im vereinigten Deutschland zu ziehen, bedeutete deshalb für uns vor allem Bestandsaufnahme und Analyse einzelner frauenpolitisch relevanter Probleme bzw. Felder politischer Partizipation von Frauen, unter Anerkennung unterschiedlich gewachsenen Politik- und Machtverständnisses.

Weibliche Partizipation in Rampenlicht der deutschen Vereinigung: Erwartungshorizonte und Enttäuschungen

Die Frauenbewegung der Wendezeit in Ostdeutschland entstieg im Dezember 1989 der im Auflösungsprozeß befindlichen DDR scheinbar wie der Phönix aus der Asche. Mit ihrer populärsten Losung "Ohne Frauen ist kein Staat zu machen" bemühte sich wenig später die CDU in den ersten demokratischen Wahlen zur Volkskammer der DDR im Mai 1990 und wenig später auch zu den ersten gesamtdeutschen Bundestagswahlen um die Aufmerksamkeit von Frauen. Die Übernahme des Wahlslogans der ostdeutschen Frauenbewegung, damals repräsentiert durch den Unabhängigen Frauenverband (UFV) wurde von der Frauenbewegung selbst als Kampfansage ihr gegenüber verstanden. Tatsächlich markiert der öffentliche Streit um die "Urheberrechte" dieser Losung den Beginn des Wettbewerbs um Frauenstimmen im damals noch nicht vereinigten Deutschland. Zu den ersten gesamtdeutschen Bundestagswahlen Ende 1990 warben alle Parteien um die Stimmen der Frauen, indem sie diesen mehr politischen Einfluß in der Politik und eine bessere Vertretung von Fraueninteressen durch ihre jeweilige Partei versprachen. Das Wahlbündnis Die Grünen/Bündnis 90/UFV ging in den Wahlkampf mit der Losung: "Andere machen mit Frauen Politik. Bei uns machen Frauen Politik"; die SPD warben mit ihrer Quote und versprach den Frauen mehr Einfluß und eine bessere Interessenvertretung. Das Werben um und für die Frauen beschränkte sich nicht auf Losungen in Werbespots und auf Wahlplakaten. Wahlkandidatinnen und Politikerinnen warben auch einzelnen für ihre jeweilige Partei mit der Ansicht, daß Fraueninteressen vor allem durch Frauen selbst in der Politik vertreten werden müssen.

In der ersten gesamtdeutschen Bundestagswahl im Dezember 1990 überschritt der Anteil der weiblichen Abgeordneten im Deutschen Bundestag erstmals die 20%-Hürde. In diesen Wahlen wurden deutlich mehr Frauen von ihren Parteien für Direktmandate aufgestellt und von den Wählerinnen und Wählern auch gewählt. Mit Hilfe der Quotierung gelangte der größere Teil der SPD-Kandidatinnen über Listenplätze ins Parlament.

Nach diesen Wahlen blieb jedoch die weitere Verfolgung einer fortschrittlichen Frauenpolitik aus. Mit Ausnahme der Diskussion um die Neureglung des Abtreibungsrechtes verschwand das Thema "Frauen" sehr bald sowohl aus der politischen Öffentlichkeit als auch aus den parteiinternen Debatten. Damit verschwand auch die Hoffnung vieler, daß das explizite Ansprechen von Frauen und die Aufnahme frauenpolitischer Losungen in die Wahlkampagnen als Zeichen für Veränderungen in den Parteien, als Wertewandel innerhalb der Parteien zu Frauenpolitik und Partizipation verstanden werden könnte. Frauenpolitisch interessierte Politikerinnen und Frauen in Ost und West bewerten deshalb das Verhalten der Parteien als ein wahltaktisches Eingehen auf veränderte Einstellungen und die realen Wünsche von Wählerinnen und Wählern, ohne daß diesen auch die versprochenen frauenpolitischen Fortschritte und strukturellen Veränderungen folgten.

Die Entwicklung der Erwartungen sowie die Vorstellung darüber, was frauenpolitisch mit und im Prozeß der deutschen Einheit erreicht werden könnte bzw. sollte, war unter west- und ostdeutschen Frauen unterschiedlich - oft auch gegensätzlich. In der Wendezeit wollten die politisch interessierten Frauen im Osten vor allem neben den Männern an den Reformprozessen der DDR-Gesellschaft teilnehmen. Sie sahen in den neuen politischen Entwicklungen die Chance, in die bisher männerdominierten Bereiche der Politik einzudringen. Ihnen schien ihre gleichberechtigte Mitarbeit zunächst eine Selbstverständlichkeit parlamentarisch-demokratischer Verhältnisse zu sein. Auf den frauenpolitischen Errungenschaften der DDR-Gesellschaft aufbauend, strebten diese Frauen erstmals das Ziel an, frauenspezifische Interessen und Vorstellungen über Entwicklungsrichtung und Inhalte von Reformpolitik selber zu definieren und politisch auch durchzusetzen. Dieses ist ihnen für den kurzen Zeitraum von Dezember 1989 bis September 1990 auch gelungen.

Die Erfolge der Ostfrauenbewegung erweckten bei nicht wenigen westdeutschen Politikerinnen und Frauen der autonomen Frauenbewegung neue Hoffnungen; mit Hilfe des Schwungs der ostdeutschen Frauenbewegung und der von ihr an die Politik herangetragenen Forderungen wollten sie auch in der alten Bundesrepublik frauenpolitische Vorstellungen und Ziele, die bis dahin immer wieder an den politischen Realitäten und dem politischen Kräfteverhältnis gescheitert waren, endlich erfolgreich durchgesetzt sehen. Insbesondere die Reform des Abtreibungsrechts, die Durchsetzung vermehrter öffentlicher Finanzierung von Kindergärten und Kindertagesstätten, die Reformierung des Frauen benachteiligenden Rentenrechts u.a. wurde diskutiert und diese Diskussionen mit der Hoffnung verbunden, daß der deutsch-deutsche Einigungsprozeß auch notwendige politische Veränderungen zugunsten von Frauen hervorbringen würde.

Die realen Entwicklungen im vereinigten Deutschland widersprachen diesen Hoffnungen. Symbolisch verdeutlichte dies bereits die Zusammensetzung der Verhandlungskommissionen zum Einigungsvertrag: Frauen waren in den Verhandlungsdelegationen beider deutscher Staaten weder präsent, noch wurden die Forderungen von Politikerinnen und der Frauenbewegung nach adäquater Berücksichtigung frauenpolitischer Interessen im Einigungsvertrag aufgenommen.

Aus dieser Entwicklung und aus Enttäuschung über das Nichteintreffen der erhofften frauenpolitischen Fortschritte im Zuge der Einheit, haben manche Frauen aus beiden Teilen Deutschlands den Schluß gezogen, daß mit der deutschen Einheit ein frauenpolitisches Roll-back einsetzte. Auf dem ersten Blick scheint diese Feststellung stimmig. Aber trifft sie auch wirklich zu? Worauf bezieht sich diese Feststellung und ist sie sinnvoll auch im Hinblick auf die Teilhabe von Frauen in der Politik?

Die aus den Bundestagswahlen 1990 und 1994 siegreich hervorgegangene Bundesregierung versucht, die existierenden Arbeitsmarkt- und finanzpolitischen Probleme zu lösen, indem sie auf traditionelle Muster konservativer Politik zurückgreift: Arbeitsmarktpolitisch war/ist das eine Politik, die Frauen aus dem Osten aus dem (ersten) Arbeitsmarkt verdrängt und die ursprünglich annahm, Frauen in Ostdeutschland würden die Rolle der Hausfrau und Mutter bzw. das Drei-Phasen-Familienmodell der alten Bundesrepublik mit Freude annehmen. Heute liegt der Frauenanteil an den Arbeitslosen in Ostdeutschland prozentual bei ca. 70 Prozent. Der Verlust des Arbeitsplatzes und die Abwertung beruflicher Qualifikation machten diese Frauen zu Verliererinnen der Einheit. Inzwischen haben die Probleme der Wirtschaft der Bundesrepublik zur höchsten Arbeitslosenrate der letzten Jahrzehnte in der Geschichte der BRD geführt und auch tiefgreifende Auswirkungen auf die Bevölkerung in den alten Ländern, mit den bekannten sich potenzierenden negativen Effekten für Frauen, die sich aus der strukturellen Benachteiligung von Frauen und Mädchen auf dem bundesdeutschen Arbeitsmarkt ergeben. Finanzpolitisch versuchte und versucht die Bundesregierung ihr steigendes Haushaltsdefizit - zum Teil auch Ergebnis selbstverschuldeter Fehler in der Wirtschafts- und Finanzpolitik bei der Gestaltung der deutschen Einheit - zuerst und vor allen Dingen auf Kosten der Frauen, Kinder und Familien sowie der sozial Schwachen zu lösen. Diese Maßnahmen sind der sichtbarste Ausdruck einer konservativen und im Kern frauenfeindlichen Politik.

Nichts desto trotz darf die Bilanz der Frauenpolitik nach fünf Jahren deutscher Einheit nicht auf diese wenigen, wenn auch wesentlichen Fakten und Entwicklungstendenzen reduziert werden. Die Beiträge des vorliegenden Bandes zeigen, daß die Ergebnisse von Frauenpolitik und frauenpolitischen Handelns durchaus als widersprüchlich einzuschätzen sind: Während sich die vielfältigen Formen struktureller Benachteiligung von Frauen auf dem Arbeitsmarkt und ihr mangelnder Einfluß auf die entscheidenden bundes- und landespolitischen Entscheidungen immer noch besonders nachteilig für Frauen auswirkt, sind auf dem Gebiet der politischen Partizipation zum Teil deutliche Fortschritte und bei den Frauen selbst ein gestiegener Wille zur Teilhabe an der Macht und zur Übernahme von politischer Verantwortung zu verzeichnen.

Trotz düsterer Prognosen der letzten Jahre ist der Frauenanteil des im Oktober 1994 gewählten Bundestages in sechs aufeinanderfolgenden Wahlperioden gestiegen. Von 672 Abgeordneten des 13. Deutschen Bundestages sind 176 Abgeordnete oder 26,2 Prozent Frauen. Dennoch sind deutliche Unterschiede in der parlamentarischen Vertretung von Frauen in den einzelnen Parteien zu beobachten. Den höchsten Frauenanteil erreichen die Parteien, die eine bestimmte, wenn auch im Verfahren unterschiedliche Form von Quotierung in ihre Statuten bzw. Satzungen eingeführt haben. So beträgt der Frauenanteil der Partei BÜNDNIS 90/DIE GRÜNEN 59,1 Prozent, der PDS 40 Prozent und der SPD 33,3 Prozent, während die drei Parteien ohne verbindliche Quotierungsregelungen zum Teil hinter schon einmal erreichte Frauenanteile an erzielten Mandaten zurückfielen. So erreichte die F.D.P. gerade noch einen Frauenanteil von 19 Prozent, die CDU von 14,7 Prozent und die CSU von 12,0 Prozent.

Der zwei Tage nach der Bundestagswahl erfolgte Aufruf der Vorsitzenden der Frauenunion der CDU Rita Süssmuth nach der Quote und letztendlich die Zustimmung für eine solche nach massivem Druck Helmut Kohls auf Teile der Delegierten des den Bundestagswahlen 1994 folgenden CDU-Parteitags belegen die veränderte Situation, daß der Wunsch der Frauen nach Einfluß in der Politik auch in der traditionell konservativen Partei CDU nicht mehr so ohne weiters übergangen werden kann.

Westfrau – Ostfrau: Vom Schwesternstreit zu neuen Ufern

Mit der staatlichen Einheit wurden zwei Gesellschaften vereinigt, die sich vierzig Jahre lang antagonistisch zueinander verhielten und unterschiedlich entwickkelten. Die Bürger beider deutscher Staaten wuchsen in verschiedenen politischen und wirtschaftlichen Systemen mit differenten kulturellen und politischen Sozialisationsformen auf. Während mit der Einheit die Frauen aus Ostdeutschland sich plötzlich in einem anderen politischen und gesellschaftlichen System wiederfanden, änderte sich zunächst formal für Frauen der alten Bundesrepublik wenig. Erst allmählich gewannen die mit der Einheit zusammenhängende Veränderungen auch spürbar Bedeutung im Alltag der Bürger/innen der "alten Länder".

Wen wundert es, daß entsprechend der unterschiedlichen politischen Sozialisation, Erfahrungen und der verschiedenartigen Betroffenheit von den Folgen der Einheit die Entwicklung im vereinigten Deutschland von Ost- und West-Frauen oft unterschiedlich interpretiert und gewertet wurde? Ein deutliches Beispiel hierfür ist die unterschiedliche Beurteilung der Entscheidung des Bundesverfassungsgerichts (BVG) zur Neuregelung des Abtreibungsrechts vom Mai 1993 durch die Mehrheit der Frauen in Ost und West: Während prominente westdeutsche Vertreterinnen mehrheitlich erklärten, zwar nicht glücklich über das Urteil des Bundesverfassungsgerichts zur Neuregelung des Schwangerschaftsabbruchs zu sein, aber mit ihm als typischem Kompromiß "leben" zu können, lehnte die übergroße Mehrheit der ostdeutschen Frauen dieses Gesetz auf dem Hintergrund zwanzigjähriger Erfahrung im Umgang mit einer liberalen Fristenregelung als "empörend", "mittelalterlich" oder "rückschrittlich" ab.

Die gemeinsame Sprache und der Überschwang der Freude über die deutsche Einheit verdeckte zum Beginn der Einheit oftmals diese Gegensätze. "Mißverständnisse", "Verständigungsschwierigkeiten", aneinander "Vorbeireden" und "Enttäuschungen" auf beiden Seiten waren häufige Vokabeln, mit denen die Schwierigkeiten von Verständigung und Kommunikation, auf die alle Seiten wenig vorbereitet waren, umschrieben wurden.

Die Beiträge des vorliegenden Buches verdeutlichen, daß unterschiedliche politische Sozialisation und Lebenslagen, in denen sich auch heute noch Frauen aus Ost und West befinden, mit Notwendigkeit unterschiedliche bzw. gegensätzliche Interessen und auch Konkurrenz untereinander hervorbringen. Die sich spätestens seit Anfang 1993 deutlich abzeichnende Reaktion auf solcherart Einsichten ist eine wachsende Toleranz von Frauen aus Ost und West füreinander. Gleichzeitig wächst die Einsicht, daß die Unterschiede aus dem Herkommen zwar gemeinsames politisches Handeln erschweren, aber dieses damit nicht weniger notwendig ist und bleibt.

Dieses Buch verstehen wir als Beitrag zum Ost-West-Dialog. Wir wollen die Rolle von Frauen und ihren Einfluß innerhalb der institutionalisierten und nicht institutionalisierten Politik im vereinten Deutschland kritisch beleuchten. Bei einem solchen Vorhaben darf über die fundamentalen Unterschiede in der politischen und wirtschaftlichen Entwicklungen beider Teilen Deutschlands nicht hinweggesehen werden: Die strukturellen Bedingungen politischen Alltags sind weiterhin nicht vergleichbar. Die unterschiedliche politische Sozialisation der Frauen in Ost und West hat bis heute Einfluß auf den "Blickwinkel", von dem aus Politik wahrgenommen wird, auf die Konzepte von Politik, das Politik- und Machtverständnis bis hin zu politischen Strategien und Verhaltensformen. Aus diesen Gründen stand bei der Ausarbeitung des Buchkonzeptes eine Quantifizierung weiblicher Partizipation in der Politik nicht im Vordergrund unseres Interesses. Vielmehr soll eine kritische Bilanz unter Berücksichtigung differierender politischer Sozialisation und Lebenserfahrungen politisch engagierter Frauen gezogen werden. Bewußt suchten wir Autorinnen mit unterschiedlichen Hintergründen, die in den meisten Fällen sowohl sozialwissenschaftlich tätig als auch frauenpolitisch engagiert waren. Unsererseits angestrebt war eine Bearbeitung der Problematik weiblicher Partizipation in der Politik sowohl aus der "West"- und der "Ost"-Perspektive als auch aus dem fremden Blickwinkel US-amerikanischer Forscherinnen. Mit wenigen Ausnahmen begrenzen die Verfasserinnen ihren kritisch-analytischen Blick jeweils auf bestimmte Regionen und/oder Organisationen; der "Dialog" in diesem Buch ergibt sich demnach vor allem aus der Gegenüberstellung der Beiträge, durch die - wir hoffen - auch die Auswirkung unterschiedlicher politischer Sozialisation und Lebenserfahrungen auf Interessenschwerpunkte, Interpretationsmuster und politische Handlungsstrategien deutlich wird.

Die Themen der Beiträge gruppieren sich um zwei Schwerpunkte: Zum einen interessierten uns die konkreten Bedingungen der politischen Partizipation von Frauen in den Parteien und der Frauenbewegung und zum anderen die wissenschaftlich-analytische Bearbeitung relevanter frauenpolitischer Themen. Ausgehend von ihrem jeweiligen Untersuchungsgegenstand bieten die Autorinnen neue Informationen und Einblicke über den Stand politischer Partizipation von Frauen im vereinigten Deutschland.

Der einleitende Aufsatz von *Brigitte Geißel* vermittelt einen Überblick theoretischer Ansätze und empirischer Ergebnisse zum Thema 'politische Sozialisation von Frauen'. Er führt somit in ein wesentliches Gebiet feministischer Theorie zur politischer Partizipation von Frauen ein.

Es folgen vier Aufsätze über die frauenpolitischen Entwicklungen innerhalb von vier im Bundestag vertretenen Parteien. Bei der Auswahl dieser Beiträge legten wir besonderen Wert auf die Insider-Perspektive der Autorinnen, die in der Mehrzahl seit vielen Jahren sozialwissenschaftlich und politisch tätig sind. Das Unternehmen, die "Innen-Außen-Differenz" zu überschreiten *(Ingrid Reichart-Dreyer)* und wissenschaftliche Analyse mit individueller Erfahrung zu kombinieren, erwies sich z.T. als äußerst schwierig. Es forderte von den Autorinnen einen hohen Grad an kritischer Distanz zu der jeweiligen politischen Organisation, mit der sie sich jahrelang identifizierten bzw. noch heute identifizieren. Es forderte gleichfalls, daß diese Frauen sich mit ihrer eigenen Geschichte innerhalb dieser Organisationen auseinandersetzten. Alle Beiträge bieten uns einen Überblick der programmatischen Entwicklungen und Information über das Ausmaß personaler Beteiligung von Frauen in der jeweiligen Organisation. Dem jeweils aktuellen parteiinternen Diskurs, aber auch den politischen Erfahrungen und persönlichen Interessen der Verfasserinnen entsprechend, weisen die Beiträge dennoch unterschiedliche Schwerpunkte in der Analyse auf. Mit der Gegenüberstellung dieser Aufsätze werden weniger die Gemeinsamkeiten als die Differenzen zwischen kleinen und großen Parteien, aber vor allem zwischen Ost und West in den frauenpolitischen Entwicklungen und in den Eckpunkten organisationsinterner Diskussionen zur weiblichen Partizipation in der Politik sichtbar.

Mit einem anspruchsvollen wissenschaftlich-analytischen Ansatz geht die westdeutsche Politologin und langjährige Kommunalpolitikerin *Ingrid Reichart-Dreyer* der Frage nach, inwieweit Frauen Teilnahme an der Willensbildung - im Sinne von Einbringung ihrer Lebenssicht und -erfahrung in die Zielsetzung der Partei - in der CDU heute real zugestanden wird. Ihre Aufmerksamkeit gilt insbesondere programmatischen Veränderungen in der frauenpolitischen Position ihrer Partei und der wachsenden Kluft zwischen Bereitschaftserklärung und Politikergebnissen zwischen 1985 und 1993.

Auf dem Hintergrund der Superwahljahr 1994 unternimmt *Petra Weis*, Frauenreferentin des SPD-Vorstandes in Bonn, eine (selbst-)kritische Bilanz innerparteilicher Gleichstellung im Zeichen der Quote. Sie zeigt die unterschiedlichen Etappen des Kampfes in der sozialdemokratischen Partei, um die Durchsetzung der Gleichberechtigungsforderung. Ein Kampf, der "so alt wie die Partei selbst" und eng mit der Geschichte der Sozialdemokratie verwoben ist. Deutlich wird, daß dieser Kampf mit der Einführung der Quotenregelung längst nicht beendet ist. Die Autorin beschreibt Erfahrungen im Umgang mit dem Quotenbeschluß in der SPD, die insgesamt für die frauenpolitische Diskussion um Gleichstellungsfortschritte von höchstem Interesse sind. Der Verzicht der Partei auf Sanktionen für den Fall der Nichteinhaltung der Quote und die weiterwirkende Bevorzugung männlicher Kandidaten für die entscheidungstragenden Positionen innerhalb der Partei zeugen davon, daß die Quote allein die bislang gültigen Prinzipien der Personalauswahl und Elitenbildung keinesfalls gänzlich außer Kraft setzen kann.

Uta Schäfer, einst jüngstes Mitglied der F.D.P.-Landesvorstandes in Sachsen und Geschäftsführerin der F.D.P.-Fraktion im Leipziger Stadtparlament, gibt uns einen aufschlußreichen Einblick in die partei- und frauenpolitischen Entwicklungen der Liberalen vor, während und nach der Wende in Ostdeutschland. Am Beispiel der F.D.P.-Sachsen stellt sie Thesen zu Ursachen und Wirkung programmatischer Veränderungen im Bereich Frauenpolitik der ostdeutschen F.D.P. auf. Wichtig ist der Leipzigerin, parteipolitische Strukturbedingungen und Erwartungshaltungen in der Partei sowie in der Gesellschaft zu erläutern, die zur Demotivation und zum Ausstieg liberaler Politikerinnen aus der "Wirtschaftspartei F.D.P." in den neuen Bundesländern geführt haben.

Jahrzehntelang wandte sich die SED gegen den Feminismus als bürgerliche Theorie und Praxis. Feministisches Engagement in der DDR wurde als konterrevolutionär, bestenfalls als überflüssig ausgegeben, denn die Gleichberechtigung der Geschlechter als bedeutendes Ziel der Politik der SED galt bereits als im Grundsatz verwirklicht. Indem MdB *Heidi Knake-Werner* und *Sonja Kiesbauer* die schwierige innerparteiliche Auseinandersetzung über Einführung und Durchsetzung feministischer Politikansätze in der Partei des demokratischen Sozialismus (PDS) kritisch durchleuchten, rütteln sie am Mythos eines wahlpolitisch und programmatisch wichtigen Standbeins der heute heiß umstrittenen Nachfolgerpartei der SED. Erstmals werden ausführliche Fakten zur Partizipation von Frauen in der PDS einem breiteren Publikum zugänglich gemacht. Von großem Interesse für den hier angestrebten Ost-West-Dialog ist ihre Diskussion zu den Begriffen Gleichstellung, Gleichberechtigung und Emanzipation.

14

Zwei vergleichende Studien - von nordamerikanischen Politologinnen durchgeführt - analysieren und arbeiten Unterschiede im politischen Verhalten und in den Denkstrukturen ost- und westdeutscher Politikerinnen heraus. *Lee Ann Banaszak* beschäftigt sich mit der Frage regionaler Vertretung von Frauen am Beispiel der Kommunalwahlen in Berlin-Ost (1990 und 1992) und Berlin-West (1989 und 1992). Mit Hilfe des Ost-West-Vergleichs analysiert sie die Bedeutung von situativen Faktoren für den Wahlerfolg von Frauen unter historisch ungewöhnlichen Bedingungen.

In ihrem Beitrag befaßt sich *Virginia Penrose* mit unterschiedlichen Machtverständnissen deutscher Politikerinnen. Dabei greift sie auf die Ergebnisse einer qualitativen Studie zu Orientierungsmustern politisch engagierter Frauen in West- und Ostdeutschland zurück. Am Beispiel der BRD und DDR weist die Autorin nach, wie nachhaltig unterschiedliche Staatssysteme das Machtverständnis prägen. Sowohl Gesellschaftsspezifisches als auch Geschlechtsspezifisches in den individuellen Definitionen und alltäglicher Handhabung von Macht im politischen Umfeld der Befragten wird analysiert. Schließlich wirft die in Berlin ansässige Nordamerikanerin die Frage nach der Bedeutung dieser Verständnisdifferenzen für politisch aktive Frauen im Prozeß der deutschen Vereinigung auf.

Um die Sichtbarmachung der historischen Besonderheit spezifischer Qualitäten und des besonderen Lebenszusammenhanges von Frauen in der Politik geht es *Birgit Meyer* in ihrem Aufsatz zu Frauen in politischen Führungspositionen. Auf der Suche nach Generationsunterschieden und Frauenspezifik untersucht die westdeutsche Politologin die Motivationen für den Eintritt von Frauen in die Politik, das (frauen-)politische Selbstverständnis sowie die Vereinbarkeit ihres politischen Engagements mit familiären und beruflichen Aufgaben Parlamentarierinnen aus den alten Bundesländern.

In ihrem Beitrag "Innenansichten" untersuchen *Christiane Schindler* und MdB *Christina Schenk* die Unterschiede in den politischen System der DDR und der BRD sowie die Konsequenzen dieser Unterschiede hinsichtlich neuer politischer Strategien für die Frauenbewegung und insbesondere den Unabhängigen Frauenverband (UFV). Sie analysieren in diesem Kontext die Probleme und Schwierigkeiten der ostdeutschen Frauenbewegung und scheuen auch nicht davor zurück, die westdeutsche Frauenbewegung (insbesondere nach der Einheit) kritisch mit in den Blick zu nehmen.

Aufsätze zur politischen Partizipation nach der deutschen Einheit vorzulegen, erfordert den Mut, Wertungen vorzunehmen, obwohl bestimmte Entwicklungen noch in vollem Gange sind. Wie groß die Dynamik der Entwicklung und wie rasant sich Lernprozesse und Veränderungen seit 1990 vollzogen haben, belegen u. a. die Beiträge der ostdeutschen Autorinnen. Sowohl der Beitrag zur Frauenbewegung als auch der zur PDS wurden im ersten Quartal 1994 fertiggestellt. Obwohl neueste, nach der Auffassung der Verfasserinnen wesentliche Entwicklungen nicht mehr berücksichtigt werden konnten, dokumentiert jeder der Beiträge ein konkretes Stück Zeitgeschichte. Daß wir diese Aufsätze nicht noch einmal überarbeiten ließen, hat auch etwas mit der erklärten Absicht der Herausgeberinnen zu tun: Die sich verändernden Erfahrungen zur Frauenpolitik und von Frauen in der Politik "festzuhalten" und sie möglichst authentisch zu dokumentieren.

Die Herausgeberinnen sind sich der Tatsache bewußt, daß trotz der Vielfalt und Aktualität der Beiträge viele Fragen unbeantwortet bleiben. Für wenige Aufsätze, die wir gerne noch in diesen Band aufgenommen hätten, fanden sich keine Autorinnen, die innerhalb der gewünschten Frist einen Beitrag erarbeiten konnten. Dies hängt auch mit der Tatsache zusammen, daß im Fachbereich Politikwissenschaft das Thema "Frauen und politische Partizipation" weiterhin Randthema ist; immer noch zu wenig Ressourcen fließen in dieses so brisante und wichtige Forschungsgebiet. Den Stand der aktuellen politischen Partizipation von Frauen nach vier Jahren deutscher Einheit diskutiert und Probleme wie feministische Perspektiven aufgezeigt zu haben, bleibt das Verdienst der Autorinnen dieser Publikation.

Berlin, Juli 1995   Die Herausgeberinnen

Politisierungsprozesse und politische Sozialisation von Frauen. Überblick und Diskussion zum Forschungsstand in der aktuellen deutschen und anglosächischen Literatur

Brigitte Geißel

"Frauen und Politik" ist ein Thema, das in den letzten zehn Jahren zunehmend ins Gespräch gekommen ist. Neben vielerlei Diskussionslinien läßt sich auch ein Strang verfolgen, der den Zusammenhang von politischer Partizipation und Geschlecht(erverhältnis) in den Mittelpunkt stellt (vgl. Meyer 1992; Biester/ Geißel u.a. 1992; Ackelsberg/Diamond 1987). Die Debatten kreisen dabei vor allem um die Unterrepräsentanz von Frauen in der (Partei-)Politik, das möglicherweise andere Politikverständnis von Frauen, ihre "Vorliebe" für nicht-institutionalisierte Politikformen oder um Frauen in den "politischen Machtarenen". Das Thema politische Sozialisation[1] von Frauen wird dabei oft ausgespart. Das liegt unter anderem an einer gewissen Unsicherheit mit dem Sozialisationsbegriff. Allzuleicht, so die Befürchtung, würde damit einem Erklärungsmuster Vorschub geleistet, das die gesellschaftlichen und damit patriarchalischen Strukturen verwischen und Diskriminierung und Gewalt gegen Frauen auf "die Erziehung" schiebt. Als Politikwissenschaftlerin arbeite ich hingegen mit einem anderen Sozialisationsbegriff. Unter Sozialisation ist nicht politische Erziehung oder Bildung zu verstehen. Die Politikwissenschaft geht vielmehr von einem Sozialisationsmodell aus, das "die Bedeutung der intentionalen Lernprozesse relativiert und die gesellschaftlich-politischen Systemzusammenhänge, in denen diese Prozesse (politische Sozialisationsprozesse, d.Verf.) stattfinden, stärker betont" (Handbuch Politikwissenschaft 1987, S. 415). Die politische Sozialisation von Subjekten sollte in einer politikwissenschaftlich orientierten Vorgehensweise in ihrer Verschränkung mit objektiven Bedingungen, wozu auch das Geschlechterverhältnis gehört, analysiert werden.

Politisierungsprozesse - ein Aspekt der politischen Sozialisation - gehen jeglicher Form der politischen Partizipation voraus. Eine verstärkte Beteiligung

---

1   An Definitionen des Begriffs "politische Sozialisation" mangelt es nicht, wobei den zahlreichen Definitionsversuchen unterschiedliche Bestimmungen der Begriffe "Sozialisation" und "politisch" zugrundeliegen. Am praktikabelsten und umfassendsten erscheint mir die Definition von Greifenhagen, nach der der Begriff "politische Sozialisation" die Dimensionen "politisches Bewußtsein" und "politisches Verhalten" beinhaltet. Politische Sozialisationsforschung fragt nach Ergebnissen politischer Sozialisation (z.B. Parteienpräferenz) wie nach Prozessen (z.B. Politisierung) (Greifenhagen 1981).

von Frauen, in welcher Form auch immer, erachten sicherlich die meisten als notwendig, seien sie nun VertreterInnen des Paritäts-, des Emanzipations- oder des Autonomie-Modells. Die politischen Sozialisations- und Politisierungsprozesse von Frauen müssen daher - als ein Strang der komplexen Thematik "Frauen und Politik" - in den Forschungskanon aufgenommen werden.

Der folgende Aufsatz beginnt mit einem allgemeinen, groben Überblick über den Forschungsstand in der politischen Sozialisations- und Partizipationsforschung und in der sozialwissenschaftlichen Frauen-/Geschlechterforschung. Anschließend werden Ansätze und relevante aktuelle empirische Ergebnisse zur politischen Sozialisation von Frauen dargestellt. Die unterschiedlichen Studien strukturiere ich in folgender Weise:[2]

- Untersuchungen und Forschungskonzepte zu den verschiedenen Ebenen des politischen Sozialisationsprozesses (Nationales System, Institutionen usw.)
- Studien zu den verschiedenen Sozialisationsfelder (z.B. Familie, Schule, peer group)
- Untersuchungen zu den verschiedenen Entwicklungsabschnitten im Sozialisationsprozeß
- Forschungen zu sozialen Gruppen

Dem Anspruch der Vollständigkeit kann diese Arbeit trotz gründlicher Literaturrecherche nicht entsprechen. Vielmehr verstehe ich den vorliegenden Überblick über empirische Arbeiten, Forschungsschwerpunkte, Themen und Aspekte als Anregung für eine Debatte, die in der BRD bisher nur ansatzweise geführt wurde.

1.   Allgemeiner Überblick über den Stand der Forschung

Der Ausgangspunkt meiner Literaturrecherche war die These, daß politische Sozialisation und Politisierungsprozesse bei Frauen und Männern unterschiedlich verlaufen. Ich gehe davon aus, daß das Geschlechterverhältnis als "gesellschaftliches Organisationsprinzip das politische Lernen wesentlich beeinflußt" (Kulke 1991, S. 600) und sich die Unterschiede zwischen den weiblichen und männlichen Lebenszusammenhängen[3] auf die politische Sozialisation und

---

2   Auf die Theorien bzw. theoretischen Hintergründe zur politischen Sozialisation gehe ich hier nicht ein (vgl. dazu Kulke 1982). Es sei nur darauf hingewiesen, daß sich die verschiedenen theoretischen Ansätze (und Erkenntnisinteressen) in der Forschungspraxis so ausgewirkt haben, daß unterschiedliche Schwerpunkte gesetzt wurden.

3   Der Begriff "weiblicher Lebenszusammenhang" wurde von Ulrike Prokop 1977 geprägt und erfuhr seitdem zwar viel Aufmerksamkeit, wurde aber nicht immer genau

damit auch die Politisierungsprozesse auswirken.[4] Bestätigt wird meine These in der Politikwissenschaft - eher theoretisch - von Kulke (1991) und der Schwedin Peterson (1984) sowie empirisch von einigen US-amerikanischen ForscherInnen, in der soziologischen und sozialpsychologischen Frauenforschung ist z.B. auf Becker-Schmidt (1987) zu verweisen.

Die Literatur zur politischen Sozialisation habe ich hinsichtlich meiner These analysiert. Theoretische und empirische Untersuchungen zur politischen Sozialisation ohne direkten Geschlechterbezug füllen mittlerweile Bände, während sich ein Desiderat an Literatur mit direktem Geschlechterbezug feststellen läßt. Das Geschlechterverhältnis als gesellschaftliches Organisations- und Strukturierungsprinzip und damit auch die Bedeutung des weiblichen Lebenszusammenhangs werden im allgemeinen vernachlässigt. "Geschlecht" taucht in diesen Studien nur als sozio-demographischer Faktor neben anderen wie z.B. Bildung auf.

Ein Überblick im Bereich der Partizipationsforschung ergibt ein ähnliches Bild. So existieren mittlerweile Ansätze, die versuchen, die Bestimmungsgründe politischen Handelns modellhaft zu erfassen, dies aber wiederum ohne Berücksichtigung der Geschlechterspezifik.[5] Aussagekräftige Erkenntnisse über geschlechtsunterschiedliche Sozialisationsprozesse liefert diese Forschungsrichtung aber nicht.

---

definiert. Meist werden darunter die Tätgikeiten, Beziehungen und Erfahrungen von Frauen, die sich im Kontext und als Folge der geschlechtsspezifischen Arbeitsteilung konstituieren/konstituiert haben, verstanden. Vgl. zur neueren Diskussion: Bilden 1991, S.292

4   Eine derartige These zieht natürlich die Diskussion um Gleichheit und Differenz zwischen Frauen und Männern und unter Frauen nach sich. Auf diese Debatte möchte ich hier nicht eingehen. Die Ergebnissen empirischer Forschungen, die im folgenden dargestellt werden, zeigen deutlich, daß "die Wahrheit" zwischen den Polen "jede Frau ist anders" und "alle Frauen sind gleich" zu finden ist.

5   Als wesentliche Studie dieser Forschungsrichtung gilt die internationale Panelstudie "Political Action". Mit dieser Studie wurde "der erste Versuch unternommen, international vergleichend und auf die Gesamtbevölkerung bezogen ... systematisch die Erscheinungsformen direkter politischer Beteiligung in ihrem tatsächlichen Vorkommen bzw. in ihrem Potential zu erfassen und die für ihr Auftreten verantwortlichen Bedingungen zumindest in ihren Konturen zu bestimmen" (Kaase 1984, S. 339). Zu einer ähnlichen Fragestellung arbeiteten auch Klingemann in seiner Berlin-Untersuchung (1985) sowie Uhlinger (1988). In ihren Forschungen zu "Bestimmungsgründen politischer Beteiligung" (Klingemann 1985) bzw. zu einem "Erklärungsmodell zur politischen Beteiligung" (Uhlinger 1988) spekulieren sie bezüglich der geschlechtsspezifischen Unterschiede in ihrem sonst recht "multivariaten" Modellen etwas hilflos über "Rollenerwartungen" und "Verpflichtungen innerhalb der Familie" (Uhlinger 1988, S. 166). So wird "Geschlecht" als eine Variable unter vielen berücksichtigt.

Auch die Frauen-/Geschlechterforschung in der Bundesrepublik hat sich mit der geschlechtsunterschiedlichen politischen Sozialisation kaum beschäftigt.[6] Mir ist nur die sekundäranalytische und theoretische Studie zur "Politische(n) Sozialisation und Geschlechterdifferenz" (1991) von Kulke bekannt. Daneben liegen einige Arbeiten vor, die die politische Sozialisation von Frauen streifen (Hoecker 1987, Ballhausen 1986, Horstkötter 1990). In Untersuchungen zur geschlechtsspezifischen Sozialisation (z.b. Hagemann-White 1984; Bilden 1985/1992) wird die Frage nach der Bedeutung für die politische Beteiligung nur am Rande aufgeworfen.[7]

US-amerikanische Forscher und Forscherinnen haben sich vergleichsweise intensiver mit der geschlechtsspezifischen politischen Sozialisation beschäftigt und gehen sehr viel innovativer vor (Vgl. z.b. Kelly/Boutilier 1978; die einschlägigen Aufsätze in der Zeitschrift "Women and Politics"). So werde ich mich bei der folgenden Darstellung der wesentlichen Ansätze und Ergebnisse häufig auf die US-amerikanische Forschung beziehen. Auch wenn US-amerikanische Forschungen nicht einfach auf deutsche Verhältnisse übertragen werden können, geben sie doch Hinweise für die Debatte in der Bundesrepublik.

2. Untersuchungen und Forschungskonzepte zu den verschiedenen Ebenen des politischen Sozialisationsprozesses[8]

Als Strukturierungshilfe für die Forschungspraxis dient häufig die Aufteilung in die vier Ebenen der politischen Sozialisation: Das nationale politische System (Makro-Ebene), die Instanzen informeller und formeller Institutionen (Meso-Ebene), der Interaktionszusammenhang und das Subjekt selbst. Alle

---

6   Über Forschungsarbeiten in der DDR ist zu sagen, daß zwar eine Vielzahl von Aufsätzen und Büchern zum Thema "geschlechtsspezifischer Sozialisation" von ostdeutschen (ehemaligen DDR-) SozialwissenschaftlerInnen existieren (vgl. u.a. Bertram 1989/1993; Dölling 1990; Gysi 1990), aber keine Arbeiten über "politische Sozialisation von Frauen" bekannt sind. Vgl. auch Lemke 1991, S. 228ff.

7   So stellt die Politikwissenschaftlerin Christiane Lemke fest, daß die "Auswirkungen geschlechtsspezifischer Sozialisationsmechanismen auf politisches Verhalten bislang erst wenig untersucht worden sind" (Lemke 1991, S. 26ff). "Es ist müßig zu betonen", so Christine Kulke, "daß trotz der zunehmenden Anzahl von Frauen in politischen Ämtern der traditionellen und neuen Parteien die empirischen Forschungen über weibliche Politisierungsprozesse (noch) sehr marginal sind" (Kulke 1991, S. 607).

8   In den meisten hier vorgestellten Untersuchungen wurde die qualitative Methode der Datenerhebung und -analyse angewandt. Deren Ergebnisse beziehen sich meist auf kleine ausgewählte Gruppen. Ich werde nicht jedesmal auf die Problematik der (Allgemein-)Gültigkeit, Glaubwürdigkeit, Repräsentativität und Generalisierung hinweisen.

Ebenen nehmen auf die Subjektentwicklung Einfluß und stehen in einem hierarchischen Verhältnis zu einander. Die jeweils höhere Ebene setzt die Rahmenbedingungen für die Strukturen und Abläufe in der nächst niedrigen. Damit ist allerdings keineswegs ein deterministisches Verhältnis gemeint. "Strukturen und Abläufe der unteren Ebene wirken immer auch auf die nächst höhere zurück und können dort Veränderungen bewirken" (Tillmann 1989, S. 8). Die meisten Studien beschränken sich auf eine oder zwei der Ebenen. So gibt es Ansätze, in denen die Subjekte überhaupt nicht mehr vorkommen (vgl. Pawelka 1977), während andere sich stark, ja fast ausschließlich auf diese konzentrieren, wie im folgenden vorgestellt wird.

Studien zur Bedeutung der Makro-Ebene für die politische geschlechtsspezifische Sozialisation sind selten.[9] Mir sind nur zwei Arbeiten bekannt: Christiane Lemke beschreibt in ihrer Habilitationsschrift über "die Ursachen des Umbruchs 1989" (1991) in der ehemaligen DDR unter anderem den Einfluß des politischen Systems auf die politische Sozialisation von Frauen. Als gelungenes Beispiel der Vermittlung von Makro- und Subjektebene kann auch die Untersuchung von Virginia Penrose (1993b) gelten. Sie zeigt, daß die Karriereorientierungen, Politik- und Machtverständnisse von Frauen von den jeweiligen politischen Systemen eines Landes wesentlich geprägt werden.

Geschlechterunterschiede sind in Arbeiten auf der Subjektebene noch am ehesten untersucht. Das Spektrum der politischen Psychologie im weiten Sinne wird verhältnismäßig stark von Frauen bearbeitet. So haben sich in der BRD Politikwissenschaftlerinnen vor allem theoretisch mit der Kohlberg/Gilligan-Debatte (vgl. Gilligan 1984) über die möglicherweise geschlechtsunterschiedliche Moralentwicklung intensiv befaßt, indem sie diesen Ansatz für die Politikwissenschaft fruchtbar zu machen versuchen. Meyer beschreibt in ihrem Aufsatz "Die 'unpolitische' Frau" (1992) die politische Dimension der "weiblichen" Moralentwicklung:

"Carol Gilligans entwicklungspsychologisch gewonnene These von geschlechtsbezogenen moralischen Urteilsfindungen impliziert, daß es bei Frauen und Männern unterschiedliche, aber gleichwertige Ethiken gibt. Diese These scheint mir auch für den Bereich der Politik und der Politikwissenschaft relevant ... Ein anderes Politikverständnis von Frauen ... läßt sich lesen als Kritik gegenüber 'männerbündischen' Strukturen und Ritualen (Eva Kreisky), Institutionen und Logiken in der Politik. Deren Einseitigkeit und Zentrierung auf männliche (Lebens)Bereiche, Umgangsformen und Erfahrungen, die tendenziell das Private ausklammern oder entwerten, wird erst durch die Perspektive auf das 'Andere' dechiffrierbar und korrigierbar" (Meyer 1992, S.13).

---

9   Vgl. zum Zusammenhang von politischem System und weiblicher Partizipation allgemein: Gugin 1986, S. 37ff.

Kulke vertritt ebenfalls die Meinung, daß sich die politische Sozialisationsfor-schung auf die feministische Diskussion um die Moralentwicklung beziehen kann. Sie verweist in diesem Zusammenhang auf Benhabib. Benhabib knüpfe an "die Ethik von Fürsorge und Verantwortung kritisch an und erweitert sie um eine Dimension von Handlungsfähigkeit in der Vorstellung über den 'konkreten Anderen'" (Kulke 1991, S. 612). In Abgrenzung zu Benhabib hebt die Politolo-gin jedoch hervor, daß in der Vorstellung vom "konkreten Anderen" die Her-ausbildung einer weiblichen Subjektivität nicht vorkommt.

US-amerikanische Forscherinnen untersuchen schon länger gezielt geschlechtsunterschiedliche Motivationen, Ambitionen und Orientierungen zur politischen Beteiligung von Frauen und Männern. Fowlkes (1984) stellt in ihrer Studie über politisch aktive und ambitionierte Frauen und Männer bei den US-amerikanischen Parteien "Democrates" und "Republicans" - neben anderen geschlechts- wie parteispezifischen Ähnlichkeiten und Unterschieden - fest, daß sich die Hintergründe der politischen Ambitionen bei Frauen und Männern erheblich unterscheiden.[10] Im Mittelpunkt der Untersuchung von Deutchman (1985) stehen die unterschiedlichen Machtorientierungen von Frauen und Män-nern. Ihr Sampel bestand aus weiblichen und männlichen "high school students" und "members of church-affiliated groups", die sie mit verschiedenen Methoden analysierte. Ihre Operationalisierung von "Machtorientierung" ist hier besonders interessant.[11] Der größte geschlechtsspezifische Unterschied bei der Machtorientierung bestand darin, daß die Angst vor Macht bei Frauen etwas stärker ausgeprägt ist als bei Männern. Die "power anxiety" hing mit dem Bildungsniveau zusammen, allerdings nur bei den Frauen! Je höher die Schul-bildung der Frauen war, desto geringer war ihre "power-anxiety". Dies galt für Männer nicht im selben Ausmaß (Deutchman 1985, S. 84; vgl. zur femini-stisch-politikwissenschaftlichen Diskussionen) über das Verhältnis von Frauen und Macht in den USA: Deutchman 1991).

Jessica Benjamin versucht, das unterschiedliche Verhältnis von Frauen und Männern zur Macht nicht nur festzustellen, sondern auch zu erklären. Sie lenkt den Blick auf die inter- und intrapersonellen Ebene und stellt die These auf, daß sich das Machtstreben von Frauen aufgrund frühkindlicher Sozialisation weni-

---

10   In der BRD befragte auch Ballhausen Frauen nach den Motiven für ihre politische und soziale Beteiligung. Über die Hälfte der befragten Frauen nannte als Motiv die Überlegung, daß es nur gelingen kann, eine menschliche Gesellschaft zu schaffen, wenn sich Frauen stärker politisch und sozial beteiligen (Ballhausen 1986; vgl. dazu auch Hoecker 1987).

11   Deutchman (1985) operationalisierte "Power-Orientations" mit folgenden Variablen: "Power Drive", "Power Anxiety", "Power Enjoyment", Power Salience", "Power Style".

ger entwickeln kann.[12] Durch die Zuständigkeit der Frauen zur Kindererziehung könnte sich infolge komplexer psychischer Prozesse das Machtbedürfnis bei Jungen stärker entfalten als bei Mädchen. Machtstreben, und damit auch politische Beteiligung, erklärt Benjamin also durch frühkindliche Beziehungen. Die Makro- und Mesoebene zieht sie nicht in Betracht. Ich möchte an dieser Stelle nicht die vielfältige Kritik an Jessica Benjamins Thesen wiedergeben. Grenzen und Chancen eines Ansatzes, der von der psychoanalytischen Theorie ausgeht, werden bei ihr deutlich.

In diesem Abschnitt habe ich verschiedene empirische Untersuchungen zur politischen Sozialisation von Frauen aufgezeigt, die sich unter "Studien zu den Ebenen des Sozialisationsprozesses" einsortieren lassen. Eine konzeptionelle Untersuchung oder ein theoretisches Modell, das die politische Sozialisation unter Berücksichtigung der vier Ebenen und ihrer Interdependenzen untersucht, liegt bisher nicht vor. Eine solche "Super-Theorie" kann es gar nicht geben, denn jeder Versuch, die komplexe Wirklichkeit vollständig zu erfassen, muß notwendigerweise "dilettantisch-fragmentarisch" (Kulke) bleiben. Außerdem besteht bei "Super-Theorien" per se die Gefahr, in Dogmatismus und Autoritarismus zu verharren. Ein "weiterer" Blick jedoch - auch über den Horizont des eigenen Forschungsbereichs, bzw. der jeweils untersuchten Ebene hinaus - wäre sicher fruchtbar. Solche Studien würden monokausale Erklärungen verhindern, es gibt sie aber leider bisher viel zu selten.

3.   **Untersuchungen der Sozialisationsfelder**

Viele Sozialisationsforscher gliedern den Sozialisationsprozeß anhand von "Feldern" - auch Sozialisationsinstanzen genannt - auf. Trotz einiger Kritik[13] hat sich diese Vorgehensweise als relativ praktikable Analysemöglichkeit in vielen Forschungsprojekten durchgesetzt.

Die Familie stand zunächst im Mittelpunkt dieser Forschungsrichtung. Die meisten WissenschaftlerInnen der 50er und 60er Jahre hielten den Einfluß der Familie für die Entwicklung politischer Einstellungen und Verhaltensweisen für ausschlaggebend. Im Laufe der Zeit wurde jedoch die Bedeutung der Schu-

---

12   Vgl. dazu auch die in den USA verbreitete Debatte um die Thesen von Dinnerstein und Chodorow u.a.. Frauen würden, da ihre ersten Bezugspersonen meist Frauen waren, eher zum "caring", zur Empathie, zur "nurturance", Männer eher zur "separation" und "individuation" neigen.

13   Kritisiert wird generell, daß bei dieser Vorgehensweise, die die Wirklichkeit auf Felder reduziert, die Gefahr besteht, daß das gesamte gesellschaftliche System sowie einschneidende zeithistorische Ereignisse (z.B. Krieg, Mauerfall), die sich direkt auf alle Ebenen auswirken, übersehen werden.

le, der Gleichaltrigengruppen, der Medien usw. erkannt. Heute werden als wesentliche Sozialisationsfelder beispielsweise genannt: Familie, Schule, Gleichaltrigengruppe, Massenmedien, aktuelle Politik (Behrmann 1983)[14] oder Beruf, Bundeswehr, Familie (verstanden als Herkunftsfamilie, d. Verf.), Massenmedien, soziale Schicht und Schule (Greiffenhagen 1981).

Aus feministischer Perspektive ist an dem "Kanon" dieser "Felder" vehemente Kritik zu üben. Der Androzentrismus der Wissenschaft schlägt sich hier nieder, da die ForscherInnen vom "männlichen Normalmenschen" ausgehen. Die Bedeutung der Haus- und Familienarbeit und damit die geschlechtsspezifische Arbeitsteilung wird nicht einmal erwähnt, während aber Beruf und sogar Bundeswehr genannt werden. Ich möchte in diesem Zusammenhang auf den Ansatz der "doppelten Vergesellschaftung" von Becker-Schmidt verweisen. Die Soziologin vertritt den Ansatz, daß Frauen durch Erwerbs- und Hausarbeit sozialisiert werden. Auch für die politische Sozialisation spielt es eine Rolle, daß Frauen mit ambivalenten Anforderungen leben, die in der Familie und in der Erwerbsarbeit an sie gestellt werden. Die unterschiedlichen Lebens- und Arbeitsbereiche haben nicht nur Auswirkungen auf die häufig erwähnten unterschiedlichen Zeitbudgets von Frauen und Männern,[15] sondern sie führen zu unterschiedlichen Erfahrungs- und Auseinandersetzungszwängen, aber auch -möglichkeiten. "Diese Doppelsozialisation ... konfrontiert Frauen mit einer Vielzahl von Zerreißproben, denen Männer nicht in vergleichbarer Weise ausgesetzt sind" (Becker-Schmidt 1987, S. 23). Nach Kulkes Ansicht wäre es lohnenswert, die Tragfähigkeit des Ansatzes der "doppelten Vergesellschaftung" in der politischen Sozialisationsforschung auszuloten. Meines Wissens gibt es nur zwei laufende Untersuchungen zur Bedeutung dieses Spannungsverhältnisses für die politische Sozialisation.[16]

---

14   Behrmanns Aufzählung bezieht sich auf die politische Sozialisation in der Kindheit und Jugend.

15   Ich möchte hier nur darauf hinwiesen, daß Rinehart in einer panel study von Frauen, die 1981 an dem "public leadership program" der Douglas College teilgenommen haben, ein überraschendes Ergebnis feststellte: "Nonfindings about the impact of marriages and child rearing suggest that the expected constraints on adult women's political development may be overemphasized. This finding is a positive one if it means that family life is not the barrier to women's political development that it once seemed" (Rinehart 1985, S. 23).

16   Böckmann-Schewe, Lisa; Röhrig, Anne und Kulke, Christine: Erwerbsarbeit im Umbruch. Wertorientierungen, Interessen und Handlungsmuster von Frauen in den neuen Bundesländern (Arbeitstitel), laufendes DfG-Forschungsprojekt an der Technischen Universität Berlin, in dem auch die Bedeutung der politischen Sozialisation untersucht wird; sowie meine eigene Forschungsarbeit: "Wege von Frauen in die Politik. Eine qualitative Untersuchung politischer Sozialisationsprozesse von Kommunalpolitikerinnen (Arbeitstitel), Technische Universität Berlin.

24

Auch wenn der Prozeß der politischen Sozialisation und der Politisierung noch kaum unter der Perspektive des weiblichen Lebenszusammenhangs untersucht wurde, liegen doch Studien vor, die den Zusammenhang von geschlechtsspezifischer Arbeitsteilung und den Formen und Inhalten der politischen Beteiligung aufzeigen. Die schwedische Forscherin Peterson zitiert z.b. Ergebnisse mehrerer Untersuchungen, die Differenzen in den Prioritäten bei "political issues", in politischen "profiles" und in den Motiven für politische Beteiligung von Frauen und Männern nachweisen.[17] In diesen Untersuchungsergebnissen sieht sie den empirischen Beweis für die These, daß die Unterschiede in Interessen, Verhaltensweisen und Partizipationsformen von Frauen und Männern mit der geschlechtsspezifischen Arbeitsteilung und damit den unterschiedlichen Lebenserfahrungen zusammenhängen.[18] Abgesehen von der - mittlerweile heftig kritisierten - Sichtweise des dichotomen Denkens von Frauen und Männern und der ebenfalls zu differenzierenden Perspektive von Frau als "besserem Menschen" gibt Peterson doch wertvolle Hinweise. Sie bestätigt meine These, daß die Haus- und Familienarbeit ein Sozialisationsfeld der politischen Sozialisation darstellt.

Auch Carroll (1989) kritisiert, allerdings unter einem anderen Aspekt, daß die Politikwissenschaft die Bedeutung des sogenannten Privaten zu niedrig bewertet. Das private Leben, so das Ergebnis ihrer Untersuchung von Politikerinnen und Politikern, hat mehr Einfluß auf das politische Verhalten als bisher wahrgenommen wurde. Bei Männern - und stärker noch bei Frauen - wirken sich Entscheidungen im privaten Leben auf ihr "öffentliches" Leben aus und umgekehrt beeinflussen Entscheidungen bezüglich ihres "öffentlichen" Lebens das Privatleben. Die Verwobenheit von "öffentlicher" und "privater" Sphäre

---

17 Zum Beispiel: Törnquist (1982) sieht als bestätigt, daß Frauen sich mehr um die Zukunft sorgen als Männern es tun würden, da sie an die Kinder denken. Hernes' Studie (1982) ergab, daß den kurzfristigen ökonomischen Interessen der Männer die Interessen der Frauen an der "intergenerational reproduction" gegenüberstehen. Frauen seien eher um die Lebensqualität besorgt, Männer eher um den Lebensstandard. Rendel (1984) zeigt auf, daß Frauen weniger Vertrauen in militärische Friedenssicherung als Männer haben. Während Männer sich politisch interessieren, um ökonomische Interessen und Herrschaft durchzusetzen, organisieren sich Frauen, um anderen zu helfen. Nach Rendel beteiligten sich Frauen eher in Gremien, die ihren Kompetenzen bei der "intragenerational re-production" entsprechen (Peterson 1984, S.10). Vgl. zur US-amerikanischen Diskussion um geschlechtsspezifische Unterschiede im politischen Verhalten, der Prioritätensetzung usw. auch Randall 1987.

18 In diesem Zusammenhang ist auf das Konzept des "maternal thinking" in der US-amerikanischen feministischen Politikwissenschaft zu verweisen: Elshtain 1984; Ruddick 1987 nach Ackelberg/Diamond 1987, a.a.o. In der BRD-Politikwissenschaft führte Hagemann-White den umstrittenen Ansatz der "mütterlichen Praxis" ein (1987).

erwies sich bei den politisch aktiven Frauen als stärker als bei den Männern. Allerdings war es z.b. Männern und Frauen gleich wichtig, daß die Partnerin/ der Partner dem politischen Engagement zustimmte.

Über die in der etablierten politischen Sozialisationsforschung genannten Felder kann zunächst gesagt werden, daß deren Bedeutung für die politische Sozialisation von Frauen im Ansatz für die Herkunftsfamilie, für die anderen Felder noch nicht einmal andeutungsweise erforscht wurde. Hier im einzelnen die interessantesten Ergebnisse zu den üblicherweise genannten Feldern einschließlich weiterer Vorschläge zur Erweiterung dieses Kanons:

3.1.1   (Herkunfts-)Familie

Es zeigt sich in mehreren Untersuchungen, daß die politische Aktivität oder das politische Interesse der Eltern oder eines Elternteils die politische Aktivität der Kinder beiderlei Geschlechts begünstige (z.b. Ballhausen 1986, S. 173; Hoecker 1987, S. 177). Ob der politischen Aktivität der Mutter eine besondere Bedeutung für das politische Engagement der Tochter zukommt, ist nicht sicher.

Verschiedene US-amerikanische Untersuchungen weisen darauf hin, daß sich - unter anderem - die durch die Mutter vermittelten Weiblichkeitsnormen auf das spätere politische Verhalten der Töchter auswirken (z.b. Kelly/Boutilier 1978; Presley/Weaver/Weaver 1985). Zur Analyse der Weiblichkeitsnormen wurden in den Studien unterschiedlichen Indikatoren gewählt (z.b. Kontinuität der Erwerbstätigkeit, Mitgliedschaft in Organisationen, Status innerhalb der Familie), so daß ein Vergleich recht schwierig ist. Es könnte sein, daß Frauen mit relativ "untraditionellen", "unabhängigen" Müttern mit höherer Wahrscheinlichkeit politisch aktiv werden als Frauen mit relativ "abhängigen", "traditionellen" Müttern. Häufig seien die Mütter politisch ambitionierter Frauen in anspruchsvollen Positionen berufstätig (vgl. Kulke 1991, S. 34). Andererseits fand Rinehart in ihrer Untersuchung von Frauen, die 1981 an einem "public leadership program" teilgenommen hatten, einige Frauen mit "traditional mothers". Diese Frauen zeichneten sich durch einen "lack of closeness" zur Mutter aus (Rinehart 1985, S. 23; vgl. auch Presley/Weaver/Weaver 1985).

Insgesamt kann man sagen, daß es eine Erleichterung für das politische Interesse und die politischen Tätigkeiten darstellt, wenn die familiale Sozialisation von Mädchen in der Kindheit und Jugendzeit nicht an der herkömmlichen "Rolle" der Hausfrau und Mutter orientiert ist (Mörtel 1984, S. 443). Aber, wie die Untersuchung von Rinehart zeigt, ist dies nicht unbedingt an die "nontraditional roles" der Mutter gebunden, sondern kann sich auch in Abgrenzung von ihr entwickeln.

26

3.2 Schule

Über die Schule liegt eine Reihe von Untersuchungen zur geschlechtsspezifischen Sozialisation vor. Es steht aber noch aus, diese explizit unter dem Aspekt der politischen Sozialisation zu analysieren. Die politische Bildung wird seit kurzem unter geschlechtsspezifischem Blick untersucht (vgl. Richter 1991; Kurz-Bauer 1992).

3.3 Gleichaltrigengruppen

Die Bedeutung von Gleichaltrigengruppen für die politische Sozialisation von Mädchen wurde mehrfach festgestellt (Kelly/Boutilier 1978). Beispielsweise waren viele der von Ballhausen u.a. befragten Frauen schon als Mädchen in den Jugendorganisationen von Parteien oder in Jugendverbänden organisiert (Ballhausen 1986, S. 173).

Ein androzentrischer Blick zeigt sich bei den Forschungen allerdings auch bei diesem Sozialisationsfeld. So weist die Sozialisationsforscherin Bilden darauf hin, daß Mädchen seltener in formellen und informellen Gleichaltrigengruppen integriert sind. Die Mädchenwelt stellt sich teilweise anders dar, nämlich als Rückzug in die eigenen vier Wände, in eine Welt enger, meist exklusiver Mädchenfreundschaften (Bilden 1988, S. 152). Diese Art der "peer group" war den politischen Sozialisationsforschern bisher nicht einmal einen Blick wert.

3.4 Ausbildung, Beruf und Schichtzugehörigkeit

Geringere politische Beteiligung von Frauen wird oft mit der im Verhältnis zu Männern schlechteren Ausbildung erklärt. Allgemein bekannt ist, daß mit höherer Schulbildung und höherem sozio-ökonomischen Status die Beteiligungsbereitschaft wächst.[19] Da weiterhin Frauenberufe oft gekennzeichnet sind von niedrigem Status, geringem Einkommen und wenig Aufstiegsmöglichkeiten, scheinen Frauen schon alleine deshalb von einer gleichberechtigten Partizipation ausgeschlossen zu sein.

So wird häufig die These vertreten, daß Frauen und Männer annähernd gleich partizipieren würden, wenn sie dieselben sozioökonomischen Ressourcen aufweisen könnten (vgl. Clark/Clark 1986). Gegen diese These argumentierte Christy. Sie fragte, welchen Zusammenhang es zwischen ökonomischer

---

19 "Der Aspekt der Schulbildung beeinflußt dabei", so Klingemann, "die politische Partizipation durchgängig stärker als die über den Beruf definierte sozioökonomisch Lagerung" (Klingeman 1985, S. 32).

Entwicklung und der politischen Partizipation von Frauen gibt und vergleicht dazu sieben westliche Industriegesellschaften. Zusammenfassend kommt sie zu dem Ergebnis, daß die ökonomische Entwicklung nicht unbedingt zur Angleichung des Partiziptionsverhaltens von Frauen an das der Männer führt, sondern daß der Zusammenhang komplizierter ist. Die Unterschiede im politischen Status von Frauen in den verschiedenen Ländern werden von vielen, komplex miteinander verbundenen Faktoren verursacht. Wesentliche Variablen sind dabei die Geschlechternormen und -bilder in den jeweiligen Ländern. Sie beeinflussen die politische Partizipation massiv.

Auch andere Untersuchungen zeigen, daß die Geschlechterdifferenz in der politischen Partizipation sich nicht allein durch Bildung und sozialen Status erklären läßt. Frauen mit höherem Bildungsniveau zeigen - zumindest in der BRD - eine niedrigere Partizipationsrate als Männer mit vergleichbarer Bildung (vgl. Klingemann 1985, Uehlinger 1986).

Einen monokausalen Zusammenhang gibt es m.E. zwischen dem sozioökonomischen Status und der Partizipation von Frauen nicht. Die politische Unterrepräsentanz von Frauen und ihre sozio-ökonomische Benachteiligungen sind vielmehr als zwei Phänomene der patriarchalen Gesellschaft zu betrachten. Beide sind Ausdruck von sexistischen Strukturen.

3.5   Zeitgeschichtliche Ereignisse

Zur möglicherweise geschlechterunterschiedlichen Bedeutung von zeitgeschichtlichen Ereignissen liegen kaum Untersuchungen vor. So ist mir weniger aus der Literatur als aus der Alltagserfahrung aufgefallen, daß Frauen häufig durch aktuell Ereignisse politisiert werden. Zu verweisen ist hier zum Beispiel auf die vielfältigen frauenspezifischen Aktionen nach dem Reaktorunfall in Tschernobyl oder während des Golfkriegs. Auch die verstärkte politische Beteiligung von Frauen während des Mauerfalls/der Wende (vgl. Penrose 1993a; Sauer 1992) bestätigen meine Wahrnehmung, daß zeithistorische Ereignisse geschlechtsunterschiedlich politisierend wirken können. Solche Phänomene wurden in der politischen Sozialisationsforschung bisher kaum erwähnt.

3.6   Parteistrukturen

Wenn es um die Erklärung der Unterrepräsentanz von Frauen im politischen Leben geht, werden neben der geschlechtsspezifischen Sozialisation auch immer - quasi als alternativer Erklärungsansatz - die Parteistrukturen genannt. Ich möchte im folgenden auch die Parteistrukturen als Sozialisationsinstanzen von Frauen beschreiben.

28

Ein Blick in die Industriesoziologie erweist sich hier als sinnvoll: Faber entwickelte in ihrer Untersuchung über Frauen im Erwerbsleben einen Ansatz, der auch auf politisch interessierte und aktive Frauen übertragen werden kann. Sie stellte fest, daß die männlich strukturierte Erwerbsarbeitswelt einen Einfluß auf die Arbeitsidentifikation und den Ehrgeiz von Frauen hat. Penrose hat dieses Konzept auf die politischen Parteien angewandt. Parteienstrukturen seien bestimmend für das Partizipationsverhalten und für das Ausmaß an Identifikation (Penrose 1993b). In ihrer qualitativen Untersuchung weist auch Bärbel Schöler-Macher überzeugend die "Fremdheit" der Frauen in der (Partei-)Politik nach (Schöler-Macher 1993). Ich denke, Parteistrukturen sind eine Variable, die durchaus in die politische Sozialisationsforschung mitaufgenommen werden könnte.[20]

Jennings, Kaase u.a. fanden in der bekannten Political Action Studie heraus, daß sich erheblich mehr Männer als Frauen an konventionellen Politikformen beteiligen. Die Partizipation in den unkonventionellen Formen war bei Frauen und Männer dagegen annähernd gleich (Jennings et.al. 1989). Zu einem ähnlichen Ergebnis kamen Klingemann in seiner Berliner Untersuchung (1985) sowie Uehlinger (1988). Auch diese Ergebnisse weisen darauf hin, daß die Partizipationsformen die Identifikationsmöglichkeiten und damit Motivation und Ehrgeiz von politisch interessierten und engagierten Menschen beeinflussen.

4. Untersuchungen zu den einzelnen Entwicklungsabschnitten

Gemäß der Konzentration auf Familie siedelte die frühere Sozialisationsforschung die prägende Phase vor allem in der Kindheit an. Das hat sich später in Richtung Jugend bzw. Vorstellung von Sozialisation als lebenslangem Prozeß verschoben (vgl. Asmus 1983; Zängle 1980). Mittlerweile lauten die Fragen eher, ob es eine formative Phase überhaupt gibt und "was" "wann" geprägt wird. Sind dies z.B. in der Kindheit die Persönlichkeitsstrukturen, in der Adoleszenz die politischen Wertorientierungen? In der Frauen-/Geschlechterforschung ist hier vor allem auf die US-Amerikanerin Sapiro (1983) zu verweisen. Sie verwies schon vor Jahren auf die Veränderungspotentiale im Lebenslauf von Frauen. Als neueste Konzepte sind hier die "counter-" und "resocializations"-Ansätze aus den USA zu nennen. Zentraler Begriff sind dabei die

---

20 An dieser Stelle sei auf den Vorschlag von Hansot zu verweisen, gezielt politische Frauenorganisationen zu untersuchen. In gemischten Organisationen sei "the male pattern ... dominant". In gemischten Organisationen müßten sich Frauen deshalb an "the dominant male mode" anpassen, nicht aber in den eingeschlechtlichen Frauenorganisationen. Es sei deshalb spannend, wie Frauenorganisationen aufgebaut seien und wie sich Frauen in ihnen verhalten.

"roles". Es wird davon ausgegangen, daß Frauen sich im Laufe ihres Lebens unterschiedliche "roles" aneignen, die für ihr politisches Leben bedeutsam sein können. "Countersocialization" bedeutet die Sozialisation zu "nontraditional gender and political roles" in der Kindheit (Rinehart 1985, S. 13, vgl. auch Fowlkes 1984). "Resocialization" hingegen "can be thought of as what might take place in adulthood if countersocialization earlier in life had *not* occurred" (ebd; Hervorh. im Original). "Resocialization" beinhaltet den Inhalt und Prozeß einer grundlegenden Veränderung von Einstellungen und Verhaltensweisen im gesamten Lebensverlauf. Frauen können und müssen im Laufe ihres Lebens viele "roles" einnehmen und sind damit zur Auseinandersetzung mit den Weiblichkeitsnormen gezwungen. Die Möglichkeiten zur Veränderung werden wahrgenommen, wenn das Individuum feststellt, daß die "roles" nicht mehr stimmen, da sich der Lebensspielraum ("scope") und die Lebensumstände geändert haben und neue Lebensorientierungen gesucht werden müssen. Rinehart weist die Bedeutung der "resocialization" für die politische Sozialisation nach. Sie faßt die Ergebnisse zusammen:

> "Indeed, the findings suggest that women actively remove barriers, whether erected early in life or confronted in adulthood, when they have the opportunity to create a florescent political self" (Rinehart 1984, S. 23).

Zusammenfassend ist zu dem Abschnitt über die Erforschung der Phasen im Sozialisationsprozeß zu sagen, daß neben der Erkenntnis von politischer Sozialisation als lebenslangem Prozeß auch die Fähigkeit des Individuums zur Selbstsozialisation[21] gerade für die Politisierung von Frauen wesentlich sein könnte.

5.   Die Erforschung von sozialen Gruppen

Schichtspezifische Unterschiede wurden schon in den 60er Jahren in die Untersuchungen mitaufgenommen. In den letzten Jahren wird vor allem in den USA über Minoritäten, Subkulturen und soziale oder ethnische Gruppen geforscht. In der Frauen-/Geschlechterforschung sind hier z.B. auf Kelly und Burgess (1989) und Perkins (1985) zu verweisen, die nicht nur Unterscheide zwischen den Geschlechtern feststellen, sondern eher die Variationen innerhalb der "Gruppe der Frauen" betonen. Kelly und Burgess (1989) forschten über die partei- und geschlechtsunterschiedlichen Politik- und Machtverständnisse von Frauen und Männern der US-amerikanischen "Republicans" und "Democrates".

---

21   Vgl. die Diskussion in der Bundesrepublik Deutschland um Hurrelmanns Ansatz vom "produktiv realitätsverarbeitenden Subjekt" (Hurrelmann 1983).

Ihr Ergebnis widerlegt die These, daß es eine "unique female or male subjective political culture" gibt:

> "The data do indicate that gender and the experience of each sex interact with party ideology to structure the content und shape of political belief system" (Kelly/Burgess 1989, S. 81).

So waren die "Democratic women" in dieser Untersuchung in ihrer Machtorientierung den "Republican men" ähnlicher als den "Democratic men" oder den "Republican women" (ebd.).

Perkins (1985) bestätigt empirisch, daß die sozialisatorischen Hintergründe von politisch ambitionierten US-amerikanischen schwarzen und weißen Frauen unterschiedlich sind.

Wichtig an diesen Studien ist m.E., daß Frauen, Männer und die Geschlechterverhältnisse je nach kulturellen und politischen Kontexten differenzierter gesehen werden, als dies noch vor einigen Jahren der Fall war.

6.   Schluß

Mit dem Überblick und der Diskussion über den aktuellen Stand der Forschung wollte ich die Komplexität der politischen Sozialisation verdeutlichen. Monokausale Erklärungen, die sich nur auf eine Sozialisationsebene oder ein einziges Feld beziehen, liefern uns unvollständige Informationen. Sie stellen demnach keine befriedigenden Ansätze dar. Das gleiche gilt für politische Sozialisationsforschung, die entweder einseitig von den "alles determinierenden" gesellschaftlichen Strukturen oder von den "alles determinierenden" intrapsychischen Prozessen oder formativen Phasen ausgeht. Wichtig ist es, daß politische Sozialisationsforschung subjekt- und gesellschaftstheoretische Ansätze verknüpft.

Weiterhin zeigte ich, daß das Geschlechterverhältnis, einschließlich der geschlechtsspezifischen Arbeitsteilung, nicht aus der politischen Sozialisationsforschung ausgeklammert werden kann. Es prägt die politische Sozialisation und Partizipation erheblich. Auch hinsichtlich der Debatte um Rassismus/ Rechtsextremismus und Multikulturalismus[22] ist diese Fragestellungen unverzichtbar.

---

22   Zum Thema geschlechtsspezifische politische Sozialisation und Rassismus/Rechtsextremismus ist mir keine Untersuchung bekannt. Allerdings exisitieren mittlerweile Studien über angrenzende Themen: Holzkamp, Christine /Rommelspacher, Birgit 1990: Frauen und Rechtsextremismus. In: päd extra/Demokratische Erziehung; Rommelspacher, Birgit 1991: Rechtsextreme als Opfer der Risikogesellschaft. Zur Täterentlastung in den Sozialwissenschaften. In: Zeitschrift für Sozialgeschichte des

Abschließend möchte ich noch auf einen Aspekt hinwiesen: Könnte es nicht sein, daß es auch eine Reihe von frauenspezifischen Gründen für die politische Beteiligung gibt? Es erscheint mir heute notwendiger, die biographischen und damit auch gesellschaftlichen Hintergründe politisch aktiver Frauen zu analysieren, als immer wieder die Gründe für die Unterrepräsentanz von Frauen aufzuzählen. Und zwar nicht mit dem Ziel, Frauen "politikfähig" zu machen. Vielmehr, und da schließe ich mich Greven an, wäre es wünschenswert, daß sich "ein qualitativer Durchbruch zu einem Selbstbewußtsein der politischen Kultur von Frauen' ereignet, der die politische Kultur der bisher männlich geprägten politischen Gesellschaft grundsätzlich verändert ... Die Veränderung der Geschlechterfrage ist keine bloß soziale, sondern eine eminent politische Frage; in ihr ginge es um die Veränderung einer grundlegenden Machtstrukutur unserer Gesellschaft" (Greven 1991, S. 138).

Literatur

Ackelsberg, Martha/Diamond, Irene 1987: Gender and Political Life. New Directions in Political Science. In: Hess, Beth B./Ferree, Myra Marx (ed.): Analyzing Gender. A Handbook of Social Science Research. Newbury Park et al.. S. 504-525

Asmus, Hans-Joachim 1983: Politische Lernprozesse bei Kindern und Jugendlichen. Eine sozialisationstheoretische Begründung. Frankfurt

Ballhausen, Anne/Brandes, Uta/Karrer, Marva/Schreiber, Robert 1986: Zwischen traditionellem Engagement und neuem Selbstverständnis - weibliche Präsenz in der Öffentlichkeit. Schriftenreihe des Instituts Frau und Gesellschaft, Band 5, Bielefeld

Becker-Schmidt, Regina 1987: Die doppelte Vergesellschaftung - die doppelte Unterdrükkung. Besonderheiten der Frauenforschung in den Sozialwissenschaften. In: Unterkircher, L./Wagner, I. (Hg.): Die andere Hälfte der Gesellschaft. Österreichischer Soziologentag 1985. Wien. S. 5-25

Behrmann, Gisela 1983: Sozialisationsfelder des politischen Lernens in Kindheit und Jugend, Konzepte und Ergebnisse amerikanischer und deutscher Studien zur politischen Sozialisation. Bonn

---

20. und 21. Jahrhunderts. 6. Jg. (1991), H. 2, S. 75ff; Perspektiven, Zeitschrift für sozialistische Theorie Nr. 9, April/Mai 1992: Themenschwerpunkt Rassismus und Sexismus; Ng, Roxana 1992: Sexismus, Rassismus und kanadischer Nationalismus. In: Rassismus und Migration in Europa, Argument Sonderband AS 201. Hamburg, Berlin, S. 104ff; Parker, Andrew; Russo, Mary; Sommer, Doris und Yaeger, Patricia (eds.) 1989: Nationalism and Sexualities. New York/London.

Benhabib, Seyla 1989: Der verallgemeinerte und konkrete Andere. Ansätze zu einer feministischen Moraltheorie. In: List, E./Studer, H. (Hg.): Denkverhältnisse. Feminismus und Kritik. Frankfurt/M.. S. 454-487

Benjamin, Jessica 1990: Die Fesseln der Liebe. Basel/Frankfurt a.M.

Bertram, Barbara 1989: Typisch weiblich - typisch männlich? Berlin

Bertram, Barbara 1993: Zur Entwicklung der sozialen Geschlechterverhältnisse in den neuen Bundesländern. In: Aus Politik und Zeitgeschichte, (1993), B 6, S. 27-38

Bilden, Helga/Diezinger, Angelika 1988: Historische Konstitution und besondere Gestaltung weiblicher Jugend-Mädchen im Blick der Jugendforschung. In: Krüger, H. (Hg.): Handbuch der Jugendforschung. Opladen. S. 135-155

Bilden, Helga 1991: Geschlechtsspezifische Sozialisation. In: Hurrelmann, K/Ulich D. (Hg.): Neues Handbuch der Sozialisationsforschung. Weinheim. S. 279-301

Bilden, Helga 1989: Geschlechterverhältnis und Individualität im gesellschaftlichen Umbruch. In: Keupp, H./Bilden, H. (Hg.): Verunsicherungen. Das Subjekt im gesellschaftlichen Wandel. Göttingen/Toronto/Zürich. S. 19-46

Bilden, Helga 1985: Sozialisation und Geschlecht. Ansätze einer theoretischen Klärung. In: Valtin, R./Warm, U. (Hg.): Frauen machen Schule. Frankfurt/M.. S. 13-41

Biester, Elke/Geißel, Brigitte/Lang, Sabine/Sauer, Birgit/Schäfter, Petra/Young, Brigitte (Hg.) 1992: Staat aus feministischer Sicht. Berlin

Burgess, Jayne/Kelly, Rita Mae 1989: Gender and the Meaning of Power and Politics. In: Women and Politics. Jg. 9 (1989), H. 1, S. 47-82

Carroll, Susan J. 1989: The Personal Is Political: The Intersection of Private Lives and Public Roles Among Women and Men in Elective and Appointive Office. In: Women and Politics. Jg. 9 (1989), H. 2, S. 51-67

Christy, Carol, A. 1984: Economic Development and Sex Differences in Political Participation. In: Women and Politics. Jg. 4 (1984), H. 1, S. 7-34

Chodorow, Nancy 1985: Das Erbe der Mütter. Psychoanalyse und Soziologie der Geschlechter. München

Clark, Cal/Clark, Janet 1986: Models of Gender and Political Participation in the United States. In: Women and Politics. Jg. 6 (1986), H. 1, S. 5-25

Claußen, Bernhard/Wasmund, Klaus (Hg.) 1982: Handbuch der politischen Sozialisation. Braunschweig

Claußen, Bernhard (Hg.) 1989: Politische Sozialisation Jugendlicher in Ost und West. Bonn

Deutchmann, Iva Ellen 1985: Socialization to Power. Questions About Women and Politics. In: Women and Politics. Jg. 5 (1985), H. 4, S. 79-91

Deutchman, Iva Ellen 1991: The Politics of Empowerment. In: Women and Politics. Jg. 11 (1991), H. 2, S. 1-18

Dinnerstein, Dorothy 1979: Das Arrangement der Geschlechter. Stuttgart

Dölling, Irene 1990: Frauen- und Männerbilder. Eine Analyse von Fotos in DDR-Zeitschriften. In: Feministische Studien. Jg. 8 (1990), H. 1, S. 35-49

(Rammert-)Faber, Christel 1987: Weiblicher Habitus und betriebliche Einsatzstrategien. In: Unterkircher, L./Wagner, I. (Hg.): Die andere Hälfte der Gesellschaft. Österreichischer Soziologentag 1985. Wien. S. 147-160

Feist, Ursula 1990: Die Unterrepräsentanz von Frauen im politischen System der Bundesrepublik - Gründe und Strategien zur Veränderung. In: Schäffer-Hegel, B./Kopp-Degethoff, H. (Hg): Vater Staat und seine Frauen. Band 2. Pfaffenweiler. S. 9-24

Fogt, Helmuth 1982: Politische Generationen. Empirische Bedeutung und theoretisches Modell. Opladen

Fowlkes, Diane L. 1984: Ambitious Political Woman: Countersozialisation and Political Party Context. In: Women and Politics. Jg. 4 (1984), H. 4, S. 5-31

Gilligan, Carol 1984: Die andere Stimme. Lebenskonflikte und Moral der Frau. München

Greifenhagen, Sylvia 1981: Politische Sozialisation. In: dies. (Hg:): Handwörterbuch zur politischen Kultur der Bundesrepublik Deutschland. Opladen. S. 334-344

Greven, Michael Th. 1991: "Macht in der Demokratie"-Anathema in Politikwissenschaft als Demokratiewissenschaft und empirische Politikforschung. In: ders. (Hg.): Macht in der Demokratie. Baden-Baden. 107-140

Gugin, Linda C. 1986: The Impact of Political Structure on the Political Power of Women: A Comparison of Britain and the United States. In: Women and Politics. Jg. 6 (1986), H. 4, S. 37-56

Gysi, Jutta 1990: Frauen in Partnerschaft und Familie. Sozialistisches Leitbild oder patriarchales Relikt? In: Schwarz, G./Zenner, C. (Hg.): Wir wollen mehr als ein "Vaterland". DDR-Frauen im Aufbruch. Reinbek. S. 91-119

Hagemann-White, Carol 1987: Können Frauen die Politik verändern? In: Aus Politik und Zeitgeschichte. (1987), B 9-10, S. 29-37

Hagemann-White, Carol 1986: Hat die Frauenbewegung die politischen Partizipations- und Wirkungsformen von Frauen verändert? In: Zeitschrift für Frauenforschung. Jg. 4 (1986), H. 4, S. 38-49

Hagemann-White, Carol 1984: Sozialisation: Weiblich-männlich? Opladen

Heinrichs, Hans-Jürgen 1990: Politik als männerbündisches Handeln und Verhalten. In: Völger, G./v. Welck, K. (Hg.): Männerbande-Männerbünde. Zur Rolle des Mannes im Kulturvergleich. Bd. 1. Köln

Hoecker, Beate 1987: Frauen in der Politik. Eine soziologische Studie. Leverkusen

Horstkötter, Marianne 1990: Frauen in der Kommunalpolitik. Einflußfaktoren auf die politische Partizipation von Frauen in kommunalen Räten - Eine Regionalstudie. Frankfurt a.M.

Hurrelmann, Klaus 1983: Das Modell des produktiv realitätsverarbeitenden Subjekts in der Sozialisationsforschung. In: ZSE. Jg. 3 (1983), H. 1, S. 91-103

Jennings, M.Kent/ et al. 1989: Continuities in Political Action. A Longitudinal Study of Political Orientations in Three Western Democracies. Berlin/New York

Kelly, Rita Mae/Boutilier, Mary 1978: The Making of Political Women. A Study of Socialization and Role Conflict. Chicago

Klingemann, Hans-Dieter 1985: Formen, Bestimmungsgründe und Konsequenzen politischer Beteiligung. Zentralinstitut für sozialwissenschaftliche Forschung der Freien Universität Berlin

Knapp, Gudrun-Axeli 1989: Arbeitsteilung und Sozialisation. Konstellation von Arbeitsvermögen und Arbeitskraft im Lebenszusammenhang von Frauen. In: Beer, U. (Hg):

Klasse, Geschlecht. Feministische Gesellschaftsanalyse und Wissenschaftskritik. Bielefeld. S. 267-308

Kulke, Christine 1982: Politische Sozialisation. In: Hurrelmann, K./Ulich, D. (Hg.): Handbuch der Sozialisationsforschung. Weinheim/Basel. S. 745-776

Kulke, Christine 1991: Politische Sozialisation und Geschlechterdifferenz. In: Hurrelmann, K./Ulich D. (Hg.): Neues Handbuch der Sozialisation. Weinheim. S. 595-613

Kurz-Bauer, Helga 1992: Was heißt frauenspezifisches Lernen und Handeln? Politische Bildung als Männerdiskurs und Männerdomäne. In: Aus Politik und Zeitgeschichte. (1992), B 25-26, S. 19-31

Lemke, Christiane 1991: Die Ursachen des Umbruchs 1989. Politische Sozialisation in der ehemaligen DDR. Opladen

Meyer, Birgit 1987: Frauen an die Macht!? In: Aus Politik und Zeitgeschichte. (1987), B 9-10, S. 15-28

Meyer, Birgit 1992: Die "unpolitische" Frau. Politische Partizipation von Frauen oder: Haben Frauen ein anderes Verständnis von Politik. In: Aus Politik und Zeitgeschichte. (1992), B 25-26, S. 3-18

Mörtel, Gudrun 1984: Entwicklung und Stand der politischen Partizipation der Frauen in der Bundesrepublik Deutschland mit Hinweisen auf Frankreich, Großbritannien und die Vereinigten Staaten von Amerika. Dissertation. München

Pawelka, Peter 1977: Politische Sozialisation. Wiesbaden

Penrose, Virginia 1993a: The Political Participation of GDR Women during the Wende. In: Gerber, G./Woods, R. (ed.): Studies in GDR Culture and Society 11/12. Lanham/New York/London. S. 37-52

Penrose, Virginia 1993b: Orientierungsmuster des Karriereverhaltens deutscher Politikerinnen. Ein Ost-West-Vergleich. Schriftenreihe Theorie und Praxis der Frauenforschung, Bd. 21. Bielefeld

Perkins, Jerry 1985: Political Ambition Among Black and White Women. An Intragender Test of the Socialization Model. In: Women and Politics. Jg. 5 (1985), H. 1, S. 27-40

Peterson, Abby 1984: The Gender-Sex Dimension in Swedish Police Politics. In: Acta Sociologica. Jg. 27 (1984), H. 1, S. 3-17

Polzer-Eberhard, Ursula 1986: Politische Kultur und Veränderungspotentiale im Lebenszusammenhang von Gewerkschaftlerinnen. München

Preslay, Sharon/Weaver, Joanne/Weaver, Bradford 1985: Traditional and Nontraditional Mormon Women: Political Attitudes and Socialization. In: Women and Politics. Jg. 5 (1985), H. 4, S. 51-77

Randall, Vicky 1987: Women and Politics. Macmillan

Richter, Dagmar 1991: Geschlechtsspezifische Sozialisation und politische Bildung. Hamburg

Rinehart, Sue Tolleson 1985: Toward Women's Political Resocialization: Patterns of Predisposition in the Learning of Feminist Attitudes. In: Women and Politics. Jg. 5 (1985), H. 4, S. 11-26

Rubart, Frauke 1988: Partizipation von Frauen in neuen sozialen Bewegungen. In: Aus Politik und Zeitgeschichte. (1988), B 42, S. 30-42

Ruddick, Sara 1980: Maternal Thinking. In: Feminist Studies. Jg. 6 (1980), H. 2, S. 342-367

Sapiro, Virginia 1983: The Political Integration of Women: Roles, Socialization and Politics. Urbana

Sauer, Birgit 1990: Die Entlassung aus dem Staatspatriarchalismus: Zur Situation von Frauen im Transformationsprozeß Deutschland. Hamburg

Schöler-Macher, Bärbel 1991: Fremd(Körper) in der Politik. Die Normalität des politischen Alltags in Parteien und Parlamenten aus der Sicht von Frauen. In: Zeitschrift für Frauenforschung. Jg. 9 (1991), H. 1+2, S. 89-116

Stanlay, Jeanie R. 1985: Life Space and Gender Politics in an East Texas Community. In: Women and Politics. Jg. 5 (1985), H. 4, S. 27-50

Tillmann, Klaus-Jürgen 1989: Sozialisationstheorien. Reinbek

Uehlinger, Hans-Martin 1988: Politische Partizipation in der Bundesrepublik. Opladen

Zängle, Michael 1978: Einführung in die politische Sozialisationsforschung. Paderborn

Zängle, Michael 1980: Die Kristallisationsthese: Ungesicherte Annahme oder sicherstes Ergebnis der politischen Sozialisationsforschung. In: Individuum und Gesellschaft in der politischen Sozialisation, Akademie für politische Bildung, Materialien und Bericht, Nr. 56, bearbeitet von Gisela Schmitt. Tutzingen

Partizipation von Frauen in der CDU

Ingrid Reichart-Dreyer

Es ist ein wissenschaftlich gewagtes Unternehmen, über die Partizipation von Frauen in der CDU (Parteien) zu schreiben, da das Thema zwischen etablierten Forschungsbereichen der Parteienforschung (mit ihren Partizipationsstudien, Elitenforschung) und dem weiten Feld der Frauenforschung angesiedelt ist. Darüber hinaus fragt es aber auch nach den Verfahren und Ergebnissen inhaltlicher Willensbildung in der Beziehung zwischen Bevölkerung, Parteien, Parlament, Regierung und Wissenschaft und trifft damit ein Forschungsfeld, das sich in der aktuellen Parteienkritik gerade erst formiert und ohne zeitliche Distanz mit einer Vielzahl von agierenden Personen selten schriftlich dokumentiert ist.

Politisch brisant in diesem Aufsatz ist die Überschreitung der Innen-Außen-Differenz: Die folgende Analyse beruht nicht nur auf "objektiven", quantifizierbaren Fakten, sondern bezieht sich auch bewußt auf meine persönlichen Erfahrungen aus fast dreißigjähriger CDU-Mitgliedschaft, sechs Jahren kommunalpolitischer Tätigkeit und acht Jahren wissenschaftlicher Politikberatung in der CDU-Fraktion des Abgeordnetenhauses von Berlin. Schließlich sind Aussagen über eine Partei Aussagen über Menschen, die einen großen Teil ihrer Energie und Lebenszeit für ihre Organisation und die Gesellschaft einsetzen. In diesem Zusammenhang will ich einen Versuch anstellen, zwischen dem Selbstbild, dem werbenden Außenbild und der Einschätzung durch Öffentlichkeit zu vermitteln. Dabei geht es hier nicht um ein moralisches Urteil, sondern um eine Bestandsbeschreibung unter Berücksichtigung der mentalen und institutionellen Rahmenbedingungen als Angebot zu einem Dialog zwischen Wissenschaft, Politik und Gesellschaft.

Durch die Thematisierung der Prämissen, Darstellung der Bezugsgrößen und Begründung der Auswahl versuche ich im ersten Abschnitt, zwischen Theorie, Empirie und institutionellen Bedingungen zu vermitteln. Dabei beginne ich mit der Beziehung zwischen Mensch - Gesellschaft - Staat - Politik, um dann die gesellschaftlichen Aufgaben von Parteien und parteipolitische Partizipation definitorisch zu umreißen. Abschließend wird die Ausgangslage der Beteiligung von Frauen in der CDU Mitte der 80er Jahre beschrieben. Am Umfang personaler Beteiligung an den Ergebnissen der inhaltlichen Willensbildung im Programm "Bausteine für ein geeintes Deutschland" der Frauen-Union (1991) und im "Diskussionsentwurf zu einem Grundsatzprogramm" der CDU (Februar

1993)[1] und exemplarisch an Politikergebnissen als Regierungs- und Verwaltungshandeln soll dann in den darauffolgenden Abschnitten nachgegangen werden, ob sich Partizipation von Frauen in der CDU seitdem von der Präsenz über Teilnahme nach dem Proporz zur Mitbestimmung entwickeln konnte. Gefragt ist danach, inwieweit die Organisation der mit dem Beitritt geäußerten Bereitschaft tatsächlich Gestaltungsräume eröffnet.

1. Hintergrundprämissen

1.1 Mensch - Gesellschaft - Staat - Politik

Frauen und Männer, Menschen als vernunftbegabte, natürliche Wesen sind als Individuen aufeinander angewiesen und auf Gesellschaft angelegt. Sie sind schöpferisch und endlich zugleich. Über Interaktion, Wiederholung, Erwartung, Erwartenserwartung und Institutionalisierung konstruieren sie die gesellschaftliche Wirklichkeit (Berger/Luckmann 1969). Die gemeinsame gesellschaftliche Organisation der Staat ist der "vollkommenste Ausdruck des Bemühens um eine rationale (oder vernünftige) Organisation der Beziehungen zwischen den Menschen" (Boudon/Bourricaud 1992, S. 548). Politik[2] als Kampf um die gerechte Ordnung zielt auf Gestaltung der gesellschaftlichen Organisation und reicht damit über Machterwerb, -verwaltung und -verteidigung im Parteienstreit hinaus. Dem Wortsinn von "Polis" folgend, ist sie, das Gemeinwesen betreffend, auf alle Lebensbereiche gerichtet, die das Individuum nicht allein oder mit seinen Partnern verändern kann. Wenn Menschen endliche Wesen sind, die ihre gemeinsame Ordnung in vielen einzelnen Entscheidungen geschaffen haben, ist die reale Welt als eine von vielen möglichen eine begründungspflichtige; besonders dann, wenn unterstellt wird, daß Menschen als Individuen erst einmal für sich selber sorgen und sich für die gemeinsamen Interessen erst dann einsehen, wenn sie das Eigenwohl nur auf diesem Weg erreichen können. Denn

"Die Person ordnet alle Inhalte und alle Erfahrungen, die sie macht, letztlich nicht nach sachlichen, sondern nach persönlichen Kriterien: nach ihrer Biographie, ihren Absichten, ihren Sorgen, ihrem persönlichen Befinden. Mithin ist

---

1   Der Leitantrag des CDU-Bundesvorstandes zum neuen Grundsatzprogramm an den 5. Parteitag 21.-23. Februar 1994 in Hamburg "Freiheit und Verantwortung" (CDU-Dokumentation 31/1993 vom Oktober 1993) konnte für diesen Aufsatz nicht mehr verarbeitet werden. Der Abschnitt Partnerschaft und Familie wurde fast vollständig neu verfaßt.

2   Suhr/von der Gablentz/Weber, aus der Zusammenstellung gängiger Definitionen von: Böhret/Jann/Kronenwett 1988, S. 3ff.

die im Bewußtsein der Person präsente Gesamtordnung der Gegebenheiten nicht sachlich, sondern persönlich organisiert" (Buchheim 1990, S. 100, 103).

Diese im Alltag selbstverständlich gelebte Agentenrationalität sucht unter Berücksichtigung von Systembrüchen, die für den Einzelnen nicht zu verändernde Fakten sind, den Weg zum individuell optimalen Ergebnis.

1.2   Parteien

Parteien sind die einzigen Organisationen in der Gesellschaft, die die Bedingungen ihrer Existenz als gewählte Abgeordnete im Parlament selbst setzen. Diese Verfahrenskompetenz verlangt institutionelle Stützen durch Teilung und Kontrolle von Macht. Das Grundgesetz und das Parteiengesetz beschreiben Parteien als permanente Organisationen, die zur Übernahme von Führungspositionen im Staatsapparat bereit sind, um mehr oder weniger genau definierte allgemeine, aber nicht von allen geteilte Ziele zu verwirklichen. Über die personale und programmatische Willensbildung sollen sie zwischen Regierenden und Regierten vermitteln. Parteien sind kollektive Akteure, deren innere Bedingungen durch das parlamentarische Regierungssystem, föderale Gliederung, Kommunalverfassungen, Wahl- und Steuergesetze präformiert werden. Die Forderung des Grundgesetzes (Art. 21 I): "Ihre innere Ordnung muß demokratischen Grundsätzen entsprechen", wird im Parteiengesetz mit der Regelung von Fristen und Verfahren und der Vorlage von schriftlicher Satzung und Programm nur im Ansatz beschrieben. Gerichte können erst nach Anrufung der Parteigerichte eingeschaltet werden.

1.3   Partizipation

Der Partizipationsgedanke beleuchtet Parteien aus dem Aspekt der Wirkungsmöglichkeiten von Personen. Unter innerparteilicher Partizipation sollen alle freiwilligen, auf Beeinflussung innerparteilicher Entscheidungen und deren Vermittlung im Rahmen des zwischenparteilichen Wettbewerbs gerichteten Aktivitäten von Parteimitgliedern verstanden werden. Die Handlungsmöglichkeiten sind außen- oder binnenorientiert auf Personalrekrutierung (Ansprache, Ausbildung, Bewährung und Kontrolle), auf Politikformulierung (über Interessenartikulation, -verteidigung, -abwägung und Diskurs) und Politikvermittlung (im Kontakt mit Bürgern und im Austausch mit MandatsträgerInnen) gerichtet. Subjektives Wollen kann aber nur dann zu demokratischer Vielfalt werden, wenn die innerparteilichen Strukturen Transformation in konsensgetragene Entscheidungen und Programme zulassen. Die Frage, unter welchen Bedingungen Parteien (Funktions- und MandatsträgerInnen) ihr Interesse an Machterwerb, -nutzung und -verteidigung als Allgemeinwohl verkaufen können und damit Strukturen schaffen, die nur Teilnahme über Identifikation, also "magische" Partizipation zulassen, richtet sich an die institutionellen und systemischen Voraussetzungen für Partizipation. In der Agentenrationalität der Vorsitzenden und MandatsträgerInnen ist Partizipation durch Aufträge (Arbeit) und Kontrolle ein Störfaktor. Nur dann, wenn er ohne Beteiligung der Mitglieder sein Ziel nicht erreichen kann, wird er diese einbeziehen.[3]

1.4 Frauen in der CDU der 80er Jahre

Soziodemographische Merkmale der partizipierenden Frauen sowie gegenwärtige parteipolitische Strukturen schlossen bisher eine Chancengleichheit der Geschlechter in der CDU aus. Die Gesellschafts- und Familienpolitik richtet sich an konservative Frauen; das heißt vor allem Frauen werden angesprochen, die den Vorrang der Familienarbeit vor Berufstätigkeit und gesellschaftlichem Engagement weitgehend akzeptieren und leben. Die Hälfte der weiblichen CDU-Mitglieder sind auch Hausfrauen; ein Viertel ist gemeinsam mit dem Ehepartner der Partei beigetreten.[4] Nur etwa ein Fünftel der CDU-Mitglieder sind Ledige. Frauen treten häufig erst am Ende der Familienphase, meist nach ihrem 40. Lebensjahr, in die CDU ein, während Männer nach Berufsfindung und Familiengründung als 30jährige ihre politische Karriere beginnen (vgl. Hoecker 1987, S. 108ff.). Berufserfahrung und Dauer der Mitgliedschaft sind wesentliche Voraussetzung für Einfluß auf die innerparteiliche Willensbildung, aber gerade diese Kriterien fehlen den Frauen zum größten Teil. Hinzukommt, daß die Bereitschaft besonders älterer konservativer Männer, eine Frau zu wählen, gering ist. Beruflich engagierte Frauen treffen schließlich auf Vorbehalte von Männern und Hausfrauen. Einstellungs- und Interessenunterschiede zwischen den Generationen erschweren die Zielfindung zusätzlich.

---

3   Als Beispiel sei auf die Auswirkungen der Direktwahl von Bürgermeistern nach der süddeutschen Kommunalverfassung verwiesen. Eine bürgerbezogene, aktive Ratsfraktion erhöht die Wahlchance des Bürgermeisters. Für den durch die Ratsfraktion gewählten Bürgermeister ist eine loyale ruhige Gefolgschaft vorzuziehen. Teilhabe durch Identifikation mit dem "guten Herrscher" und Belohnung durch schrittweisen Aufstieg ist ein Muster innerparteilicher Sozialisation, das vom einzelnen Mitgliedern, wie es das Beispiel der Hamburger CDU zeigt, kaum zu durchbrechen ist.

4   Diese Tatsache bleibt nicht ohne Folge. Wenn es richtig ist, daß der häusliche Friede wichtiger ist als die Politik, kann davon ausgegangen werden, daß solche Ehepaare auch gemeinsam anwesend sind und abstimmen. Vor allem Frauen, die ihre Identität über ihre Ehemänner definieren, werden sich auch der Meinung des Partners anpassen. Diese Frauen sind das "Zweitstimmengeschwader" ihrer Männer, die Männermacht in der Partei wird verstärkt.

2. Leitsätze der CDU für eine neue Partnerschaft zwischen Mann und Frau

Essener Beschlüsse 1985

Beunruhigt durch Stimmverluste besonders bei jungen Frauen, beauftragte der Bundesvorstandes der CDU die Bundesgeschäftsstelle im Dezember 1984 mit der Formulierung eines Antrags zur Frauenpolitik für den 33. Bundesparteitag vom 20. bis 22. März 1985 in Essen (Schönbohm 1985, S. 180). Der Antrag griff Zeitströmungen durch die Frauenbewegung, die Grünen und die SPD auf, die auch innerhalb der Partei ein Forum gefunden hatten (vgl. Meyer 1990, S. 26f.).[5] Mit den Essener Beschlüssen hat die CDU 1985 ihre frauenpolitische Position formell neu festgelegt.

In der Präambel des mit 44 Punkten auf 18 Druckseiten handlichen Programms sind die Absichten der Essener Beschlüsse zusammengefaßt.

"Die CDU ist davon überzeugt, daß das Ziel einer Gesellschaft mit menschlichem Gesicht nur erreicht werden kann, wenn Frauen auf allen Ebenen und in allen Bereichen an verantwortlicher Stelle mitwirken."

Die Einleitung, die auf "eine Beziehung zur Welt der Wirklichkeit" gerichtet ist, zielt auf das menschliche Selbstverständnis und die Konstruktionsprinzipien der Gesellschaft. Mit der Formulierung "Rationalität, fachliche Leistung, soziale Tugenden und persönliche Zuwendung werden im Berufsleben und in der Familie gleichermaßen verlangt" bejaht die Partei die Ermöglichung einer ganzheitlichen Entfaltung der Persönlichkeit; sie setzt dabei eine Änderung im Bewußtsein und Verhalten von Männern und Frauen voraus.

"Partnerschaft bedeutet, daß Mann und Frau sich gegenseitig in ihrem Eigenwert anerkennen, füreinander verantwortlich sind, ihre Aufgaben innerhalb und außerhalb der Familie gleichberechtigt vereinbaren" und damit "in dauerhafter gegenseitiger Bindung verläßliche Partner der Kinder sind."

Die CDU will die rechtlichen und sozialen Voraussetzungen für die Realisierung der Gleichberechtigung bis zum Ende dieses Jahrhunderts schaffen.

Von der Verhaltens- und Einstellungsebene der Präambel springen die Aussagen über Frauen in Beruf und Familie[6] zur Ebene der Gesellschaftsorganisation. Politische Maßnahmen sollen Frauen - bei Anerkennung der Gleichwertigkeit von Berufs- und Familienarbeit - nach der Familienphase die Rückkehr in den Beruf erleichtern. Die materielle Konsequenz dieser Forderung wird schon

---

5   Auf dem Kongreß der Berliner CDU 1984 gab es eine breite und dokumentierte Auseinandersetzung Politikern, Mitgliedern und Wissenschaftlern.

6   Ehe und Familie, Alleinstehende, Ältere, Ausländerinnen, Gleichwertigkeit der Arbeit in Beruf und Familie, Vereinbarkeit, Rückkehr.

sehr vorsichtig formuliert: "Aufgabe der Familienpolitik ist es, soziale Nachteile und finanzielle Einbußen der Familie im Rahmen der Möglichkeiten auszugleichen." Forderungen zu gesellschaftlichen Veränderungen wie die nach partnerschaftlicher Arbeitsteilung in der Familie - an Gleichberechtigung idealistisch begründet - bleiben in den Parteibeschlüssen dagegen individualisiert unverbindlich. Die Konsequenzen der partnerschaftlichen Arbeitsteilung für die Organisation und den Aufbau der Gesellschaft werden nur angedeutet[7] und an alte politische Kontroversen wie Teilzeitarbeit, Arbeitszeitverkürzung, Ladenschlußregelung, Zugang zu Ausbildungs- und Arbeitsplätzen angehängt bzw. sehr vage formuliert (z.b.: "Frauen sind stärker von Arbeitslosigkeit betroffen als Männer").

Problematisch sind diese und ähnliche Tatsachenformulierungen vor allem, weil sie weder widerlegt noch abgelehnt werden können. Sie bleiben aber in konkreten Entscheidungen irrelevant, da es nicht darauf ankommt, was ist, sondern wie etwas ausgelegt wird (Buchheim, S. 102). Nur wenn der Entscheider sich der Grenzen seiner Wahrnehmung bewußt ist, wird er Verfahren wählen, die die Vielfalt integrieren. Das bedeutet konkret in bezug auf weibliche Partizipation, solange eine institutionelle Sicherung für die Artikulation der gemeinsamen Interessen unter Einbeziehung des vorhandenen Wissens nicht gegeben ist, bleibt die personale Vertretung von Frauen in den Gremien Voraussetzung der Berücksichtigung ihrer Anliegen.

In den Essener Beschlüssen wird ausdrücklich anerkannt, daß durch ihre Beteiligung an Entscheidungsprozessen parteipolitisch engagierte Frauen auch auf "Fehlentwicklungen in unserer Gesellschaft" hinweisen konnten. Da aber ihre Mitwirkung in Beratungs- und Entscheidungsgremien noch nicht ausreiche, wird zu weiteren Anstrengungen zur Qualifizierung von Frauen aufgerufen. Diese Subjektivierung schützt die innerparteiliche Praxis vor Überprüfung. Die Frage nach der Tauglichkeit der vorgeschlagenen Verfahren[8] wird durch Idealisierung der Demokratie nicht gestellt.[9] "Partnerschaft in der Politik" wird in den Beschlüssen wie folgt definiert:

---

7   "16. Wir brauchen ein neues Verständnis von Arbeit. Arbeit ist nicht nur Arbeit, und Leistung ist nicht nur Leistung, wenn sie im Rahmen der Erwerbsarbeit erbracht werden. Arbeit gibt es nicht nur im Erwerbsleben, sondern auch in der Familie, im sozialen Dienst und im öffentlichen Leben."

8   "Spielregeln in der Politik" - ein Kapitel für sich. "Wer glaubt, politische Prozesse spielten sich wie im Lehrbuch dargestellt ab, wird schnell dazulernen müssen" (Wilms 1993, S. 36). Wilms thematisiert zwar die Diskrepanz zwischen demokratischem Modell und Praxis, reagiert aber auch mit der Forderung nach Anpassung.

9   Sie wird auch von der Politikwissenschaft durch Greven 1993 mit dem Aufsatz: "Ist die Demokratie modern? Zur Rationalitätskrise der politischen Gesellschaft" gerade erst aufgeworfen.

"daß Männer und Frauen sich gegenseitig in ihren fachlichen Kenntnissen, ihrer Lebenserfahrung und ihrem Urteilsvermögen anerkennen und dies als unverzichtbar für die politische Entscheidung begreifen."

Durch ihren hohen Abstraktionsgrad bleibt diese Definition jedoch folgenlos. Frauen haben sich letztendlich den Bedingungen der Männer anzupassen. Diese Idealisierung setzt sich in der Annahme fort, daß der Abbau von Vorurteilen ausreiche, Partnerschaft zum "Parteithema" und zur gemeinsamen "Aufgabe von Männern und Frauen" zu machen. In den Leitsätzen fordert die CDU weiterhin Regierungen (z.T. sich selbst in anderer Rolle) auf, Frauen über die "Alibifrau" hinaus bei der Besetzung von leitenden Positionen zu berücksichtigen. Der Bundesvorstand wird beauftragt, Vorschläge zu erarbeiten, wie der Einfluß der Frauen in der CDU gestärkt werden kann und darüber regelmäßig zu berichten. Mit dem Frauenbericht des Generalsekretärs, der jeweils zum Bundesparteitag vorgelegt wird,[10] gibt es umfassende Daten über die personale Beteiligung von Frauen in der CDU.

3. Weibliche Partizipation in den 90er Jahren

Das Außenbild der Union, repräsentiert durch Mandatsträger in Regierungen und Parlamenten, kann als maßgeblich für die individuelle Entscheidung, in die Partei einzutreten, angesehen werden. Die Außenwirkung wird somit auch durch den Frauenanteil unter den Mitgliedern gespiegelt. In den Veränderungen der Mitgliedschaft von Parteien wirken Außenurteil durch Eintrittsanträge und Erwartungen aus der Gesellschaft, Erfahrungen in der Partei und Alterung zusammen.[11]

3.1 Frauenanteil

Der Frauenanteil unter den Mitgliedern in den alten Bundesländern hat sich nach den Berichten des Generalsekretärs von 1984 bis 1992 um 1,6% auf 23,3% erhöht. Der prozentuale Anteil faßt Zu- und Abgänge (Austritt und Tod) von Männern und Frauen zusammen. Ein Vergleich der absoluten Zahlen (576 164 - 483.369 Männer gegenüber 160.113 - 146.636 Frauen) weist bei Männern

---

10   Für diese Arbeit wurden die Berichte der Jahre 1991, 1992 und 1993 (ergänzend) herangezogen.

11   "Säuglingssterben", so nennt Walter Momper den Austritt von Neumitgliedern innerhalb von sechs Monaten, ist eine auch in der CDU vorhandene Erfahrung. Leider weisen die Statistiken Zu- und Abgänge und deren Ursachen nicht mehr explizit aus - wie es z.T. der Fall ist für das Jahr 1984. Aus diesem Grund muß ich für die Interpretation von Zahlen auf die Daten zur Sozialstruktur der CDU 1984 und 1990 zurückgreifen.

fast doppelt so große Verluste wie bei Frauen aus (14,1 gegenüber 8,4%). Dieser Mitgliederschwund wird jedoch vor allem durch den 22prozentigen Mitgliederrückgang im größten Landesverband der CDU Nordrhein-Westfalen verursacht. Damit könnte die Steigerung des Frauenanteils rechnerisch auch eher auf Enttäuschungsfestigkeit und größeres Beharrungsvermögen von Frauen zurückzuführen sein als auf Attraktivität der Partei.

Da durch die neuen Bundesländer mit ihrem hohen Frauenanteil von 38,4% viele junge und gut ausgebildete Frauen hinzukommen, steigt der Frauenanteil der CDU vom 23,2% auf 25,4%. Heute kommt jede 5. Frau, aber nur jeder 10. Mann in der CDU aus dem Osten (Die Frau in unserer Zeit 1990). Dennoch sind die Frauen der Union zwischen März 1984 und Dezember 1990 deutlich älter geworden. 1984 betrug der Anteil der über 50jährigen 49%; 1990 sind fast 60% der Frauen älter als 50 Jahre.

Die föderale Struktur der CDU erfordert es, die Entwicklung des Frauenanteils in den einzelnen Bundesländern (Frauenbericht 1992, Tab. 4) anzuschauen. Den höchsten Frauenanteil unter den Mitgliedern haben die Stadtstaaten Hamburg (41,1%), Bremen (35,5%) und Berlin (32,0%), Schlußlichter sind Baden-Württemberg (18,5%) und Rheinland-Pfalz (19,9%). Mecklenburg-Vorpommern (45,7%) und Sachsen-Anhalt (41,9%) weisen bei weitem die stärkste Frauenbeteiligung in der Partei nach. Thüringen (36,6%) und Sachsen (38,2%) bleiben dagegen auch nach der Vereinigung hinter stärkeren norddeutschen Frauenanteilen zurück. 1989 sind in den nördlichen Bezirken Rostock und Schwerin (über 50%), Neubrandenburg, Potsdam, Magdeburg und Frankfurt/Oder fast 50% der CDU-Mitglieder Frauen. Die noch katholischen Bereiche Cottbus, Erfurt und Suhl und die Hauptstadt Berlin bilden mit um 40% Frauen die Nachhut der ostdeutschen Bundesländern. Schließlich verläuft das Stadt-Land-, Ost-West- und Nord-Süd-Gefälle des Frauenanteils unter den Parteimitgliedern im Großen und Ganzen parallel zur Berufstätigkeit von Frauen.[12]

Die Zahl weiblicher Parteimitglieder schrumpfte demnach in den neuen Bundesländern vom Ende 1989 bis Juli 1992 um fast 40%, deutlich stärker als bei den Männern (20%). Die von der Bundesgeschäftsstelle parate Schilderung einer gegebenen 'Karteibereinigung' nach der Vereinigung reicht nicht aus, um diese Entwicklung zu erklären. Nach der Einschätzung von Dr. Ising, ehemalige Vorsitzende der Frauen in Berlin (im Gespräch am 23.8.93) sind in erster Linie "Nur-Mitglieder", Basisfrauen ausgetreten. Parteiaustritte sind auch für Nur-Mitglieder durch neue Erfahrungen und Veränderung der Situation und der

---

12 Wenn politisches Interesse, Wahlverhalten und Partizipation somit von der Beteiligung am Erwerbsleben abhängig sind, spiegeln sie die erhebliche strukturelle Benachteiligung von Frauen in der Gesellschaft.

Organisation leicht vollzogen, da sie ihnen keine Veränderung des Selbstbildes und kein Handeln abverlangen. Sie erfolgen kurzfristiger und schneller als Entscheidungen gegen etwas als die eigene Lebensführung und Zeiteinteilung betreffenden Eintritte in eine Partei.

3.2 Organisation, Aufgaben und Mitwirkung

Im Gegensatz zum Beitrittsverfahren der anderen CDU-nahen Organisationen werden alle weiblichen Parteimitglieder automatisch Mitglied der Frauen-Union.[13] Diese Zusammenfassung erleichtert zwar den Einstieg für sog. "Solofrauen", sie wird aber von Frauen, die ihre Ehemänner in die Partei begleiten, häufig als lästig empfunden. Für Frauen, die innerparteiliche Entscheidungen beeinflussen wollen, wirkt sie durch doppelte Anwesenheitspflichten bei vergleichsweise geringem Einfluß[14] kontraproduktiv. Die satzungsmäßig festgehaltenen Aufgaben der FU[15] setzen unterschiedliche Schwerpunkte im Kompromiß zwischen Legitimität und Effektivität. Die CDU erwartet von ihren Vereinigungen an erster Stelle, daß sie das Gedankengut der CDU in ihrem Wirkungskreis vertreten und verbreiten. Die Frauen-Union sieht ihre erste Aufgabe darin, zu politischen Fragen Stellung zu nehmen und zur Willensbildung der Partei beizutragen und geht damit deutlich über den ihr von der CDU zugestanden Einfluß zur Wahrung der besonderen Anliegen der Frauen in der Politik der CDU hinaus.

3.3 Frauen in Parteiämtern

Die soziale Integration über personale Beteiligung - Heimat und Nestwärme - ist Aufgabe der Ortsverbände. Zusammen mit den Kreisverbänden entscheiden sie über den Einstieg in die Politik in den Gemeinden und über die Nominie-

---

13 Erst nach der Satzung von 1991 § 2, Abs.4 können Frauen durch eine ausdrückliche Erklärung die Mitgliedschaft in der Frauen-Union verweigern.

14 Und das, obwohl die Frauen-Union mit 23,1% der Parteimitglieder die zahlenmäßig stärkste Unterorganisation darstellt, vor Junger Union mit 4,8% (1984 8,6%) Sozialausschüssen CDA 3,2%, Kommunalpolitischer Vereinigung KPV 3,5%, Mittelstandsvereinigung 2,2%, Wirtschaftsvereinigung 0,3%.

15 Statut der CDU, § 39, Abs.1, Satzung der Frauen-Union, beschlossen am 19.10.1991, Stand Juni 1993 § 1 Aufgaben: a) zu den politischen Fragen Stellung zu nehmen und zur Willensbildung in der Partei beizutragen, b) das Gedankengut der CDU zu vertreten und zu verbreiten, c) die sich insbesondere aus dem Lebensbereichen der Frauen ergebenden politischen Anliegen in der Partei und gegenüber den politischen Entscheidungsgremien zu vertreten, d) die Frauen zu aktiver Mitarbeit in der Partei zu motivieren, e) die berechtigten Ansprüche der Frauen auf angemessene Vertretung in den Organen der Partei und den Parlamenten durchzusetzen.

rung zu Landtagen und Bundestag. Die personalen Weichenstellungen erfolgen auf der Kreis- und der Landesebene. Auf der Bundesebene wird über die Spitzenämter in Partei und Regierung entschieden, die Kandidatenaufstellung in den Wahlkreisen kann nur durch Appell beeinflußt werden. In der Auswahl der Stufen personaler Beteiligung kann jedoch davon ausgegangen werden, daß die jeweiligen Vorsitzenden der Ortsverbände durch Vorschlagsrecht, Absprachen und Festsetzung von Ort und Zeit auch Schlüsselpositionen für die Beteiligung von Frauen innehaben. Generell gilt: Frauen werden an der Arbeit in Vorständen und Vertretungen beteiligt, die weichenstellende Position des Vorsitzenden bleibt jedoch in der Hand von Männern. Der Frauenanteil in den Vorständen entspricht 1992 in etwa ihrem Anteil an der Mitgliedschaft. Dies ist zwar ein werbewirksames, aber kein mehrheitsveränderndes Zugeständnis, zumal z.B. Präsidium und Bundesvorstand der CDU durch Kooptierte und Gäste erweitert werden (Frauenbericht 1992, Tab. 2) und Abstimmungen selten sind (Schmitt 1990, S. 155).

Unter den 450 Kreisvorsitzenden gibt es nur 22 Frauen: vier in Mecklenburg-Vorpommern, drei in Brandenburg, Rheinland-Pfalz und Hessen, zwei in Baden-Württemberg, Berlin, Niedersachsen und Sachsen-Anhalt. Der mehr als ein Fünftel aller Mitglieder stellende Landesverband NRW kann wie Bremen, Hamburg, Saarland und Schleswig-Holstein nicht eine (weibliche) Kreisvorsitzende vorweisen. Unter den Ortsvorsitzenden, deren Amt nur geringe räumliche Mobilität verlangt, ist die Zahl der Frauen mit 29,3% in Sachsen-Anhalt, 26,9% in Bremen, 25,6% in Mecklenburg Vorpommern und 20% in Brandenburg bei den Spitzenreitern hoch. Die Schlußlichter Berlin (2,9%), Saarland (3,4%), NRW (5,8%), Baden-Württemberg (6,3%) und Niedersachsen (7,1%) vertreten aber über 60% der CDU Mitglieder.

Die Beteiligung an Landesparteitagen erscheint Frauen vor allem durch Ritualisierung und hohen zeitlichen Aufwand wenig attraktiv. Auch die Werbung nach den Gesetzen der Listenwahl fällt den Einzelkämpferinnen in der Regel schwer, so daß die Beteiligung von Frauen auf den Wahllisten auf Landes- und Bundesebene und in den Vorständen in der Tat als Ergebnis gezielter Frauenförderung interpretiert werden kann. Die Ausnahme hier bietet Schleswig-Holstein, wo sich die CDU in der Opposition befindet. Unter den Delegierten zum Landesparteitag ist dort der Frauenanteil sogar größer als ihr Anteil an den Mitgliedern. In den neuen Bundesländern halbiert sich dagegen der weibliche Anteil auf dieser Vertretungsebene. Auch die Stadtstaaten Hamburg und Berlin können ein nur geringfügig besseres Ergebnis nachweisen.

Auf dem Bundesparteitag der CDU 1992 in Düsseldorf wurden Dr. Angela Merkel, Christa Thoben und Brigitte Baumeister als Schatzmeisterin ins Präsidium gewählt. Mit vier von vierzehn Mitgliedern beträgt der Frauenanteil demnach 28,5%. Im Vorstand, dem weitere sechsundzwanzig Mitglieder angehören, sind mit Christine Lieberknecht, Dr. Hanna-Renate Laurien, Christa Reichard (Sachsen), Dr. Hedda Meseke (NS), Dr. Renate Hellwig und qua Amt Dr. Rita Süßmuth nicht ganz 20% der Mitglieder Frauen.

3.4   Frauen als Mandatsträgerinnen

In den kommunalen Vertretungen stellen Frauen in den neuen Bundesländern und in den Stadtstaaten mit geringer kommunaler Kompetenz ein Viertel bis ein Fünftel der Mandatsträger; als Fraktionsvorsitzende sind sie aber nur in Ausnahmefällen anzutreffen, denn die Wahl in Führungspositionen setzt Zustimmung der Männer voraus. Aber in der Forderung nach höherem zeitlichem Einsatz kollidiert hier die Praxis mit den Möglichkeiten der Frauen: Innerparteilich dominant ist der von häuslichen Pflichten entlastete Mann, männliche und weibliche Selbstversorger nehmen die zweitgünstigste Position ein. Frauen mit erwachsenen Kindern sind durch Rücksicht auf den Ehemann eingeschränkt. Frauen mit Verantwortung für Kinder stehen ständig in Konfliktsituationen, da die Hauptfamilienzeit zwischen 16 und 21 Uhr mit den Sitzungszeiten kollidiert.

In den Landtagsfraktionen entspricht der Frauenanteil in etwa ihrem Delegiertenanteil. Spitzenreiter ist wieder Schleswig-Holstein mit 31,2%. Den geringsten Anteil stellen Frauen in den neuen Bundesländern und in Baden-Württemberg, was ihrem Delegiertenanteil aber entspricht und durch einen großen Anteil von Direktmandaten verstärkt wird.

Die Plätze im Bundestag werden über Wahlkreiskandidaturen und über die Landeslisten der Partei verteilt. Die Kandidatur in einem Wahlkreis setzt in der Regel die Bewährung in der Kommunalpolitik voraus.[16] Da Gegenkandidaturen an und für sich selten sind und noch seltener erfolgreich sind[17], muß sich "Glück" in Form von Vakanz des Wahlkreises zur Bewährung gesellen. Entscheidend sind letztendlich die Leistungen im Wahlkreis, also das, was die Delegierten von den KandidatInnen direkt sehen und erleben. Damit ist ein Rollenkonflikt beschrieben: Das Interesse an Wahl und Wiederwahl stimmt nicht überein mit den Anforderungen an den Abgeordneten im Parlament. Da seine Leistungen in Bonn seine Wiederwahl im Wahlkreis sogar behindern können, liegt hier ein Strukturdefekt parlamentarischer Parteiendemokratie.

---

16   Diese Bewährungsphase, auch "'Ochsentour" genannt, ist für Frauen meist länger als für Männer. Für NRW wurde ausgerechnet, daß die Frauen der 11. Wahlperiode zuvor über durchschnittlich 14,3 Jahre Parteimitglied waren (Frauen im Landtag Schriften des Landtags Nordrhein-Westfalen, Bd.4, Düsseldorf 1992, S. 14).

17   1990 kehrten alle Abgeordneten, die sich zur Wiederwahl stellten, in den Bundestag zurück. Nur 59 sichere Plätze für CDU und SPD in den alten Bundesländern wurden frei (Kremer 1992, S. 49).

Dazu kommt, daß die Wahlkreise fest in männlicher Hand sind: Für die CDU kandidierten 1990 285 Männer und 41 Frauen. 201 Männer (89%) und 25 Frauen (11%) wurden für die CDU direkt gewählt. Von den 21 neuen Frauen im Bundestag sind zehn über den Wahlkreis, davon sieben mit sicherem Vorsprung und nur drei[18] mit knappem Ergebnis eingezogen. 30% der Männer und 40% der Frauen kämpften vergeblich um ein Direktmandat. Nur in Mecklenburg (in drei von acht WK) und Hessen (in drei von dreizehn WK) haben sich Frauen durchgesetzt; interessanterweise scheint dies in gutbürgerlich städtischen Wahlkreisen[19] leichter zu sein als in eher ländlichen wie Lörrach oder Borken, wo Elke Wülfing, seit 1990 MdB, neben den kommunalen Ämtern auch konsequent die Vorsitzendenpositionen wahrgenommen hat.

In den neuen Bundesländern können sich jüngere, beruflich erfolgreiche Frauen mit Kindern durchsetzen. Dr. Angela Merkel hat den Sprung über den Demokratischen Aufbruch und als Regierungssprecherin der Regierung de Maizière geschafft, Dr. Sabine Bergmann-Pohl hat ihre Nominierung als Präsidentin der Volkskammer durchsetzen können. Über die Position der Frauenbeauftragten, deren Institutionalisierung ein Ergebnis von Frauenpolitik ist, konnten sich Dr. Maria Böhmer und Otti Geschka[20] für Leitungsfunktionen qualifizieren. In Westdeutschland dagegen müssen Seiteneinsteigerinnen (wie Dr. Roswitha Wiesnewski, Dr. Dorothee Wilms, Dr. Rita Süßmuth, Dr. Hanna-Renate Laurien, Dr. Renate Hellwig, Dr. Meseke, Dr. Dr. Ursula Lehr) erstens berufliche Spitzenpositionen vorweisen, bevor sie politischen Erfolg erleben, dies läßt sich aber nur selten mit der Realisierung des Kinderwunsches vereinbaren.

Je besser das Wahlergebnis für eine Partei, desto geringer ist deren Anteil der Listenplätze. Das bedeutet, daß der Einfluß der Landesverbände auf die Kandidatenauswahl umgekehrt proportional zum Wahlerfolg ist.[21] Über die Listenzusammensetzung entscheiden die Landesverbände. Die ersten fünf Plätze, die auf dem Stimmzettel abgedruckt werden und damit direkte Außenwerbung sind, demonstrieren die Spannweite einer Partei. Zu Prominenz und regionaler Zugkraft ist 1990 Frau zum Kriterium der Aufnahme geworden. Kremer (1992, S. 81ff.) hat ermittelt, daß der Frauenanteil der Listen aller Parteien von 1987 zu 1990 von 59 auf 120 Frauen gestiegen ist. Unter den Man-

---

18 WK 140 Frankfurt III Steinbach-Herrmann, WK 163 Stuttgart II Erika Reinhardt und WK 231 Nürnberg-Süd Renate Blank.

19 Pinneberg, Göttingen, Bonn, Hochtaunus, Wiesbaden, Frankfurt, Koblenz, Stuttgart, Böblingen Mannheim, Nürnberg und Berlin-Reinickendorf.

20 Seit 1993 direkt gewählte Oberbürgermeisterin von Rüsselsheim.

21 Für die CDU war er bisher am größten im Saarland, in den Städten Bremen und Hamburg, gefolgt von den SPD geführten Ländern NRW, Hessen, Schleswig-Holstein und Niedersachsen.

datsträgern der CDU, die über die Liste in den Bundestag gelangten, steigt der Frauenanteil (20 von 85 MdB) auf 23,5%. Über die Liste kamen fast die Hälfte der Frauen, aber nur ein Drittel der männlichen Abgeordneten ins Parlament. Mindestens drei von ihnen[22] hatten keinen eigenen Wahlkreis. Zwölf der Neuen zogen über die Liste ein.

Von den 107 neuen Mitgliedern der CDU Fraktion 1990 sind 21 Frauen und 86 Männer. Mit dem Anteil von 21% wird fast der Anteil von Frauen unter den Mitgliedern erreicht. Die Beschlüsse erreichen so den veränderbaren Teil, insgesamt bleibt aber die Dominanz der Männer. Der "Fortschritt" ist eine Schnecke.

Zur personalen Beteiligung von Frauen in der CDU kann zusammenfassend festgehalten werden: Bei schrumpfenden Mitgliederzahlen konnte der relative Anteil von Frauen in der CDU durch stärkere Mitgliederverluste bei den Männern und durch die große Zahl von weiblichen Mitgliedern in den neuen Bundesländern geringfügig verbessert werden. Er bleibt aber weit hinter dem Anteil von Frauen in der Gesellschaft zurück. In der Vertretung dominieren die Familienfrauen der Geburtsjahrgänge vor 1945. Die Beteiligung von Frauen in Parteiämtern und als Mandatsträgerinnen bleibt hinter ihrem Anteil an den Mitgliedern zurück. Der sonst praktizierte Proporz zwischen Regionen, Konfessionen, Arbeitgebern und Arbeitnehmern geht an den Frauen vorbei, auch weil weibliche Interessenvielfalt und -unterschiede zwischen den Generationen, Berufs- und Familien- und Ehefrauen gemeinsames Handeln erschwert. Um gewählt zu werden, brauchen Frauen immer auch die Stimmen von Männern; Männer erhalten dagegen Frauenstimmen als Zugabe. Frauen werden zum Vorzeigen und Arbeiten in Vorstandsämter gewählt, Führungspositionen gewährt man(n) ihnen aber erst nach sehr langer Bewährung. Nach den innerparteilichen Regeln für Frauen durch Gewichtung der Anforderungen an politische und fachliche Kompetenz[23] erreichen auch Frauen über die 'Ochsentour' ein Bundestagsmandat. Die Erneuerung von Politik durch Seiteneinsteiger wird leider fast nur unter Frauen genutzt.

Männer wählen Frauen aus, sei es als Vorsitzende und Regierungschef mit dem Angebot eines Amtes oder nach dem Gesetz der Zahl in den Nominierungsversammlungen. Frauen müssen sich mit den Männern an der Basis und

---

22   Männle, Jeltsch, Lehr, neunzehn erfolgreiche Listenplätze bei sechzehn erfolglosen WK-Bewerberinnen; 86 männliche Kandidaten teilen sich 65 Listenplätze.

23   In der konkreten Entscheidung, z. B. bei der Auswahl von Stadträten in Berliner Bezirken (Besoldungsgruppe B 6), war jeweils die männliche Qualifikation die am dringendsten nötige.

mit den Frauen an der Spitze arrangieren[24], um überhaupt in den Gremien vertreten zu sein. Denn satzungsmäßig abgesichert ist die Beteiligung von Frauen auch als Alibifrau nicht. Unter den 1990 verfügbaren Positionen wurden demnach die Zielvorgaben des Essener Parteitags erfüllt. Das unter den gegebenen Bedingungen innerparteilicher Willensbildung Machbare bleibt aber hinter dem Notwendigen weit zurück. Hier wird nochmals deutlich, daß verkrustete Strukturen der Parteien mit gutem Willen nicht aufzubrechen sind. Da die Veränderungen im Innenbereich der CDU bisher kaum Wirkung im Außenbereich zeugen, soll in einem weiteren Schritt der Frage nachgegangen werden, wo und wie Frauen auf die inhaltliche Willensbildung und auf die Regierungspolitik Einfluß nehmen.

4. Programmatische Willensbildung

Die Frage nach der programmatischen Willensbildung rückt Prozeß und Ergebnis von Interessenartikulation, -bündelung und -ausgleich ins Zentrum der Aufmerksamkeit. Im Parteiengesetz heißt es dazu: "Die Parteien legen ihre Ziele nach Beschluß durch die Parteitage in politischen Programmen nieder." (§1 (3) und §9 (3)). Zu Programmen und ihrer Funktion für Werbung, Integration, Identitätsbildung und Handlungssteuerung ist die Literaturlage immer noch bescheiden (Reichart-Dreyer 1977, S. 130ff.; Raschke 1993, S. 195ff.). Unstrittig ist der Einfluß der Parteitage auf die Richtungsaussagen und Einzelkorrekturen beschränkt. Entscheidend sind vielmehr die Vorlagen und Anträge, die von der Bundesgeschäftsstelle, Fachausschüssen oder Vorständen formuliert werden.

4.1 Personale Beteiligung von Frauen

Die personale Beteiligung von Frauen in diesen Gremien ist insofern eine notwendige, aber nicht hinreichende Bedingung für ihre Einflußnahme auf die programmatischen Aussagen. In den Fachausschüssen der CDU, deren Mitglieder (30-40 Personen) vom Bundesvorstand nach Vorschlägen der Landesverbände berufen werden, stellen Frauen in "ihren" Themen "Frauen" und "Familie" 90% bzw. 66% der Mitglieder; in den Bereichen: Gesundheit, Kultur und Soziales sind sie dagegen mit 20-30% vertreten, Jugend, Umwelt, Agrar, Wirtschaft und Inneres haben mit vier bis fünf Vertreterinnen eine qualifizierte

---

24 SeiteneinsteigerInnen sind für den Parteivorsitzenden und Kanzler sowohl in der Werbewirkung wie in der Machtsicherung nach dem Prinzip: teilen und herrschen wertvolle Joker.

Minderheit. In den "klassischen" Sparten Städtebau, Außen-, Sicherheits-, Verkehrs-, Forschungspolitik sind bis zu drei Frauen vertreten. Energiepolitik wird schließlich ohne weibliche Beteiligung beraten. Zu den über die Politikrealisierung entscheidenden Haushaltsarbeitskreisen der Fraktionen gibt es kein innerparteiliches Pendant. Über "das, was hinten raus kommt" (H. Kohl), entscheiden Verwaltung, Regierung und Parlament. Anhand des Programms der Frauen-Union und des Diskussionsentwurfs zu einem neuen Grundsatzprogramm soll im weiteren dargestellt werden, welche Ziele wie von Frauen und von der Partei insgesamt gesetzt werden. Einige Politikergebnisse werden exemplarisch einbezogen, um den Wirkungszusammenhang im Bereich der Responsivität wenigstens anzudeuten.

4.2   Programme

4.2.1 Die "Bausteine für die Einheit"

Mit den "Bausteinen für die Einheit", Programm der Frauen-Union der CDU, Frauenpolitik im geeinten Deutschland, hat die FU 1991 ein Handbuch für die politische Frauenarbeit vorgelegt, das "gemeinsame und gegensätzliche Erfahrung in Ost und West" in "gesellschaftspolitischen, aber auch frauenpolitischen Forderungen für alle Politikbereiche" zusammenfaßt.

> "Die Forderung nach gleichen Chancen für Frauen und Männer in der Politik ist kein Selbstzweck. Frauen bringen Erfahrungen aus ihren Lebenszusammenhängen ein. Sie wollen sich nicht länger in von Männern konstruierte Lebensbedingungen zwingen lassen, sondern aktiv an der Gestaltung dieser Gesellschaft, mitwirken, Verantwortung für das Ganze übernehmen, aber auch Bedingungen vorfinden, in denen sie Verantwortung übernehmen können" (S. 67).

Um dieser Forderung nachzukommen, müssen aber "die parlamentarische Arbeit mit Beruf, Familie und Freizeit vereinbar sein".[25] Damit werden über die Verfahren der Willensbildung in den Vertretungskörperschaften und innerhalb der Partei die Strukturen des Systems Politik als verbesserungsbedürftige thematisiert. Neue Formen der Parteiarbeit nach Überprüfung von Arbeitsmethoden und -zeiten und Bereitstellung der organisatorischen, finanziellen und personellen Voraussetzungen für eine moderne politische Frauenarbeit zielen aus dem Anspruch Chancengleichheit auf die Veränderung der innerparteilichen Machtverhältnisse durch Organisation, Geld und Zeit.

---

25   "Ritualisierte Sitzungen schrecken politisch interessierte Frauen (IRD und Männer) zu Recht ab. Sitzungen müssen gestrafft, Sitzungstermine beschränkt werden." S. 68. "Die Nominierung von Frauen entsprechend dem Anteil an der Mitgliedschaft ist in die Satzung der Bundespartei aufzunehmen". Antrag der FU zum BPT Dresden.

Mit dem Versuch, durch die Institutionalisierung einer gemeinsamen Arbeitsgruppe frauenrelevante Fragestellungen aufzugreifen und Lösungen zur Realisierung zu entwickeln", folgt die Frauen-Union dem Modell innerparteilicher demokratischer Willensbildung, das sich ohne Überprüfung in der politischen Praxis als realisierte Wirklichkeit behauptet. Parteien als Konsensminimierungsorganisationen haben Problemanerkennung als Voraussetzung innerparteilicher Bearbeitung der Hierarchiespitze vorbehalten (Reichart-Dreyer 1993b). Zugelassen werden schließlich mit Blick auf die Wiederwahl nur "lösbare" (Teil)Probleme. Ohne Diskussion über Politikverständnis und -praxis, über das Selbstverständnis als Partei, ein Problem, das auch im Entwurf zu einem neuen Grundsatzprogramm übergangen wird, bietet die Bundesgeschäftsstelle Politik als Werbekampagne über "Infotainment" und Happening an[26] und entfernt sich damit noch weiter vom Maßstab der Frauen, die die Partei am Beitrag ihrer Politik zur Lösung der Frauenfrage, am Verhältnis von Worten und Taten (S. 9) messen. Wenn die globalen Herausforderungen nur durch das Zusammenwirken vieler Beteiligter und aus einem Gleichgewicht von männlichen und weiblichen Werten, Rationalität und Intuition, Ökologie und Ökonomie zu bewältigen sind, ist eine neues Denken und Handeln zu erproben. Diese Veränderungen auf der mentalen Ebene klammern aber die innerparteilichen Strukturen aus und erheben damit die Voraussetzungen zum Ziel.

In Aufbau und Gliederung geht das Programm von Individuen in der Arbeitswelt und der Familie aus und versucht "Verknüpfung und Vernetzung der voneinander getrennten Lebensbereiche". Nicht herkömmliche Parteisicht als Form der Parlaments-, Regierungs- oder Verwaltungssicht mit ihrer Trennung nach Zuständigkeiten und der daraus folgenden Begrenzung des Parteienwettbewerbs,[27] sondern das Weltbild des Bürgers und Wählers (Buchheim 1990) wird zum Fokus.

Der Abschnitt "Partnerschaft und Vielfalt der Lebenswelten" thematisiert Differenzen zwischen Frauen. Die Besprechung von Partnerschaft in Bildung und Ausbildung in den "Bausteinen" ist auf die Zugangsbedingungen gerichtet, die z.B. in überlangen Ausbildungszeiten auch für Männer dringenden Handlungsbedarf signalisieren. Partnerschaft in der Arbeitswelt fordert u.a. 'gleicher Lohn für gleiche Arbeit' ein, ein Grundsatz, den auch Männer anerkennen; hierbei wird auch bestehende Ungerechtigkeit der Bewertung[28] angegriffen. Der

---

26   Union Magazin der CDU Deutschland 2/93, S. 50f. Frauen kommen in Scharen.

27   In der Folge streiten sich FamilienpolitikerInnen untereinander in den Ausschüssen über die Art des Familienlastenausgleichs als Kindergeld oder über Steuerermäßigung, streiten aber nur sehr bedingt mit den FinanzpolitikerInnen über den Umfang.

28   "Es darf nicht sein, daß zum Beispiel Grobarbeit und Muskelkraft höher bewertet werden als Kopfarbeit und Fingerfertigkeit" (S. 31).

Feststellung, daß "Probleme auf dem Arbeitsmarkt nicht auf dem Rücken der Frauen ausgetragen werden dürfen" (S. 32), folgt dennoch die Ablehnung des Denkmusters des sogenannten Doppelverdieners.

Der Abschnitt IV "Partnerschaft in Familie und Gesellschaft" geht von der Gleichwertigkeit der Arbeit in Familie und Beruf aus, allerdings ohne auszuführen, wie sich das "Verständnis von Arbeit" (35) gewandelt hat. Im Sinn eines ganzheitlichen Lebensentwurfs wird die Teilhabe an beiden Bereichen gefordert. Die bisher geltende Entweder-Oder-Haltung der Frauen wird hier durch eine Sowohl-als-auch ersetzt. Das ist letztendlich eine Forderung der Gleichstellung, denn Männer realisieren Vereinbarkeit von Beruf und Familie selbstverständlich auf Kosten der Frauen. Die Männer dabei unterstützende Organisation der Gesellschaft soll mit folgenden Maßnahmen aufgebrochen werden. Die gesellschaftlich relevanten unbezahlten Leistungen der Frau oder des Mannes müssen ebenso als Beitrag zum Generationenvertrag akzeptiert werden wie die Beitragszahlungen aus Erwerbseinkommen. Eine Aufgabe der Familienpolitik ist es, soziale Nachteile und finanzielle Einbußen der Familien möglichst auszugleichen und die Rahmenbedingungen dafür zu schaffen, daß echte Wahlfreiheit für Männer und Frauen tatsächlich möglich wird. Durch eine ausgewogene Kombination von erhöhtem Kindergeld und erhöhtem Freibetrag sind Bund und Länder angemessen an den Kosten zu beteiligen. Die kindbezogene Komponente soll stärker sein als die ehebezogene. Die Frauen-Union setzt sich für Familiensplitting ein.

Die Bedeutung der Familie als Lebens- und Erziehungsgemeinschaft wird im Umfang der Leistungen im Haus, in der Kindererziehung, Pflege älterer und kranker Menschen, in nachbarschaftlichen Diensten und ehrenamtlicher Arbeit (nicht Tätigkeit, wie oft abwertend formuliert wird) präsentiert, bewußt gemacht und mit den Forderungen verbunden, in der Gesellschaft durch familienergänzende Betreuungsangebote und in der Arbeitswelt Strukturen zu schaffen, die Eltern mit Kindern die notwendigen Freiräume geben, um Familie zu leben, ohne auf Erwerbstätigkeit und beruflichen Aufstieg verzichten zu müssen.

Die Forderungen in den Abschnitten 11-13 ("Neue Arbeitszeiten für Frauen und Männer," "Mit Kindern zurück in den Beruf" und "Was Kinder brauchen und Eltern hilft" sind formuliert aus den Bedingungen der 80er Jahre und muten unter den finanziellen Möglichkeiten des Jahres 1993 wie Zukunftsmusik an. Das Verhalten der Familien in den neuen Bundesländern, die ihren Kinderwunsch jetzt hinausschieben, zeigt aber an, wie verhängnisvoll diese "Nicht-Politik" ist. Mit dem Verlangen, Stadt- und Verkehrsplanung an die Bedürfnisse der Menschen zu binden, wird angezeigt, wie weit sich Wohnungsbau und Stadt- bzw. Landesentwicklung an Einzelinteressen als pseudoobjektiven Forderungen orientiert haben. An den aufgezeigten Möglichkeiten der Gemeinschaftsbildung wird ansatzweise sichtbar, daß Orientierungslosigkeit, Flucht in Drogen und Gewalt auch gesellschaftliche Ursachen haben.

Die in den "Bausteinen" gestellte Forderung nach sozialer Sicherung von Frauen (47-50) wendet sich wieder den Bedingungen von Frauen zu, die im Abschnitt Gewalt in der Gesellschaft mit dem Machtmißbrauch durch physische Überlegenheit die Kehrseite männlicher Überlegenheitsbehauptung auf einen verschwiegenen Bereich gesellschaftlicher Wirklichkeit aufmerksam. machen. Die Aussagen über Technik und Zukunft zielen auf Umstellung der Bedürfnisse und des Verhaltens der Menschen. Mit der Einbeziehung des Umweltschutzes, der Erweiterung der Regeln der sozialen Marktwirtschaft und den Vorschlägen zur Lösung der Verkehrsprobleme sind indirekt Wege aufgezeigt, die menschlichen Grenzen und Machtmißbrauch einbeziehen, denn "der Mensch darf nicht alles, was er (jetzt dank der neuesten wissenschaftlichen Erkenntnisse, hier Gentechnik) kann" (S. 60).

Mit dem Abschnitt "Aktiv in der Öffentlichkeit" räumen die Verfasserinnen durch Darstellung des Einsatzes von Frauen in Verbänden, Kirchen, Sport, Kunst, Medien und Parteien mit dem Vorurteil gründlich auf, Frauen seien politisch nicht interessiert. Im Ausblick (75) fordern sie ihre Partei dazu auf, Parteiarbeit so zu organisieren, daß Argumente in der gemeinsamen Suche nach dem richtigen Ziel mehr Gewicht erhalten als geschickte Selbstdarstellung und die Geschlossenheitsforderung. Damit werden die Konsequenzen der Defizite in der Gewaltenteilung und Kontrolle genannt.

Die "Bausteine" sind von Frauen formuliert, die sich als auf Gemeinschaft angelegt Menschen begreifen. Sie zeigen aus einem ganzheitlichen Sein auf, wie gesellschaftliche Bedingungen ins angeblich Private hineinwirken und damit den Bedarf an gesellschaftlicher Regelung erweitern. Ob und inwieweit diese Forderungen inzwischen in die Willensbildung der Gesamtpartei aufgenommen worden sind, soll im folgenden am Diskussionsentwurf für ein neues Grundsatzprogramm geprüft werden.

4.2.2 Der Diskussionsentwurf für ein neues Grundsatzprogramm

Der Diskussionsentwurf für ein neues Grundsatzprogramm wurde im Januar 1993 nach Beratung im Bundesvorstand der CDU von der Grundsatzkommission vorgelegt. In der Parteitradition[29] kann eine Fortführung der Essener und

---

29 Zusammengefaßt in: Politik auf der Grundlage des christlichen Menschenbildes, Beschlüsse des 36. Bundesparteitages der CDU vom 13.-15.6.1988 in Wiesbaden, des Bundesausschusses am 12. und 16.9.1988 sowie des 37. Bundesparteitages der CDU vom 11.-13.9.1989 in Bremen, hier insbesondere Abschnitt III: Für eine Gesellschaft mit menschlicherm Gesicht. Die Grundsätze haben sich bewährt und sollen weiter gelten (H.Kohl UiD 2/1993 vom 21.1.1993, S. 2).

Wiesbadener Beschlüsse zur Partnerschaft erwartet werden. Über Beteiligung von Frauen in der Kommission[30] hinaus wird nach der inhaltlichen Wirkung gefragt. An Verfahren und Ergebnis dieser Diskussion wird hier gemessen, ob und wie sich die CDU ihrem Anspruch als moderne Volkspartei neuen Fragen und Entwicklungen stellt. Der Text des Entwurfes wurde arbeitsteilig in themenorientierten Gruppen hergestellt. Das Thema der "Neuen Partnerschaft" ist dem Kapitel "Die freie Entfaltung der Person"[31] zugeordnet worden.

Der Gedanke der Partnerschaft als Ergänzung und Erweiterung der Individualität wird in dem Diskussionsentwurf auf Gleichberechtigung als gleiche freie Entfaltung der Person reduziert. Damit wird von der Gemeinschaft auf die Autonomie gelenkt. Eine Gleichstellung von Frauen als Abbau von Benachteiligungen im Berufs- und Erwerbsleben wird demnach ohne Veränderung des männlichen Parts möglich. Die Anerkennung der Familienarbeit und eine Förderung der Teilhabe von Frauen in allen gesellschaftlichen Bereichen ist ein Konzept des Zusammenrückens aus Gerechtigkeitsforderung. Denken, Verhalten und Gewohnheiten in der gesellschaftliche Organisation werden dabei jedoch nicht berührt. In der Folge wird Familie - idealistisch überhöht - zum Hort von Liebe, Vertrauen, Toleranz, Opferbereitschaft, Geborgenheit und Zuwendung und dadurch dem Lebensalltag entzogen. Viele Familien zerbrechen, auch wenn der Zusammenhalt in unseren Familien als Voraussetzung für die Solidarität in unserer Gesellschaft beschworen wird. Die Ehe rangiert vor der Familie. Die ideelle Anerkennung der Erziehungsarbeit als unersetzlicher Beitrag zum Gemeinwohl tröstet kaum über das Versprechen einer langfristigen Verbesserung der materiellen Voraussetzung des Lebens mit Kindern hinweg. Die Ausweitung des Elternurlaubs und der Rechtsanspruch auf einen Kindergartenplatz sind als Angebote abhängig von den Leistungen der Gemeinden und Tarifpartner formuliert - Versprechungen auf Kosten Dritter. Die tiefgreifenden demographischen Veränderungen der letzten vier Jahrzehnte werden unter sozialpolitischem Aspekt beklagt und reaktiv mit dem Satz: "Wir dürfen den Generationenvertrag nicht überlasten" begegnet. In den Abschnitten über Wohnen und Städtebau und Sozialpolitik wird die Familie zum Objekt der

---

30   Maria Böhmer als stellvertretende Vorsitzende, Renate Hellwig, Ursula Lehr, Christine Lieberknecht, Angela Merkel, Claudia Nolte, Hannelore Rönsch, Erika Steinbach-Hermann, Rita Süßmuth und Christa Thoben (Titel bei Frauen häufiger als bei Männern konsequent weggelassen) sind zehn der 37 Mitglieder und sechs (Anne-Katrin Glase) der 51 Beteiligten (zwölf Gäste und zwei Mitarbeiter der CDU). Nur Böhmer und Hellwig haben auch die Bausteine formuliert.

31   Freiheit in Verantwortung Abs. 74-76, Die Gleichberechtigung von Mann und Frau Abs. 77-81, 2. Die Familie - Keimzelle der Gesellschaft Abs. 82-83, Ehe und Familie Abs. 84-85, Kinder Abs. 86-93, Familie und Beruf Abs. 94-99.

Politik; damit wird sie den Eigengesetzlichkeiten dieser Sparte ebenso unterworfen wie Frauen den Gesetzen der Marktwirtschaft.

Interessanterweise wird die Erwerbsarbeit einerseits als ein wesentlicher Bestandteil des menschlichen Lebens und als eine Möglichkeit der personalen Entfaltung auch für Frauen aufgefaßt; als ein gesellschaftliches Problem gilt dies jedoch lediglich in Bezug auf Frauen in den neuen Bundesländern: "Sie (ostdeutsche Frauen, d.Verf.) müssen verstärkt in den Arbeitsmarkt integriert werden" (S. 235). Damit werden insgesamt zwar Einzelforderungen der Frauen aufgenommen, jedoch aus ihrem Kontext gelöst. Die Geschlechtsbeziehungen demokratisierende Partnerschaft wird zur formalen Gleichstellung der Frauen.

Die FU stellt ihre Diskussion zum Grundsatzprogramm in der Zeitschrift 'Frau und Politik' (3/93 Titelseite) unter das Motto: "Man muß die Dinge so sehen, wie sie sind. Aber man muß sie nicht so lassen." Auf die von Rita Süßmuth formulierten zentralen Fragen nach der Einbindung des Menschen in das Netzwerk der Natur und den Ausgleich zwischen Einzelinteressen und Gemeinwohl gibt z.B. der Entwurf keine Antwort. Die Offensive für das Leben mit Kindern, die das Zusammenleben der Geschlechter neuorganisiert und damit eine Perspektive für eine vorausschauende, nicht nur reagierende Politik eröffnet, scheitert durch parzellierte Willensbildung entlang der Ressortgrenzen schon im Ansatz. Denn Spezialisten für Grundsätze und Allgemeines, die die Willensbildung mit Autorität und Intensität vorantreiben, können sich in der Partei, die ihre Führung aus den Fraktionen rekrutiert, nicht entwickeln.

Das zweite zentrale Defizit des Diskussionsentwurfes ist das Fehlen einer explizit definierten Ausgangslage. Dies ist ein Mangel vieler Parteiprogramme. Ohne eine Bestandsaufnahme als Beschreibung der Ausgangssituation gerinnen die subjektiven Wirklichkeiten[32] zu einer widersprüchlichen Handlungsgrundlage. Die Gewichtung der Ziele erfolgt im Clinch über Anwesenheit und Tagesordnung durch Verfahrensgeschick oder durch verbale Etiketten und zeitliche Trennung. Die hiermit behauptete Priorität wird selten eingelöst. Ohne Konsens über die gemeinsame Wirklichkeit blähen Zustandsaussagen in Forderungsform erklärend den Umfang der Programme auf.[33]

---

32   "Es gilt nicht das, was ist, sondern wie das, was ist, ausgelegt wird." Dadurch können bei "Verhandlungen mit dem Ziel, sich politisch zu arrangieren, im Geben und Nehmen Dinge, die sachlich nichts miteinander zu tun haben, in Zusammenhang gebracht und gegeneinander abgewogen werden." Der personale Sinn dominiert den sachlich-inhaltlichen (Buchheim, S. 102).

33   Pkt. 303 des Entwurfes: Diese Auskunft über die Funktion von Parteien nach GG und Parteiengesetz ist nur notwendig, wenn das Programm auf die Werbungs- und Bildungsfunktion ausgerichtet ist, Zieldiskussion als Orientierung des Regierungshandelns und soziale Integration als Aufgaben übersehen werden.

Die "Bausteine" klären mit Fakten die unstrittige gemeinsame Ausgangslage und schaffen somit die Voraussetzungen, um den strittigen Bereich der Maßnahmen und ihrer Rangfolge unter Abwägung von Folgen zu bewerten. Im Sinne einer politischer Kultur wird bei gegenseitiger Anerkennung die rationale Grundlage für Politik erweitert. Die geringe Verbreitung des Programms der Frauen-Union[34] kennzeichnet aber den Rang "inhaltlicher" Arbeit wie auch die Bedeutung, die Programmen zugemessen wird. Einsatz und Programmarbeit von Frauen laufen demzufolge leer - aus finanziellen Zwängen, die zu einem guten Teil durch Art und Umfang der Wahlwerbung als Folge der Konzentration auf den Machterwerb selbst erzeugt wurden, durch Organisationsdefizite und Vertrauen in die Führungspersonen, die gestützt auf die Verwaltung "richtige" Ziele setzen und gute Politik machen, weil die innerparteilichen Verfahren und das entsprechende Politikverständnis nicht thematisiert werden können, denn "wir haben es schon immer so richtig gemacht". Die Haltung: "Wir brauchen keine Programme, wir machen Politik aus Verantwortung und Erfahrung" (Reichart-Dreyer 1977, S. 140) wirkt in Vorbereitung und Beschlußfassung (Akklamation) zum Wahlprogramm der CDU 1990 weiter. Im Ergebnis bestätigt dies die Vermutung der Regierungsforschung, daß nicht ein "Zuviel, sondern ein Zuwenig an programmatischer Konsistenz von Parteipolitik im Regierungsprozeß durch weitere Untersuchungen belegt werden könnte"(Murswieck 1991, S. 127).

4.3   Einfluß von Frauen auf Politikergebnisse

Zu Politikergebnissen zählen die institutionelle Verankerung der Frauenpolitik und die Herstellung von Wissen über die Situation von Frauen sowie Maßnahmen, die die Lebenssituation von Frauen direkt beeinflussen. Die Vergabe von Forschungsaufträgen liegt in der ausschließlichen Kompetenz der Ministerien und wurde mit der Sekundärwirkung der Frauenforschungsförderung genutzt. Mit der Einsetzung von Frauenausschüssen und der verwaltungsmäßigen Stüt-

---

34   Das Programm habe ich am Stand der Frauen Union auf dem Bundesparteitag in Düsseldorf mitgenommen. Hinweise gab es zwar in der nicht sehr weit verbreiteten Zeitschrift: "Frau und Politik." Auf dem "Frauenparteitag" der Berliner CDU im November 1992 lagen die "Bausteine" nicht aus, sondern wurde erst auf Anforderung für das Forum: Neue Partnerschaft in einem Satz von 20 Exemplaren auf Kosten des Landesverbandes der CDU Berlin besorgt und und unter den "Berufsfrauen" verteilt. Die artikulierte weibliche Weltsicht wird durch finanzielle Regelungen über Materialvergabe behindert da die Orts-, Kreis- und Landesverbände die Großpackungen bei der Bertelsmann distribution bestellen und bezahlen. Dieses Verfahren hat auch die Diskussion des Entwurfes zu einem neuen Grundsatzprogramm, besonders für die Materialbände, die z.B. erst nach dem Landesparteitag dazu in Berlin verfügbar waren, erheblich behindert.

zung der Frauenpolitik auf Bundes- und Landesebene seit Mitte der 80er Jahre haben Frauenfragen eine legitimierte und berufsmäßige Vertretung erreicht. Dabei gilt: je niedriger die Ebene, desto größer die Widerstände, desto stärker Abwälzung der widersprüchlichen Erwartungen auf Personen (wie die kommunalen Frauenbeauftragten). Über die Verfahrenskenntnis war Ende der 80er Jahre z.B. in Berlin mit Frauenförderung, Frauenforschungsförderung und Frauenpolitik als Querschnittaufgabe Terrain zu gewinnen. Dies aber nach der deutschen Einigung zu sichern, erweist sich als schwierige Aufgabe, geht doch schon mit den Gleichstellungstellen - nicht mehr Frauenbeauftragte - eine Aufgabenverringerung einher. Die Auseinandersetzungen um den § 218 wurde in der Verteidigung[35], aber nicht in der Entscheidung zur Frauensache erklärt; dieser Kampf zehrte schwer an Zeit und Kraft der Frauen, um dann doch durch die Klage vor dem Bundesverfassungsgericht mit der Nichtanerkennung des Mehrheitsbeschlusses beantwortet zu werden. Sparzwänge, realisiert durch die Haushaltsausschüsse, in denen der Frauenanteil kaum über Alibifrau[36] hinausgeht, trafen Familien über das Erziehungsgeld und Kindergartenbeiträge schnell. Mit der Forderung, Sozialhilfe für kinderreiche Familien zu kürzen, weil durch die Kinderzahl die Zahlungen der Sozialhilfe höher waren als das verfügbare Einkommen erwerbstätiger Familien, folgte die Familienministerin der Argumentation der Finanzexperten, statt auf die miserable Situation der Familien durch die zögerliche Umsetzung des Verfassungsgerichtsentscheid zur Besteuerung von Familien zu verweisen. Arbeitslosigkeit und die Forderungen nach Verlängerung der Arbeitszeit lassen Maßnahmen zur Vereinbarkeit von Familien und Beruf als nachrangig erscheinen. Im Bereich der Wirtschafts- und Sozialpolitik sind Interessen von Familienfrauen kaum vertreten.

Die von der Ministerin Dr. Merkel (1993) genannten konkreten Vorhaben der Bundesregierung weisen schließlich auf die Grenzen parlamentarischer Demokratie. Der Erfolgszwang der Regierung führt zur Begrenzung der Ziele auf das in kollektiven Entscheidungsgremien und spezialisierten Verwaltungen kurzfristig Machbare.[37] Ihr Weg baut auf Partnerschaft aus der Einsicht von

---

35   Die Reden im Abgeordnetenhaus von Berlin dazu waren grundsätzlich Frauenaufgabe, eine sie abstützende Beschlußsituation in der Fraktion und im Landesverband kamen nie zustande, so daß die Abstimmung der Berliner CDU-Abgeordneten im Bundestag dem Gewissen folgen konnte.

36   Die Mitgliedschaft richtet sich nach Ancienität. Dr. Hellwig Bonn und Christa Blankenburg als Arbeitskreisleiterin von 1991 bis September 1993 in Berlin sind seltene Ausnahmen.

37   Dr. Merkel bietet die Bekämpfung der Frauenarbeitslosigkeit über ABM (auch bei Langfristaufgaben wie der Jugendhilfe) als Überbrückungen und hofft dabei auf die Schaffung von industriellen Dauerarbeitsplätzen. Beides ist kaum ein Beitrag zu dem am Anfang geforderten neuen erweiterten Verständnis von Arbeit (S. 170). Modellförderungen zur beruflichen Wiedereingliederung und Beratungsstellen für Frauen in

Männern in die hohe Leistungsfähigkeit von Frauen und setzt Überzeugung gegen die Quote. Die Gemeinwohlorientierung, die im ehrenamtlichen Einsatz von vielen Frauen gelebt wird, spart Überprüfung der Praxis aus.

Zwischen den Regierungspositionen und den Forderungen der Frauenbeauftragten Böhmer und Stange gibt es einen qualitativen Sprung. Die Frauen streben einen ganzheitlichen Lebensentwurf an, der sinnstiftende Berufstätigkeit und Familienarbeit kombiniert und soziale Grundsicherung der Frauen gewährt. Gesucht sind neue Väter. Mit der Frage, "wie Arbeit für all diejenigen, die im Sinne einer Erwerbsarbeit arbeiten wollen, verteilt werden kann", werden Struktur- und Bewußtseinsveränderungen herausgefordert. Die "Erfahrung, daß es immer nur dann etwas für Frauen gegeben hat, wenn Frauen dafür gekämpft haben" (Böhmer/Stange 1993, S. 76 und 78), kann als Verabschiedung von der Erwartung männlicher Fürsorge verstanden werden und ein Ende der Selbstidealisierung einleiten.

Ein Schritt in diese Richtung war der Antrag des Bundesvorstandes der Frauen-Union, Parteitagsbeschlüsse zur politischen Gleichstellung von Frauen in die Satzung der Bundespartei aufzunehmen. Er wurde zwar in der Zeitschrift der Frauen-Union 'Frau und Politik' (37 Jg. 12/Dezember 1991, S. 3) veröffentlicht, erscheint aber weder im Protokoll des Dresdener Parteitages noch im Bericht des Generalsekretärs über den Vollzug der Beschlüsse auf dem Düsseldorfer Parteitag. Ihn "auf Eis zu legen", könnte nach den Abstimmungsniederlage unter Einsatz der Verfahrensmacht des Präsidiums der Berliner CDU auf dem Landesparteitag im November 1991 "vernünftig" sein. Doch ohne Verankerung im Statut der CDU kann jeder Landes- und Kreisverband der CDU nach eigner Entscheidung verfahren.[38]

Die Frauen-Union in Niedersachsen fordert, ein Drittel der ersten dreißig Listenplätze zur Landtagswahl 1994 mit Frauen zu besetzen. In Baden-Württemberg beschloß der Landesparteitag am 27.11.1993 eine Beteiligung von Frauen entsprechend ihrem Anteil an der Mitgliedschaft. In Nordrhein-Westfalen und Niedersachsen wird um diese satzungsmäßige Absicherung noch

---

den neuen Bundesländern sind Voraussetzung zur Selbsthilfe, konkret reichen sie aber nur zur Symptommilderung. Vor dem Gleichberechtigungsgesetz, das Frauenförderung, Vereinbarkeit von Beruf und Familie für Männer und Frauen sichern soll, steht die negative Koordination des Mitzeichnungsverfahrens. Die Zuständigkeit der Länder und Kommunen für die Realisierung des Anspruch auf Kitaplatz wird nicht erwähnt, obwohl das Vorhaben bereits 1990 am Einspruch Niedersachsens scheiterte.

38   Während die Junge Union meist das Vorschlagrecht für einen Vertreter in den Vorständen zugebilligt wird, wurde das gleiche Ansinnen vom Kreisparteitag der Neuköllner CDU am 23.11.1991 abgelehnt. Durch die vom Kreisparteitag gewählte Beauftragte für soziale Arbeit seien die Frauen angemessen vertreten. Männer bestimmen, welche Frau Fraueninteressen artikuliert.

gerungen. Weitergehende Landesparteitagsbeschlüsse gibt es nur in Rheinland-Pfalz (30% Frauenanteil) und in Schleswig-Holstein. Dort sollen Frauen und Männer zu gleichen Anteilen in allen Gremien vertreten sein. Hier stellen die Frauen mehr als ein Drittel der Delegierten.

Mit dem Satz: "Auf den goodwill der Männer zu hoffen und auf deren Hilfe zu setzen, hieße warten auf Godot" faßt Ursula Männle (1993, S. 109) ihre Erfahrung dreißigjähriger Parteiarbeit zusammen. Wenn die Frauen dieser Einsicht folgten, könnte dies ein entscheidender Schritt sein, nicht nur "andere Politik" zu fordern, sondern endlich Politik zu machen, die in einem offenen und fairen Prozeß des Abwägens die notwendigen Entscheidung trifft und durchsetzt. "Die CDU braucht neue Strukturen, um für eine angemessene Repräsentanz von Frauen zu sorgen", heißt es zum Abschluß der "Neuen Ansätze zur Verwirklichung der politischen Gleichstellung von Frauen" im Frauenbericht zum 4. Parteitag der CDU 1993 (S. 12). Die zaghaften Ansätze zur Parteireform zeigen, daß die Partei diese Dimension der Parteienkritik nicht begriffen hat.

5. Thesen zur Partizipation von Frauen in der CDU

Zusammenfassend möchte ich die folgenden Thesen zur Partizipation von Frauen in der CDU aufstellen:

1. Hinter der leichten rechnerischen Erhöhung des Frauenanteils steht abnehmende Verwurzelung der Gesamtpartei in der Gesellschaft. Die Bilanz, die es für den Frauenbericht gibt, deckt die prekäre Situation der Partei in der Gesellschaft auf. Die CDU braucht neue Strukturen, um den galoppierenden Mitgliederschwund[39] von fast 4% in nur zehn Monaten zu stoppen und ihre Aufgaben in der Gesellschaft zu erfüllen.

2. Die Frauen in der CDU zeigen Willen, Einsatz und Kompetenz, scheitern aber an den Regeln innerparteilicher Willensbildung und an strukturellen Mängeln in der Organisation des Systems Politik und an deren Tabuisierung durch die Akteure. Mit ihren Forderungen weisen sie auf Lösungen hin, können ihre Vorschläge aber nur in bisheriger Politik ergänzenden, personell und institutionell nicht besetzten Feldern ansatzmäßig umsetzen. Die Männer sind zusammengerückt und haben den Frauen erlaubt, nach den Verfahren addidativer Willensbildung im Rahmen finanzieller und personeller Möglichkeiten, Miß-

---

39 Nach den Berichten des Generalsekretärs der CDU (1992, S. 86 und 1993, S. 27) 11% in den neuen Ländern, 3% in den alten, insgesamt fast 4% in nur zehn Monaten (September 1992 - Juli 1993).

stände und Ungerechtigkeiten anzupacken. Forderungen nach Veränderung der Gesellschaftsorganisation durch Ausrichtung der Arbeitswelt, der Stadt- und Entwicklungsplanung an den Bedürfnissen der Familien werden dennoch schon im innerparteilichen Willensbildungsprozeß abgebogen. Die Beteiligung von Frauen wird demzufolge zwar im Rahmen des Möglichen realisiert, verfehlt aber das gesellschaftlich Nötige.

3. Die weibliche Orientierung am demokratischen Modell offenbart folgende Defizite der innerparteilichen Willensbildung: Wahlen sind keine hinreichenden Kontrollinstrumente. Gefolgschaft statt Leistung und Eignung stellt mit dem Mehrheitsbeschluß die Person vor die Sache. Die Selbstdarstellung verhindert die gemeinsame Suche nach den richtigen Zielen im Diskurs. Die Beschlüsse von Essen und Wiesbaden binden nicht einmal das eigene Verhalten. Ohne Definition des Selbstverständnisses als Partei zwischen Staat und Gesellschaft und ohne Klärung der Ausgangslage führt thematisch parzellierte Willensbildung zu Pseudozwängen und verfehlt die Adressaten von Politik. Die Ausrichtung der Programme auf die Werbewirkung vertut die Chance der Erneuerung. Personalisierung von Politik, Schuldigensuche statt Kontrolle und Aufbau von Feindbildern verhindert ein "konzertiertes Nachdenken über die Gesamtheit der vor uns liegenden Aufgaben."[40] Rita Süßmuth präzisiert damit den Kern der Weizsäckerschen (S. 142, 163, 168f.) Parteienkritik: "Welche Vorkehrungen haben wir getroffen oder unterlassen, um das überparteiliche Element, den Staat, nachhaltig zu stärken? Wie sieht das Verhältnis zwischen dem Willen des Volkes und dem der Parteien aus?"

Literatur

Böhmer, M. 1993: Partnerschaft - Gestaltungselement der Gesellschaft von morgen - Frauen in Politik und Gesellschaft. In: Göhner, R.: Politik für die Zukunft. Die CDU an der Schwelle zum 21. Jahrhundert. München. S. 78-89.
Böhret, C, Jann, W. und Kronenwett, E. 1988: Innenpolitik und politische Theorie. 3. Aufl. Opladen
Boudon, R. und Bourricaud, F. 1992: Soziologische Stichworte. Opladen
Buchheim, H. 1990: Person und Politik. In: Gerhardt, V.: Der Begriff des Politischen. Stuttgart. S. 95-105
Greven, Michael Th. 1993: Ist die Demokratie modern? Zur Rationalitätskrise der politischen Gesellschaft. In: PVS. 34. Jg. (1993), H. 3, S. 399-413

---

40   Rita Süßmuth im Gespräch mit Kiderlen, S. 918.

Hoecker, Beate 1987: Frauen in der Politik. Eine soziologische Studie. Leverkusen

Kiderlen, Elisabeth 1992: Gespräch mit Rita Süßmuth. In: Die neue Gesellschaft, Frankfurter Hefte. (1992) H.19, S. 17-21

König, K. 1991: Parteienstaat, Parteifunktionen, Parteipolitik und Regierung, In: Hartwich, H.-H./Wewer, G. (Hrsg.): Regieren in Parteienstaat und Interessenpluralismus. (Regieren 3). Opladen. S. 83-96

Kremer, K. 1992: Kandidatur zum Bundestag. Der Weg ins Parlament. Heidelberg

Männle, U. 1993: Frauen in der Politik - Mut zur Macht. In: CDU/CSU Fraktion im Deutschen Bundestag: Kompetent die Zukunft gestalten. Beiträge der Gruppe Frauen in der CDU/CSU Bundestagsfraktion. Bonn. S. 107-109

Merkel, A. 1991: Frauenpolitik in Zeiten gesellschaftlicher und politisch-sozialer Umbrüche. In: Politische Akademie der Konrad-Adenauer-Stiftung: Die Lebenssituation von Frauen im Osten und Westen der Bundesrepublik Deutschland. Dokumentation eines Kongresse am 4. und 5. März 1993 in Berlin. Interne Studien und Berichte Nr. 47/1993, S. 60-71

Meyer, B. 1990: Frauenpolitiken und Frauenleitbildern der Parteien in der Bundesrepublik. Aus Politik und Zeitgeschichte. B 34-35/90, S. 16-28

Meyer, B. 1991: Die "unpolitische" Frau. Politische Partizipation von Frauen oder: Haben Frauen ein anderes Verständnis von Politik? In: Aus Politik und Zeitgeschichte, B 25-26/92, S. 3-18

Murswieck, A. 1991: Die Notwendigkeit der Parteien für die funktionelle Integration der Regierungsgeschäfte. In: Hartwich, H.-H./Wewer, G.: Regieren in Parteienstaat und Interessenpluralismus. (Regieren 3). Opladen. S. 119-130

Radunski, P. 1986: Der CDU-Frauenparteitag als Modell der politischen Willensbildung. In: Geißler, H.: Abschied von der Männergesellschaft. Frankfurt. S. 170-177

Raschke, J. 1993: Die Grünen. Köln

Reichart-Dreyer, I. 1977: Werte-Systeme - Programme, Modell, Praxis und Alternativen politischer Willensbildung und Programmatik entwickelt am Beispiel der CDU. Bonn

Reichart-Dreyer, I. 1993a: Où est la (très) petite différence? Gibt es geschlechtsspezifisches Wahlverhalten? In: Gabriel, O./Troitzsch, K.: Wahlen und politische Einstellungen, Frankfurt. S. 107-130

Reichart-Dreyer, I. 1993b: Grenzen von Mehrheitsbeschluß und Hierarchie: In: Hofmann, M./Wordelmann, P.: Spuren in die Zukunft, Symposion zum 60. Geburtstag von Carl Böhret. Speyer

Schmidt, H. 1990: Die Sozialdemokratische Partei Deutschlands: In: Alf Mintzel/Heinrich Oberreuter: Parteien in der Bundesrepublik Deutschland. Bonn. S. 129-157

Sehrbrock, I. 1993: Mehr Chancen für Frauen in der Politik. In: Die Frau in unserer Zeit, 22. Jg. (1993), H. 1, S. 12-17

Schönbohm, W. 1986: Wie die Essener Leitsätze entstanden sind und was sie bewirkt haben. In: Geißler, H.: Abschied von der Männergesellschaft. Frankfurt. S. 178-190

Süßmuth, Hans 1990: Kleine Geschichte der CDU-Frauen-Union. Erfolge und Rückschläge 1948-1990. Baden-Baden

Wilms, D. 1993: 33 Jahre aktiv in der Politik, Erfahrungen - Analysen - Reflexionen. In: Die Frau in unserer Zeit. 22. Jg. (1993), H. 1, S. 33-40

CDU – Dokumente und Veröffentlichungen

- 1978: Freiheit, Solidarität, Gerechtigkeit, Grundsatzprogramm der CDU. Ludwigshafen
- 1989: Politik auf der Grundlage des christlichen Menschenbildes, Beschlüsse des 36. Bundesparteitages der CDU vom 13. bis 15. Juni 1988 in Wiesbaden, des Bundesausschusses am 12. und 26. September 1988 sowie des 37. Bundesparteitages der CDU vom 11. bis 13. September 1989 in Bremen
- 1993: Grundsatzprogramm der CDU-Diskussionsentwurf. Bonn
- 1991: Protokoll 2. Parteitag der CDU Deutschlands, Dresden 15.-17.12.1991
- 1992: Protokoll 3. Parteitag der CDU Deutschlands, Düsseldorf, 26.-28. 10.1992
- 1985: Leitsätze der CDU für eine neue Partnerschaft zwischen Mann und Frau Essener Beschlüsse des 33. Bundesparteitages der CDU vom 20. bis 22. März 1985
- 1991, 1992 und 1993: Frauenbericht des Generalsekretärs zur Umsetzung der Essener Leitsätze
- 1991: Frauenpolitik im geeinten Deutschland, Bausteine für die Einheit, Programm der Frauen-Union der CDU. Beschlossen auf dem 18. Bundesdelegiertentag der FU am 19./20. Oktober 1991. Bonn
- 1993: Die Lebenssituation von Frauen im Osten und Westen der Bundesrepublik Deutschland. Dokumentation eines Kongresses am 4. und 5. März 1993 in Berlin. Interne Studien und Berichte 47/1993 der Politische Akademie der Konrad-Adenauer-Stiftung
- 1984: Chancen für Frauen, Frauenpolitischer Kongreß Berlin, 18./19. Mai Reichstag Berlin. Thesen der Berliner CDU, Fachreferate, Diskussionsergebnisse. CDU-Fraktion des Abgeordnetenhauses von Berlin
- 1991, 1992, 1993: Frau und Politik. Frauen-Union Deutschlands, Bundesgeschäftsstelle der CDU. 37.-39. Jg.
- 1993: Die Frau in unserer Zeit. Konrad-Adenauer-Stiftung, 22. Jg.
- 1990: Für Gleichberechtigung und Partnerschaft, Christlich-demokratische Frauen in der Politik Katalog zur Ausstellung des Archivs für Christlich-Demokratische Politik. Konrad-Adenauer-Stiftung e.V.

Hürdenlauf an die Macht? Politische Partizipation von Frauen in der SPD und die Quote

Petra Weis

"Demokratische Partizipationsrechte bedeuten auch, daß Bedürfnisse und Interessen von allen, Männern und Frauen, artikuliert werden können und daß an den Verhandlungen und Interpretationen dieser Interessen alle, Männer und Frauen, in gleichberechtigter Weise beteiligt sein können." (Rössler 1994)

1. Kontext

Die politische Öffentlichkeit hat im Vorfeld des Superwahljahres 1994 die Frauen wiederentdeckt. Die vielfältigen Dimensionen der politischen Partizipation von Frauen, angefangen vom Politikinteresse über das Wahlverhalten bis hin zur Ausübung politischer Spitzenfunktionen, genießen erhöhte Aufmerksamkeit. Für Frauen in der Sozialdemokratischen Partei Deutschlands ist das Superwahljahr 1994 eine doppelte Herausforderung. Zum einen geht es darum nachzuhalten, inwieweit es Frauen innerhalb der Partei bzw. vermittelt über die Partei in den letzten Jahren gelungen ist, politische Positionen und damit auch Macht und Einfluß durch demokratische Partizipation zu gewinnen respektive auszubauen. Zum anderen beinhaltet solches Nachdenken auch eine kritische Auseinandersetzung mit den konkreten Bedingungen und Partizipationsmöglichkeiten von Frauen innerhalb der SPD. Dies schließt eine Analyse der Faktoren und Bedingungen ein, die auch heute noch eine paritätische Teilnahme von Frauen an der Macht innerhalb der Partei erschweren oder unmöglich machen, und verlangt eine kritische Sicht auf die Strukturen, Mechanismen und Strategien, die in der SPD entwickelt worden sind, um die vorgegebenen Ziele von politischer Partizipation nach der Einführung der sogenannten Quotenregelung auf dem SPD-Bundesparteitag 1988 in Münster zu erreichen.

Die Erkenntnis, daß Frauen in den letzten Jahren vermehrt als Nichtwählerinnen in Erscheinung getreten sind, hat nicht nur Wahlstrategen in Sorge um die Mehrheitsfähigkeit ihrer jeweiligen Partei auf den Plan gerufen. Sie hat auch denjenigen öffentliches Gehör verschafft, die unzureichende Partizipation von Frauen als Wählerinnen und Gewählte zunehmend als demokratietheoretisches und -praktisches Problem diskutieren und ernsthafte Defizite innerhalb des politischen Systems ausmachen. Die Einsicht, "daß die politische Emanzipation und das allgemeine Wahlrecht für Frauen, das gegen Ende des Ersten Weltkriegs in den meisten entwickelten Ländern erkämpft wurde, praktisch erstaunlich folgenlos für die realen Lebenssphären und die Karrieremobilität von Frauen blieb" (Beyme 1991, S. 289) hat nicht nur zu einer "Radikalisierung der politischen Theorie des Feminismus" geführt, sondern auch ganz praktische Konsequenzen nach sich gezogen: Immer mehr Frauen fördern nachdrücklich ihre Beteiligungsrechte auf allen gesellschaftlichen Ebenen ein, am lautstärksten und bisher am erfolgreichsten in der Politik.

Die Debatten der Frauenbewegung und Frauenforschung haben dabei maßgeblich zu einer Veränderung der Beurteilungsmaßstäbe beigetragen: Frauen werden nun nicht mehr als defizitär vor dem Hintergrund eines männlich dominierten Politikbegriffes und -verständnisses charakterisiert, sondern eben dieses Politikverständnis wird zunehmend in Frage gestellt:

> "Man muß heute von unterschiedlichen Politikbegriffen ausgehen: von einem weiteren, institutionell-übergreifenden Politikbegriff innerhalb der Frauenbewegung, der potentiell alles (Private) auch als politisch wahrnimmt, und einem engeren, "männlich" geprägten, traditionellen, auf Institutionen bezogenen Politikbegriff." (Meyer 1992, S. 8)

Aus der Sicht von Frauen hat der Wandel von Beurteilungsmaßstäben in der politischen und gesellschaftlichen Praxis zu der erfreulichen Konsequenz geführt, daß die noch nicht verwirklichte Gleichstellung von Frauen und Männern innerhalb der politischen Institutionen, und in erster Linie auch in den politischen Parteien, einer ernstzunehmenden bis grundsätzlichen Kritik unterworfen wurde. Diesem Umstand ist sicherlich auch die Tatsache geschuldet, daß die SPD auf ihrem Bundesparteitag 1988 in Münster Frauen bessere Partizipationsmöglichkeiten eröffnete und als erste der großen Volksparteien die Einführung einer Mindestabsicherung für jedes Geschlecht bei der Besetzung von Parteiämtern und parlamentarischen Mandaten - kurz Quotenregelung genannt - in ihre Parteisatzung aufnahm. Auf die deutsche Sozialdemokratie bezogen erhält dieser Umschwung eine doppelte Relevanz: Einerseits haben die Diskussion und die Einführung einer Quotenregelung bei der Besetzung von innerparteilichen Funktionen und parlamentarischen Mandaten der Partei einen öffentlichen Vertrauensvorschub verschafft, andererseits wird die praktische Einlösung dieser Regelung zum öffentlichen Gradmesser ihrer Glaubwürdigkeit.

Auf diesem Hintergrund ist es an der Zeit, eine erste, (selbst-)kritische Bilanz der innerparteilichen Gleichstellung im Zeichen der Quote und eine vorsichtige Prognose frauenpolitischer Perspektiven zu geben. Sie soll einen Eindruck vermitteln von der historischen Langzeitentwicklung von Exklusivrechten der Männergesellschaft, den selbstkritischen und oftmals selbstquälerischen

Diskussionsprozessen von Frauen im Kampf um die Durchsetzung ihrer Rechte, die Ermutigung durch erzielte Erfolge und nicht zuletzt die Notwendigkeit des stetigen, wenn auch hier und da anstrengenden Fortfahrens des einmal für richtig erkannten Weges - nicht ohne den Blick zu verschließen vor einer ständigen Erweiterung der eigenen Perspektive.

2.   Die Diskussion über die politische Partizipation von Frauen - so alt wie die Partei selbst

"Achtung - frauenfreie Zone" - über 100 Jahre lang schafften es die deutschen Sozialdemokraten, diesen paradiesischen Vor-Eva-Zustand fast in Reinkultur zu bewahren. Und ebenso lang dauerten die zähen Versuche der Frauen an, in die feste SPD-Männerburg einzudringen. Mal mit zaghaftem Klopfen, mal mit wütendem Poltern." (Lang 1989, S. 91) In der Tat: Über einen sehr langen Zeitraum waren Frauen an der Mitgliedschaft, der innerparteilichen Willensbildung, der Machtausübung sowie an den Führungspositionen nur in Ansätzen beteiligt.

Der Widerspruch zwischen einer seit 100 Jahren programmatisch verankerten Gleichberechtigungsforderung und ihrer ausgangs des 20. Jahrhunderts auch und gerade innerhalb der eigenen Organisation noch immer nicht vollzogenen Durchsetzung verlangt zweifellos nach einer Erklärung. Ein Blick zurück verrät zunächst dies: Die Diskussion über die politische Partizipation von Frauen in der SPD ist so alt wie die Partei selbst. Als sich die Sozialdemokratische Arbeiterpartei 1875 auf ihrem Gründungskongreß in Gotha für das Stimmrecht für alle Staatsangehörigen aussprach, waren die Frauen nicht nur vom Wahlrecht ausgeschlossen, sondern auch vom Recht auf Mitgliedschaft in politischen Vereinigungen. Das Preußische Vereinsrecht aus dem Jahre 1850 bestimmte, daß

"Vereine, welche bezwecken, politische Gegenstände in Versammlungen zu erörtern, ... keine Frauenspersonen, Schüler und Lehrlingen als Mitglieder aufnehmen ... und Frauenspersonen, Schüler und Lehrlinge ... den Versammlungen solcher politischen Vereine nicht beiwohnen (dürfen)." (zit. nach: Niggemann 1981, S. 57)

Die deutsche Sozialdemokratie präzisierte die Forderung nach dem Stimmrecht in ihren 1891 verabschiedeten Erfurter Programm durch die ausdrückliche Ausdehnung auf alle Staatsangehörigen "ohne Unterschied des Geschlechts" und forderte zudem die Abschaffung aller Gesetze, welche die Frau in öffentlich- und privatrechtlicher Beziehung gegenüber dem Manne benachteiligen.

Dennoch gehörten nicht-stimmberechtigte Frauen für eine auf Wahlkämpfe und Wahlerfolge bedachte Partei zunächst nicht zur bevorzugten "Zielgruppe".

Die Initiative zur Organisation von Frauen aus der Arbeiterbewegung, mit dem Ziel, sie der sozialdemokratischen Bewegung zuzuführen, mußte zunächst von diesen selbst ausgehen. Erste Schritte wurden nach der Aufhebung des Sozialistengesetzes mit der Gründung von Frauenagitationskommissionen und der Wahl von "Vertrauenspersonen" auf lokaler, regionaler und schließlich zentraler Ebene unternommen. Sie dienten nicht nur der Annäherung bestimmter Teile der Frauenbewegung an die organisierte Arbeiterbewegung, sondern vor allem der organisatorischen, personellen und letztlich auch politischen Anbindung der Frauen an die sozialdemokratische Partei.

Der Parteitag in Halle 1890 räumte den Frauen das Recht auf die Entsendung von weiblichen Vertretern ein, die in besonderen Frauenversammlungen gewählt wurden. Dies ging jedoch nicht ohne kontroverse Diskussionen um dieses "Sonderrecht" von Frauen auf den Parteitag ab. Zwei Jahre später erhielt die Organisation der Frauenbewegung eine erste Struktur. Die "Vertrauensperson" löste in der Satzung den "Vertrauensmann" ab. Den Frauen wurde nun die Möglichkeit gegeben, ständiges Vertretungsrecht in den Parteiorganisationen zu erlangen.

> "Damit schien das 'Sonderrecht' auf eigene Vertreterinnen ... überflüssig geworden zu sein, und es wurde gemäß dem Anspruch "Keine Vorrechte, aber gleiche Rechte", der auch von einzelnen Frauen selbst aufgestellt wurde, abgeschafft." (Richebächer 1982, S. 183)

Die durch die restriktive Gesetzgebung notwendig getrennte Organisationsform galt zunächst beiderseitig - unter Männern und Frauen - als reine Zweckmäßigkeitsfrage, keineswegs als Prinzip. Parallel zu programmatischen Einsichten zur "Frauenfrage" herrschte jedoch alsbald die Auffassung vor, daß die Frauenarbeit doch einer eigenständigen Organisationsform bedürfe: Statt einer - wie es hieß - mechanischen Gleichheit des Rechts für Genossinnen und Genossen müsse die Einsicht Platz greifen, daß die in jedem Haushalt geltende Arbeitsteilung zwischen Mann und Frau sich auch innerhalb der sozialdemokratischen Bewegung widerspiegele und entsprechende organisatorische Konsequenzen erfordere. Als das Reichsvereinsgesetz 1908 das seit 1850 bestehende Verbot der Mitgliedschaft von Frauen in politischen Parteien aufhob, stand der Eingliederung von Frauen in die SPD rechtlich nichts mehr im Wege. Vielen politisch aktiven Frauen war jedoch bereits damals bewußt, daß die Parteizugehörigkeit allein noch keine Garantie für identifizierbaren politischen Einfluß oder gar für gleichberechtigte Teilhabe von Frauen in der Politik sein würde.

Dieses Thema spielte daher noch im selben Jahr der Aufhebung des Reichsvereinsgesetzes eine nicht unwichtige Rolle in den Diskussionen um die Verabschiedung eines neuen Parteistatuts, das den veränderten Bedingungen Rechnung tragen sollte. "Autonomie oder Integration" - diese Frage bewegte die bis dahin relativ unabhängig von der "Mutterpartei" agierende sozialdemokratische Frauenbewegung, und der von der damaligen "Zentralvertrauensperson" Ottilie Baader erarbeitete Organisationsvorschlag für die Neuorganisation der Frauenarbeit in der SPD versuchte, beide Stränge miteinander zu verzahnen. Der Selbstverständlichkeit des Parteibeitritts der Frauen, verbunden mit der Hoffnung auf "die günstigsten Wirkungen von einer gemeinsamen Organisierung der klassenbewußten Proletarier und Proletarierinnen" stellte sie Elemente einer eigenständigen Organisation der Frauen an die Seite:

"Die gemeinsame Organisation schließt jedoch nicht aus, daß im Hinblick auf das verfolgte Ziel und unter Berücksichtigung der vorliegenden Verhältnisse solche von den Genossinnen geschaffene Einrichtungen erhalten bleiben, welche sich als treffliche Mittel bewährt haben, die weiblichen Mitglieder theoretisch zu schulen und unter den Massen der weiblichen Bevölkerung Mitstreiterinnen für den politischen und wirtschaftlichen Klassenkampf des Proletariates zu gewinnen und sie den Organisationen zuzuführen" (zit. nach: Niggemann 1981, S. 140).

Folgerichtig enthielt ihr Organisationsvorschlag sowohl solche Bestimmungen, die eigene Veranstaltungsformen für Frauen und die politische und personelle Anbindung der Frauen an den Parteivorstand vorsahen, als auch die Regelung, daß die weiblichen Parteimitglieder "im Verhältnis zu ihrer Zahl im Vorstand vertreten" sein sollten, ihm aber "mindestens eine Genossin" angehören müsse (ebd.).

Auch ihre Kollegin Luise Zietz, die im selben Jahr zum ersten weiblichen Parteivorstandsmitglied gewählt wurde, war sich der Ambivalenz der weiblichen Parteimitgliedschaft durchaus bewußt. Auf der Frauenkonferenz 1908 in Nürnberg befürwortete sie zwar nachdrücklich die gemeinsame Organisierung beider Geschlechter, war sich jedoch gleichzeitig durchaus der ungleichen (Start-)Bedingungen von Frauen und Männern aufgrund der geschlechtsspezifischen Arbeitsteilung, und den daraus resultierenden Konsequenzen für die ungleiche Teilhabe von Frauen in der Politik im klaren:

"Eine prozentuale Vertretung der Frauen nach der Zahl der Organisierten wäre eine große Ungerechtigkeit, weil viele Frauen, die in der Partei arbeiten, doch nicht innerhalb der Bewegung öffentlich tätig sein können, sondern nur dadurch, daß sie es den Männern zu Hause möglichst gemütlich machen und es ihnen ermöglichen, sich mit viel größerer Kraft der Parteibewegung zu widmen. Das angenehmste wäre es mir, wenn man ... unter allen Umständen bei einem gewissen Prozentsatz eine Frau wählen würde. Ich weiß aber, daß das nicht durchgeht, und deshalb schlage ich es gar nicht vor. Einen Vorschlag, der alle tatsächlichen Verhältnisse gerecht berücksichtigt, weiß ich augenblicklich selbst nicht. Man kann höchstens den Genossen empfehlen, auf die Frauen bei den Delegationen Rücksicht zu nehmen" (Niggemann 1981, S. 138).

Die Standpunkte dieser beiden Sozialdemokratinnen belegen, daß das Problem der politischen Partizipation von Frauen in der Sozialdemokratie organisationsbedingte und gesellschaftliche Ursachen hatte und viele Diskussionen und Lösungsansätze unserer Gegenwart von diesem historischen Kontext mitbedingt werden, ob sich die Frauen heute dessen bewußt sind oder nicht.

Das Eintreten der Männer für bzw. ihre Rücksichtnahme auf politisches Engagement von Frauen war zunächst bestimmt von der Aussicht auf die Verbreitung der parteipolitischen Basis durch das weibliche Element. Gleichzeitig gab es jedoch die Befürchtung, daß es den Frauen an dem richtigen Bewußtsein, das erst zum Kampf gegen das gesellschaftliche und politische System befähigen sollte, fehle oder dieses nur mangelhaft ausgebildet sei. Die Andersartigkeit von Frauen in der Politik bzw. ihre andere Beziehungen zur Politik wurden in der Partei schnell zum Thema: Als sie sich nicht in gewünschter Anzahl als sozialdemokratische Sympathisantinnen und Wählerinnen auswiesen, wurde diese Entwicklung als defizitärer, durch Tradition, Erziehung und mangelnde sozialistische Bildung ergebender Unmündigkeit von Frauen in ihrem Verhältnis zur Politik und dem öffentlichen Leben erklärt. Dieser Standpunkt wurde übrigens auch oftmals selbst von Sozialdemokratinnen auch im Rahmen von Frauenkonferenzen vorgetragen, diskutiert und bestätigt.

Zu diesem Zeitpunkt werden auch die "zwei Gesichter" des Frauenbildes, so wie es die Mehrheit der sozialdemokratischen Mitglieder teilte, deutlich: Die Frau wurde entweder als (Kampf-)Genossin oder aber als Mitglied der auch für Sozialdemokraten so zentralen Institution der bürgerlichen Familie gesehen. Damit reproduzierten die Sozialdemokraten durchaus bürgerliche Vorstellungen von der Stellung der Frau in der Familie. Um mit U. Frevert zu sprechen, wurde die Familie "als ein im wesentlichen durch Einigung von Mann und Frau im Rahmen einer von außen gesetzten Klassenlage geprägtes Gebilde [betrachtet], statt dem in ihr ausgedrückten "Sonderleben" der Geschlechter auf die Spur zu kommen, das sich im übrigen nahtlos auf das Leben innerhalb der Partei übertragen ließ" (Frevert 1991, S. 265).

3. Der lange Weg zur Quote

Dem "Sonderleben" der Geschlechter kam die Partei auch in den Jahren nach 1945 zunächst nicht auf die Spur. Eine eigenständige Frauenpolitik wurde zunächst als nicht notwendig erachtet. Die Leiterin des 1946 gegründeten Frauenbüros beim SPD-Parteivorstand, Herta Gotthelf, beschrieb auf dem SPD-Parteitag 1947 in Nürnberg das Selbstverständnis der SPD-Frauen mit den Worten:

"Die sozialdemokratischen Frauen sind nicht eine besondere Frauenbewegung, sondern ein Teil der großen sozialdemokratischen Partei. Wir betrachten es als unsere vornehmste Aufgabe, so zu arbeiten, daß wir Männer und Frauen politisch so erziehen, daß keine besondere Frauenbewegung innerhalb der Partei notwendig ist" (Pausch 1985, S. 96).

Drei Jahre später bekräftigte sie diese Position:

"Wir Frauen innerhalb der SPD sind keine Frauenrechtlerinnen. Wir wissen, daß der Kampf um die Gleichberechtigung der Frau nur eine Seite des Kampfes um eine neue Gesellschaftsform ist. Wir wollen diesen Kampf nicht gegen, sondern mit unseren Genossen führen" (ebd., S. 97).

Als Konsequenz aus dieser Selbsteinschätzung bildete sich auf der einen Seite der 1947 vom Parteivorstand gewählte sechzehnköpfige (12 Frauen und vier Männer) Zentrale Frauenausschuß als wichtigstes und Entscheidungs- und Koordinierungsgremium der Frauenarbeit heraus, auf der anderen Seite entwikkelten die Frauengruppen an der Parteibasis ein Bildungs- und "Kulturprofil", das der SPD-Frauenarbeit bis in die sechziger Jahre hinein das am traditionellen Politikbegriff orientierte und undifferenzierte Image vom "Kaffeekränzchen" verschaffte.

Die Frauengruppen, die nach 1945 auf allen Gliederungsebene entstanden, wurden von Vorsitzenden geleitet, die nicht von den Mitgliedern gewählt, sondern von den jeweiligen Parteivorständen bestimmt wurden. Auf der Ebene der Bundespartei wurde die Beauftragte des Parteivorstandes für Frauenfragen von einem vom Vorstand berufenen Fachausschuß beraten.

Das Organisationsstatut schrieb seit 1946 wiederum vor, daß die weiblichen Mitglieder der Partei bei der Besetzung von Parteiämtern im Verhältnis zu ihrer Mitgliedszahl zu berücksichtigen seien. Vorschriften, wie eine solche Regelung in die Praxis umzusetzen sei, wurden nicht erlassen.

Mit den Aktionen und Forderungen der neuen Frauenbewegung Anfang der siebziger Jahre traten erstmals nach 1945 Frauen in der gesellschaftlichen Öffentlichkeit wieder wirkungsvoll für sogenannte Fraueninteressen ein. Diese Bewegung erfaßte auch Frauen in der Sozialdemokratie und blieb nicht ohne Folgen für die Gesamtpartei: Frauenfragen erschienen wieder auf der Tagesordnung der Sozialdemokratie.

In dieser Zeit planten die Sozialdemokraten einschneidende Reformen in der Arbeitsmarkt-, Bildungs- und vor allem in der Familienpolitik. Diese Reformen sollten den Grundstein für nachfolgende Fortschritte in Richtung auf eine tatsächlich alle gesellschaftlichen Bereiche umfassende Gleichstellungspolitik legen. Trotz dieses umfangreichen Reformpakets und der sich entwickelnden Diskussion vor allem von Frauen für eine bessere Umsetzung des Gleichstellungsgebotes auch in der Partei zeigten die männliche Mitgliedschaft und die

Parteiführung keine Neigung, die geplanten Reformansätze zu mehr realer Gleichberechtigung zunächst einmal in der eigenen Organisation zu erfüllen. Vertreterinnen der neuen Frauengeneration sorgten 1971 für Furore, als sie die Streichung der sogenannten " Schutzklausel" in der Parteisatzung forderten. Die entsprechenden Passagen lauteten bis dahin:

- § 6: "In alle Leitungen der Organisation sind auch Frauen ... zu wählen."
- § 17: "Dem Parteivorstand müssen mindestens vier Frauen angehören" (Pausch 1985, S. 152).

Die Befürworterinnen einer Streichung dieser Klausel verwiesen darauf, daß diese Konzession das Bild und die Praxis von der Alibifrau konserviere und folglich einer praktizierten Gleichberechtigung entgegenstehe. Die Gegnerinnen einer Streichung, vorwiegend Frauen der älteren Generation, warnten davor, daß der Wegfall dieser Vorschrift zu einem weiteren Rückgang der Frauenrepräsentanz in den Vorständen auf allen Gliederungsebenen der Partei führen könnte. Bereits in Ämtern befindliche Frauen könnten zukünftig "herausgewählt" werden, so daß über eine Streichung erst dann ernsthaft nachgedacht werden könne, wenn Frauen und ihre Mitarbeit in der Partei generell akzeptiert seien.

Leider behielten die Skeptikerinnen der älteren Generation recht. Die auf dem SPD-Bundesparteitag 1971 in Bonn Bad-Godesberg mehrheitlich beschlossene Abschaffung der "Schutzklausel" führte tatsächlich zunächst zu einem weiteren Rückgang der ohnehin schon kleinen Zahl weiblicher Vorstandsmitglieder. Als die SPD bei der Bundestagswahl 1972 ihren bis dahin größten Wahlerfolg feiern konnte, gehörten der SPD-Bundestagsfraktion gerade einmal fünfzehn Frauen an. Damit betrug der Frauenanteil ganze 5,4%. Diese gravierende Unterrepräsentanz der Frauen in Partei und Parlament gestaltete sich zu einer organisations- und frauenpolitische Herausforderung für die in dieser Zeit gerade in Gründung begriffene Arbeitsgemeinschaft Sozialdemokratischer Frauen (ASF).[1]

---

1   Es ist hier nicht der Ort, die (Entstehungs-)Geschichte der ASF nachzuzeichnen, wohl aber für den Hinweis, daß der neue organisatorische Rahmen zur Demokratisierung der Strukturen der Frauenarbeit führte und gleichzeitig als Plattform für die innerparteiliche Einflußnahme der Frauen diente, an deren vorläufigem Abschluß die Einführung der Quotenregelung stand. Die Richtlinien der ASF bestimmten u.a., daß der ASF alle weiblichen Mitglieder der SPD angehören. Zu ihrer Zielsetzung gehört die Integration der Frauen in der Partei und Gesellschaft, die wiederum die Aufgabe nach sich zieht, Frauen mit der Politik und den Zielen der Partei vertraut zu machen, zur Änderung des gesellschaftlichen Bewußtseins beizutragen und weitere Mitglieder zu gewinnen. Darüber hinaus soll die ASF darauf hinwirken, die Interessen und Forderungen der Frauen in der politischen Willensbildung de Partei zur Geltung zu bringen

Das Bemühen um die innerparteiliche Gleichstellung von Frauen und Männern stand von Beginn an ganz oben auf der Tagesordnung der ASF und war darüber hinaus eingebettet in die Diskussion um die gesellschaftliche Gleichstellung der Geschlechter. So enthielt der Orientierungsrahmen '85 ein von der ASF formuliertes Kapitel "Die Gleichstellung der Frauen", in dem es hieß:

> "Die Ziele des demokratischen Sozialismus - Freiheit, Gerechtigkeit und Solidarität - können nur dann verwirklicht werden, wenn sie auch im Zusammenleben von Frauen und Mann bewußt und einschränkungslos akzeptiert werden ... Die SPD wird diese Politik nur dann glaubhaft vertreten können und für andere gesellschaftliche Gruppen beispielgebend sein, wenn sie in ihren eigenen Reihen mit der Gleichstellung der Frauen ernst macht" (Pausch 1985, S. 200).

Es war sicherlich nicht allein der visionären Kraft des Orientierungsrahmens '85 geschuldet, daß es mit der innerparteilichen Gleichstellung zunächst nicht voran ging.

Trotz eines erfolgreichen "Frauenwahlkampfes" zur Bundestagswahl 1976 und einer zunehmenden Hinwendung vor allem auch jüngerer Wählerinnen zur SPD wurden Frauen bei der Vergabe von Ämtern und Mandaten nur unzureichend berücksichtigt. "Frauen in die Politik - Mut zur Macht" unter diesem Motto gingen die SPD-Frauen auf der ASF-Bundeskonferenz 1977 in Siegen in die gleichstellungspolitische Offensive. Antragsrecht der ASF und die Einführung einer Quotenregelung bei der Vergabe von Ämtern und Mandaten, beide Forderungen sorgten für erheblichen Zündstoff während der Konferenz - beide Anträge dieses Inhalts wurden mit knapper Mehrheit abgelehnt: Die Quotengegnerinnen setzten weiterhin auf den gemeinsamen Willensbildungs- und Entscheidungsprozeß zwischen Männern und Frauen und die Absicht, sich ihren Platz in der Partei zu erkämpfen, alles andere sei gewissermaßen antiemanzipatorisch. Die Befürworterinnen sprachen sich aufgrund der negativen Erfahrung mit der Diskriminierung von Frauen für positive Aktionen aus, die darüber hinaus andere Frauen zu politischem Engagement ermutigen sollten.

Die dennoch auf der Konferenz verabschiedeten gleichstellungspolitischen Forderungen waren von durchaus grundsätzlicher Natur, wenn ihnen auch durch die Ablehnung der Quote die Verbindlichkeit und damit letztlich die Durchsetzungsfähigkeit fehlte: angefangen von der Beteiligung der ASF bei der Vergabe von Ämtern und Mandaten, Erstellung von Programmen, Besetzung von Kommissionen bis hin zur Einsetzung und Verstärkung der Frauenreferate auf Bezirks-, Landes- und Bundesebene. Und so konnte der Beschluß von Parteivorstand und Parteirat 1981 zur "Gleichstellung der Frauen in der SPD" nur eine Übergangslösung sein, weil er weiterhin auf einen Prozeß der freiwilligen

---

und die politische Mitarbeit der Frauen in der Partei so zu verstärken, daß die politische Willensbildung der Partei gleichermaßen von Frauen und Männern getragen wird.

Selbstverpflichtung der Parteigliederungen setzte, statt aufsatzungsmäßigem Zwang. Die Beschlüsse, die auf der Erkenntnis beruhten, daß "eine Politik zur Aufhebung der Diskriminierung von Frauen in unserer Gesellschaft nur dann von der SPD glaubhaft vertreten ... und für andere Gruppen beispielgebend sein kann, wenn die Partei in ihren eigenen Reihen mit der Gleichstellung der Frauen ernst macht ... (und) Repräsentanz und politischer Einfluß der Frauen in der SPD auf allen Ebenen deutlich verstärkt werden" (Pausch 1985, S. 229), zogen einen umfangreichen Maßnahmenkatalog nach sich, beispielsweise die Einrichtung von paritätisch besetzten Arbeitsgruppen "Gleichstellung der Frau" auf allen Parteiebenen sowie eine regelmäßige Berichtspflicht über den Stand der Beteiligung von Frauen auf allen Parteiebenen (ebd.).

Auf Vorschlag der ASF setzte der Parteivorstand eine gemeinsame Arbeitsgruppe "Gleichstellung der Frau" unter dem Vorsitz des Parteivorsitzenden Willy Brandt und der ASF-Vorsitzenden Elfriede Hoffmann ein, die den Auftrag hatte, zu untersuchen,

"wie die Frauen stärker als bisher in die politische Verantwortung einbezogen werden können, und wie eine ihrer Bedeutung entsprechende Beteiligung an Ämtern und Mandaten der Partei erreicht werden kann (und) welche realen Gleichstellungsmöglichkeiten durch weitere gesetzliche Maßnahmen bzw. durch Einrichtung einer Beschwerdestelle bei der Bundesregierung geschaffen werden können" (ebd., S. 216).

Als auch die Vorschläge der Gleichstellungskommission ebenso wie weitere umfassende gleichstellungspolitische Beschlüsse der Partei nicht fruchteten, und sich somit nicht nur in den Augen des ASF-Bundesvorstandes 1981 die "partielle Unfähigkeit der Partei erwies, mit einer Herausforderung der Gegenwart fertig zu werden", war die Zeit 1985 schließlich reif für die Forderung der ASF nach Einführung einer verbindlichen Quotenregelung in die Parteisatzung. Die Vorstellungen und Hoffnungen vieler Frauen, sich mit Hilfe verstärkten Engagements auch ohne die Quote entsprechenden Einfluß in der Partei zu verschaffen, war endgültig verflogen. Zudem war der SPD in den GRÜNEN inzwischen eine ernstzunehmende Konkurrenz im Wettstreit um eine fortschrittliche Frauen- und Gleichstellungspolitik erwachsen.

Die Partei orientierte sich schließlich am Vorschlag der ASF, nach skandinavischem Vorbild eine Bestimmung in die Parteisatzung aufzunehmen, nach der in den Entscheidungsgremien sowie bei der Besetzung von Funktionen und Mandaten mindestens 40% eines jeden Geschlechts vertreten sein müssen. Auf dem SPD-Bundesparteitag 1988 in Münster stimmte erstmals eine überwältigende Mehrheit von fast 87% der Delegierten für die Einführung einer statuarisch verankerten Mindestabsicherung von Frauen und Männern bei Wahlen, ein historisches Ereignis auf dem langen Weg des Ringens von Frauen um chancengerechte Teilhabe an politischen Ämtern, und ein Ereignis, daß dazu führte, daß dieser Parteitag als "Quotenparteitag" in die Geschichte der SPD einging.

Die Forderung nach der Einführung einer Quote stand also am Ende einer langen Reihe von Überlegungen zur Integration von Frauen in Partei und Politik und war Ausdruck der Erfahrung, daß "die Interessen und Bedürfnisse der Frauen ... nicht automatisch in jedem Falle mit denen der Partei parallel laufen." (Pausch-Gruber 1986, S. 85)[2] Durch Änderungen des Organisationsstatuts und der Wahlordnung der SPD wurde die Quote für alle Funktionen und Mandate der Partei und das maßgebliche Wahlverfahren zwingend vorgeschrieben. Die beschlossenen Änderungen beziehen sich auf alle Gliederungen der Partei. Die Neuregelung gilt für alle Gremien, die im Wege der Listenwahl gewählt werden. Fortan müssen alle Funktionen, die nicht durch Einzelwahl vergeben werden, quotiert besetzt werden, wobei jedes Geschlecht zu mindestens zu 40% berücksichtigt werden muß. Diese Regelung tritt stufenweise in Kraft. Bis 1993 sollen alle Parteifunktionen mit einem Drittel durch Frauen besetzt sein. Danach gilt die 40%-Quote, d.h. alle Parteiämter sind mit 40% von Frauen zu besetzen. Bei allen öffentlichen Mandaten sollten bis 1993 ein Viertel und ab 1994 ein Drittel aller Plätze durch Frauen eingenommen werden. Die 40%-Quote soll bis 1998 erreicht werden. Die Pflicht zur Mindestabsicherung ist zwingend und richtet sich an alle Gliederungen und Sonderorganisationen der Partei, natürlich mit Ausnahme der ASF.

Inge Wettig-Danielmeier, die damalige ASF-Vorsitzende, und neben Hans Jochen Vogel Vorsitzende der Gleichstellungskommission beim Parteivorstand, resümierte in ihrer Rede zur Begründung des entsprechenden Antrags des Parteivorstandes:

"Hinter uns liegen die Erfahrungen mit Hunderten von Delegiertenversammlungen, Wahlkreiskonferenzen und Parteitagen, wo alle Anstrengungen für die politische Gleichstellung vergebens waren, wo alle emanzipationswilligen Männer zusammen, mit hohen Funktionen und großen Mehrheiten ausgestattet, sich

---

2   Die "Popularisierung" der Quote und ihre Einführung im Jahre 1988 ist nicht denkbar ohne den Wandel des "herr"schenden Politikverständnisses im Zuge des Mottos "Mehr Demokratie wagen" als programmatischem Leitbild sozialdemokratischer Reformpolitik unter dem ersten sozialdemokratischen Bundeskanzler Willy Brandt. Er, der seine Spitzenkandidatur zur ersten Direktwahl des Europäischen Parlaments 1979 von einem 25prozentigen Frauenanteil auf der Wahlliste der SPD abhängig machte, war seiner Zeit ein gutes Stück voraus, als er die stärkere Partizipation von Frauen in seiner Partei anmahnte: "Mit Sorge habe ich erlebt, daß es in den letzten Jahren viel einfacher wurde, sondern manchmal noch schwieriger zu werden schien, geeignete Bewerberinnen bei der Nominierung von Bundes- und Landtagswahlen zu berücksichtigen. Ich habe meinen Parteifreunden wiederholt geraten, es nicht dazu kommen zu lassen, daß wir mit einem weiblichen Wahlboykott oder anderen Formen des Protestes rechnen müssen" (Brandt 1974, S. 218 f.).

doch nicht in der Lage sahen, eine Frau durchzusetzen. ... 70 Jahre, nachdem sie das Frauenwahlrecht in Deutschland eingeführt hat, ist die SPD angetreten, dieses Wahlrecht mit einem neuen Verständnis von Gleichheit wirksam werden zu lassen. Frauen sollen nicht nur wählen können, sondern sie sollen die Chance erhalten, gewählt zu werden, nicht nur als einzelne und nicht nur als Ausnahme. ... Das wird unsere Partei verändern. Das wird auch die Politik verändern. Das wird natürlich auch Probleme mit sich bringen. In einigen Orten wird es knirschen und es wird Reibungen geben. Wir werden manche eingefahrene Bahn verlassen müssen. Aber, Genossinnen und Genossen, ich glaube, diese Veränderung gibt uns ungeheure Chancen. Die öffentliche Diskussion zeigt schon jetzt, wie sehr die Zustimmung überwiegt. Wir können diese Zustimmung nützen und in politische Mitarbeit ummünzen" (Sozialdemokratischer Informationsdienst Nr. 28 1988, S. 10 ff.).

4. Aktuelle Erfahrungen

Eine erste Bilanz der Quotenregelung fällt - wie nicht anders zu erwarten - ambivalent aus. Inge Wettig-Danielmeiers Prognose hat sich bewahrheitet: Einerseits ist der Erfolg der Regelung eindeutig - ein Frauenanteil von 40% der stimmberechtigten Delegierten auf den Parteitagen aller Ebenen ist inzwischen der Normalfall, ein entsprechender Anteil an den Ortsvereins-, Unterbezirks- und Bezirks- und Landesvorständen ebenfalls. Dem SPD-Parteivorstand gehören 44% weibliche Mitglieder an. Gleichwohl kann nichts darüber hinwegtäuschen, daß gerade bei der Besetzung herausgehobener Positionen innerhalb oder außerhalb der Partei die Chancen für Frauen noch immer unzureichend sind. Je höher das Amt, desto dünner wird die Luft für Frauen. Unabhängig von der Tatsache, daß die Quotierung nur für Listenwahlen vorgeschrieben ist und die Besetzung von Einzelfunktionen von dieser Bestimmung unberührt bleibt, scheint die Zeit weder reif zu sein für eine weibliche Vorsitzende der SPD-Bundestagsfraktion noch für eine weibliche Parteivorsitzende. Die erfolglosen Bewerbungen von Herta Däubler-Gmelin und Heidemarie Wieczorek-Zeul um diese beiden Ämter sprechen eine deutliche Sprache. Inge Wettig-Danielmeier beschreibt dieses " Stellvertreterinnensyndrom" mit den Worten:

> "Man tut, was man (noch) kann: Zwar sind in den Gremien die Frauen satzungsmäßig vertreten. Aber wenn einzelne gewählt werden, achtet man wieder auf Anzug und Krawatte. Es hat sich die Faustregel durchgesetzt: Mann an der Spitze, Frau als Vize. Quotierte Gremien wählen mehrheitlich einen Vorsitzenden und seine Stellvertreterin. Wenn drei Kandidaten für ein Spitzenamt zur Auswahl stehen, sind zwei davon Männer. Die unterlegene Frau wird dann Vize" (Wettig-Danielmeier 1993).

Dabei ist noch nicht berücksichtigt, daß die Einführung des Mitgliederentscheids im Zuge der Parteireform "SPD 2000" nach bisheriger Erfahrung unter Gleichstellungsgesichtspunkten keineswegs einen Fortschritt darstellt, weil das "Prinzip" Mann vor Frau nicht in Frage gestellt wird. Betrachtet man die Rekrutierungsmuster für politische Spitzenpositionen, so scheint jedenfalls dieses Wahlverhalten im Hinblick auf die Geschlechter bis heute ungebrochen. Heute sind in der SPD insgesamt 27,7% der Mitglieder Frauen, 27,9% beträgt der Frauenanteil in den alten und 23,5% in den neuen Bundesländern. Jedoch nicht nur der geringere Prozentsatz der Frauen an der Mitgliedschaft in der Partei, auf den sich oft berufen wird, sondern vor allem traditionelle Denk- und Verhaltensformen - man denke an die berühmt-berüchtigte "Ochsentour", an der Frauen aus naheliegenden Gründen nicht im selben Ausmaß teilhaben können wie Männer, und oftmals ganz bewußt nicht wollen - begünstigen das von Inge Wettig-Danielmeier weiter oben beschriebene "Stellvertreterinnen-Syndrom".

Vor allem beim Übergang vom politischen Ehrenamt zur Politik als Beruf werden die Konsequenzen deutlich sichtbar, die aus einem tradierten Anforderungsprofil resultieren, das den Männern die professionelle und den Frauen die ehrenamtliche Tätigkeit zuschreibt. So verwundert es nicht, wenn im Superwahljahr 1994 bei der Aufstellung der Kandidatinnen und Kandidaten für parlamentarische Mandate auf allen Ebenen in Bund, Ländern und Gemeinden um die Erfüllung der Drittelquote mancherorts hart gerungen wurde. Dennoch kann sich das Ergebnis sehen lassen. In 101 der 328 Direktwahlkreisen für die Bundestagswahl kandidieren Frauen für die SPD. Wieviele dieser Frauen dann schließlich ein Mandat erhalten werden, hängt vor allem davon ab, in wieviel "sicheren" Wahlkreisen Frauen kandidieren und wieviele der Mandate in den Wahlen selbst durch die SPD gewonnen werden können. Bei der Aufstellung der Landeslisten wird der durch den Quotenbeschluß geforderte Drittelanteil von Frauen im Bundesdurchschnitt erreicht. Dieser Bundesdurchschnitt verdeckt jedoch z.T. erhebliche Unterschiede zwischen den einzelnen Ländern. So ragt beispielsweise der bayerische Landesverband mit einer nach dem sogenannten Reißverschlußverfahren paritätisch mit Männern und Frauen besetzten Liste heraus und gleicht Defizite anderer Länder arithmetisch aus. Weiterhin muß bedacht werden, daß die Relevanz der Listenmandate um so geringer ist, je mehr Direktmandate gewonnen werden können, was beispielsweise das "Frauendefizit" in einem Bundesland wie Nordrhein-Westfalen oder jüngst in Niedersachsen erklärt, wenn auch nicht rechtfertigen kann. Diese Erfahrung läßt freilich nur eine Schlußfolgerung zu: Frauen müssen in Zukunft vermehrt in "sicheren" Wahlkreisen als Kandidatinnen aufgestellt werden. Daran ändert auch das Ergebnis der SPD bei der Landtagswahl in Brandenburg nichts: Hier hat die SPD so gut abgeschnitten, daß nicht nur alle Direktwahlkreise gewonnen werden konnten, sondern auch so viele Plätze der - vorbildlich quotierten - Landesliste zum Tragen kamen, daß der neuen SPD-Landtagsfraktion nunmehr 38% Frauen angehören, trotz eines zu niedrigen Anteils von Kandidatinnen in den Direktwahlkreisen.

Es wird der Diskussion in den nächsten Jahren überlassen bleiben, über Wahlrechtsreformen, Sanktionen und anderes mehr nachzudenken, was ein Aushebeln der Quotenregelung verhindern kann. Ob es die stets neuen "alten" Diskussionen über das Für und Wider der Quote und ihre Rechtsverbindlichkeit sind, ob es politischer und psychologischer Druck auf (potentielle) Bewerberinnen ist mit dem Ziel, sie von einer Kandidatur abzuhalten, oder ob die "Alibifrau" durch das Verdikt der Quotenfrau abgelöst worden ist: Frauen dürfen nicht nachlassen, sich auch gegen Widerstände durchzusetzen, und sie müssen mit dem Widerspruch leben, sich gegen die gleichen Männer durchsetzen zu müssen, mit denen sie an anderer Stelle durchaus einvernehmlich zusammengearbeitet haben. Diese Art der Konkurrenz und Konfliktfähigkeit muß erst noch eingeübt werden.

Heute rächt es sich der Verzicht auf einen entsprechenden Katalog von Sanktionen für den Fall der Nichteinhaltung der Quote, auf den die Partei sich 1988 in Münster vor allem aus Gründen der Herstellung einer Konsensfähigkeit dieser Regelung verzichtet hatte. Eine neue Diskussion, die die Erfahrungen im Umgang mit dem Quotenbeschluß zum Gegenstand hat, muß sowohl die Tatsache der Bevorzugung männlicher Kandidaten als auch die Tatsache mit berücksichtigen, daß die Quote die Motivierung, Mobilisierung und Qualifizierung von Frauen - auch und gerade mit Blick auf die mögliche Übernahme von Ämtern und Mandaten - nicht ersetzen kann.

Frauen sind in der Bundesrepublik Deutschland und auch in der sozialdemokratischen Partei tatsächlich immer noch "Fremde" in der Politik (Schöler-Macher 1992). Sie können und wollen sich nicht an die männlichen geprägten Verhaltens- und Konkurrenzmuster im politischen Alltag anpassen. Sie haben Angst, bei zu forschem Drängen auf die Umsetzung ihrer Ansprüche und Rechte mit "Liebesentzug" bestraft zu werden. Diese Furcht kann ihnen auch mit Blick auf die nur unzureichend entwickelte oder zumindest aber unzureichend erfahrene Solidarität unter Frauen, jenseits aller Arithmetik, nur schwer genommen werden.

Immer deutlicher tritt der Zusammenhang von Organisationsfragen und Programmatik in den Vordergrund. Die Politik muß sich ändern, nicht die Frauen, die Politik machen wollen. Hier aber liegt der springende Punkt: Die Veränderung der politischen Praxis hat mit dem Fortschritt in der Gleichstellungsfrage nicht Schritt halten können. Das beginnt bei den sprichwörtlichen Treffen in verrauchten Hinterzimmern und endet bei dem in der Regel erfolglosen Versuch von Frauen, in die ebenso sprichwörtlichen "old-boys-networks" einzudringen. In diesem Zusammenhang sind die Ergebnisse einer soeben veröffentlichten Mitgliederbefragung unter jungen weiblichen SPD-Parteimitgliedern zwischen 16 und 28 Jahren von großem Interesse, die ergeben hat, daß nahezu 70% der befragten jungen Frauen der Auffassung sind, daß die Quote die Situation der Frauen in der Partei verbessert hat. Diese Zahl relativiert die Ergebnisse demoskopischer Untersuchungen im Vorfeld der Einführung der Quotenregelung unter 18- bis 29jährigen Frauen, die eine deutliche Ablehnungshaltung ausgemacht hatten, was vor allem darauf zurückgeführt wurde, "daß für die Generation, die jetzt kommt und sich durchsetzt, Dinge selbstverständlich geworden sind, mit denen ihre Mütter und Großmütter frustrierende Erfahrungen gemacht haben."[3] Für problematisch halten dagegen viele die zur Umsetzung der Quote oftmals nötige Ämterhäufung und die daraus resultierende hohe Arbeitsbelastung für Frauen. So sind die Gründe, die die Befragten für einen Rückzug aus der aktiven Parteiarbeit angeben, auch in erster Linie in einem Gefühl der Ohnmacht und Enttäuschung über mangelnde Gestaltungsmöglichkeiten und konkurrierende Familienverpflichtungen zu suchen. "Die Quote als Männerfrage" - so oder ähnlich lautend wird die Diskussion der nächsten Jahre überschrieben werden müssen, wenn es darum geht, die Verantwortung auch von Männern für die Umsetzung der Gleichstellung einzufordern, ebenso wie ihre Bereitschaft zur "Feminisierung" der (partei-)politischen Kultur.

Die Frauen in der SPD wissen, daß die Quote immer nur Mittel zum Zweck sein kann. Sie ist ein wesentliches Mittel um mehr Gerechtigkeit für Frauen durchzusetzen, aber sie ist nur ein Mittel auf einem Wege, dem weitere Schritte folgen müssen. So ist sie gewissermaßen eine notwendige, aber keineswegs hinreichende Bedingung zur Verwirklichung der Gleichstellung zwischen den Geschlechtern. Sie kann die bislang gültigen Prinzipien der Personalauswahl und Elitenbildung keineswegs gänzlich außer Kraft setzen. Vielmehr bietet sie Frauen die Möglichkeit, ihre Kompetenzen und Talente zu beweisen, und so in

---

3   Der baden-württembergische SPD-Landesvorsitzende Ulrich Maurer in seinem Redebeitrag im Rahmen der Quotendebatte auf dem Parteitag 1988 in Münster, vgl. Anm. 20; die Ergebnisse der Befragung sind veröffentlicht worden unter dem Titel "Junge Frauen in der Volkspartei SPD" in der Schriftenreihe Jugendpolitik, Band VII. Die Richtlinien der ASF bestimmten u.a., daß der ASF alle weiblichen Mitglieder der SPD angehören. Zu ihrer Zielsetzung gehört die Integration der Frauen in Partei und Gesellschaft, die wiederum vor allem die Aufgabe nach sich zieht, Frauen mit der Politik und den Zielen der Partei vertraut zu machen, zur Änderung des gesellschaftlichen Bewußtseins beizutragen und weitere Mitglieder zu gewinnen. Darüber hinaus soll die ASF darauf hinwirken, die Interessen und Forderungen der Frauen in der politischen Willensbildung der Partei zur Geltung zu bringen und die politische Mitarbeit der Frauen in der Partei so zu verstärken, daß die politische Willensbildung der Partei gleichermaßen von Frauen und Männern getragen wird.

einen echten Wettbewerb um Einfluß und Macht, mit Männern und unter Frauen, einzutreten. Erst auf der Basis einer angemessenen quantitativen Repräsentanz von Frauen in der Politik kann die häufig eingeforderte Diskussion um eine neue Qualität der Politik von und mit Frauen sinnvoll geführt werden. Der inzwischen erreichte höhere Anteil von Frauen in der Politik hat u.a. dazu geführt, daß Politikerinnen heute mit neuen Problem- und Konfliktfeldern konfrontiert sind. Die Quote hat Frauen den Zugang zum Wettbewerb um Ämter und Mandate eröffnet und damit auch die Konkurrenz unter Frauen um eben diese Positionen. Dies will und muß erst noch gelernt werden, oder wie es die ASF-Bundesvorsitzende, die Europaabgeordnete Karin Junker in ihrem Rechenschaftsbericht auf der 11. ordentlichen Bundeskonferenz der Arbeitsgemeinschaft Sozialdemokratischer Frauen im Juni dieses Jahres in Nürnberg formulierte:

"Auseinandersetzungen unter Frauen werden immer noch als irgendwie nicht normal angesehen. Umgang mit Frauen in Konkurrenz ist noch nicht erlernt. Der harte Kampf um das eigene kleine Stückchen macht auch anfällig für Eifersucht, provoziert Kompetenzgerangel und erzeugt Angst vor Bedeutungsverlust" (Junker 1994).

5. Bilanz und Zukunftsaufgaben

Die Einführung der Quotenregelung, und mehr noch ihre konsequente Umsetzung, wird von vielen als Beweis für die Reformfähigkeit der SPD und wohl letztlich auch für die Reformfähigkeit des politischen Systems als ganzes betrachtet. In diesem Sinne werden die Frauen in der SPD auf dem eingeschlagenen Weg beharrlich vorangehen (müssen). Ohne daß es besonders martialisch klingen möge, ist eines sicherlich gewiß: Der eigentliche Kampf um die Bewahrung bereits erkämpfter Rechte und die Durchsetzung neuer Ansprüche und Forderungen hat im Grunde erst jetzt, vor dem Hintergrund einer ernstzunehmenden quantitativen Beteiligung von Frauen auf allen Ebenen und Feldern der Politik, richtig begonnen. Diese Einsicht gilt es zu fördern und zu befördern. Auch für die Frauen in der SPD gilt Birgit Meyers Resümee über Frauen in der Politik von der Nachkriegszeit bis heute:

"Der Weg von Frauen in die Politik ist immer wieder unwegsam und bedroht. Er ist eine ständige Herausforderung und ein mühsames Gegenanschreiten gegen vielfältigste Widerstände. Hierfür braucht es weiterhin viel Mut, sich einzumischen ohne Idealisierungen und Allmachtsphantasien, aber auch ohne Erschrecken oder Kapitulation vor den Verhältnissen" (Meyer 1993).

Zur Quote gibt es auf absehbare Zeit keine Alternative. Nicht erst die Übernahm der Quotierungsforderung durch die Frauen-Union unter dem Vorsitz von

Rita Süßmuth beweist, daß sie unter Frauen inzwischen mehrheitsfähig ist. Daran können auch die nach wie vor bestehenden Vorbehalte gegen eine Quote im Erwerbsleben - wie sie die SPD-Bundestagsfraktion in ihrem Entwurf für ein Gleichstellungsgesetz fordert - nichts ändern. Und die Quote geht einher mit einer konsequenten Gleichstellungsprogrammatik der SPD, die das umzusetzen beginnt, was im Berliner Parteiprogramm 1989 zweifellos anspruchsvoll mit dem Ruf nach der menschlichen Gesellschaft, die die männliche überwindet, formuliert worden ist und sich im SPD-Regierungsprogramm für die Bundestagswahl konsequent fortgesetzt hat. Das schließt nicht aus, daß weitere Fortschritte nicht immer wieder und oftmals mühsam ausgehandelt werden müssen. Der entscheidende Unterschied zur Zeit vor der Quote besteht darin, daß Frauen nun als ernstzunehmende Verhandlungspartnerinnen mit am Tisch sitzen. Die Quote als politisches Instrument hat eine "Gerechtigkeitslücke" geschlossen und die Gesellschaft nachdrücklich auf ein lange nicht zur Kenntnis genommenes demokratisches Defizit aufmerksam gemacht. Es ist an den demokratisch gesinnten Frauen und Männern innerhalb und außerhalb der sozialdemokratischen Partei, durch politische Handlungskompetenzen das Instrument Quote zum weiteren Abbau von sozialer und politischer Geschlechter-Ungleichheit zu nutzen.

Möglichkeiten und Grenzen politischer Partizipation von Frauen sind nur ein, wenn auch ein eminent wichtiger Aspekt der Diskussion um die Verteilung von gesellschaftlicher Macht. Über Appelle an männliche Einsicht und Solidarität hinauszukommen ist daher ebenso wichtig wie die Herstellung "einer politischen Haltung, die um die strukturellen Machtdifferenzen weiß und um dieser Willen Konflikte eingehen kann (sowie) einer gewachsenen politischen Handlungskompetenz der Frauen, einer Politik, die weniger nach einheitlichen politischen Entwürfen sucht und sich an solchen festklammert, sondern die Strukturen der eigenen Praxis weiter demokratisiert, sich mit vorhandenen Ausschlußpraktiken und Privilegierungen auseinandersetzt und sich im Gesellschaftlichen vermehrt an politischen Lösungskonzepten beteiligt, so daß die frauenpolitisch/ feministischen Perspektiven von sozialer Gerechtigkeit nicht auf Quotierungs- und Fördenwünsche beschränkt bleiben" (Jung 1993, S. 54).

Es geht also in Zukunft um die Inhalte, Perspektiven und Strategien einer erfolgreichen Frauen- und Gleichstellungspolitik, die sich als Gesellschafts- bzw. Reformpolitik versteht. Dazu ist es vonnöten, nicht nur eine innerparteiliche Machtbasis für Frauen zu installieren, sondern auch Verknüpfungen zu außerparteilichen bzw. außerparlamentarischen Machtzentren von Frauen herzustellen, "um über die kritische Masse der patriarchalen Systemgrenze" (Schaeffer-Hegel 1994) hinauszukommen. Aber das ist ein anderes Thema.

Literatur

Beyme, Klaus von 1991: Theorie der Politik im 20. Jahrhundert. Von der Moderne zur Postmoderne, Frankfurt am Main

Brandt Willy 1974: Über den Tag hinaus: eine Zwischenbilanz, Hamburg

Frauen in der SPD. Dokumentation der Quotendebatte von 30. August 1988 auf dem Bundesparteitag in Münster, Sozialdemokratischer Informationsdienst, Dokumente Nr. 28, Bonn 1988

Frevert, Ute 1991: "Klasse und Geschlecht - ein deutscher Sonderweg?" In: Barrow, Logie/ Schmidt, Dorothea/Schwarzkopf, Jutta (Hg): Nichts als Unterdrückung, Geschlecht und Klasse in der englischen Sozialgeschichte, Münster, S. 265-270

Jung, Dörthe 1993: Abschied zu neuen Ufern - Frauenpolitik in der Krise. In: Feminismuß. Beiträge zur feministischen Theorie und Praxis. Jg. 3 (1993), H.5, S. 47-54

Junker, Karin 1994: Wechsel-Jahr 1994: Frauen wählen Selbstbestimmung. Rede vor der 11. Ordentlichen Bundeskonferenz der Arbeitsgemeinschaft Sozialdemokratischer Frauen (ASF) am 3. Juni 1994 in Nürnberg. [unveröff. Manuskript]

Lang, Regina 1989: Frauenquoten - Der eine Freud, des anderen Leid, Bonn

Meyer, Birgit 1992: Die "unpolitische Frau". Politische Partizipation von Frauen oder: Haben Frauen ein anderes Verständnis von Politik? In: Aus Politik und Zeitgeschichte, (1992) B 265-26, S. 3-18

Meyer, Birgit 1993: "Hat sie denn heute überhaupt gekocht?" Frauen in der Politik von der Nachkriegszeit bis heute. In: Zeitschrift für Frauenforschung. Jg. 11 (1993), H. 3, S. 6-32

Niggemann, Heinz (Hg.) 1981: Frauenemanzipation und Sozialdemokratie, Frankfurt am Main

Pausch, Wolfgang 1985: Die Entwicklung der sozialdemokratischen Frauenorganisationen. phil. Dissertation, Frankfurt/Main

Pausch-Gruber, Ursula 1986: "Die Quotierungsdiskussion in der Arbeitsgemeinschaft Sozialdemokratischer Frauen." In: Jansen, Mechtild: Halbe-Halbe. Der Streit um die Quotierung, Berlin, S. 85-91

Richebächer, Sabine 1982: Uns fehlt nur eine Kleinigkeit. Deutsche proletarische Frauenbewegung 1890-1914, Frankfurt a.M.

Rössler, Beate 1994: Ohne Quotierung keine Demokratie. Her mit der Debatte! In: Die Tageszeitung, 8. März 1994, S. 10

Schaeffer-Hegel, Barbara 1994: Die Hälfte des Himmels ... - Frauenzukunft nach der Quote, Referat auf der 11. Ordentlichen Bundeskonferenz der ASF am 3. Juni 1994 in Nürnberg. [unveröff. Manuskript]

Schöler-Macher, Bärbel 1992: Elite ohne Frauen. In: Leif, Thomas/Legrand, Hans-Josef/ Klein, Ansgar (Hg.): Die politische Klasse in Deutschland. Eliten auf dem Prüfstand, Bonn/Berlin, S. 405-422

Wettig-Danielmeier, Inge 1993: Triumph einer Emanze. In: Die Tageszeitung, 31. August 1993

Die F.D.P. in Sachsen – Frauen in Verantwortung

Ute Schäfer

1.   Frauen in der F.D.P. – ein Widerspruch an sich?

Es ist mir äußert schwer gefallen, diesen Beitrag zu schreiben.[1] Als die Herausgeberinnen dieses Buches im Frühjahr 1993 mit ihrem Vorschlag an mich herangetreten sind, lagen gerade viele Monate heftigster Auseinandersetzungen mit meiner Partei hinter mir. Die Aufarbeitung politischer Entwicklungen im allgemeinen und persönlicher Erfahrungen als Politikerin in den letzten vier Jahren hatte für mich zu diesem Zeitpunkt erst begonnen. Ich bin dazu aufgefordert worden, das m.E. schwierige Thema Frauen in der F.D.P.-Ost zu besprechen. In meinem Bundesland haftet an der F.D.P.-Ost der Ruf "frauenfeindlich" zu sein; in den letzten Jahren wurde vom sinkenden Frauenanteil in der Partei berichtet; es wird behauptet, daß weibliche Mitglieder von ihren männlichen Kollegen regelrecht hinausgedrängt werden. Westdeutsche Frauen zeigen sich enttäuscht, daß bisher wenig zu den "klassischen" Frauenthemen wie Gleichstellungsgesetze und §218 eingebracht und erreicht worden ist. Es stellt sich die Frage, inwieweit dieses Bild der Realität entspricht. Es fragt sich gleichfalls, inwieweit sich die Situation von Frauen und die parteiinterne Handhabung frauenpolitischer Themen im Osten von denen im Westen tatsächlich unterscheiden.

Um das Thema Frauen in der F.D.P.-Ost gerecht zu behandeln, ist es notwendig, die Gesamtentwicklung der liberalen Partei[en] in der DDR und in den neuen Bundesländern zu betrachten. Im folgenden Beitrag beginne ich mit einem Überblick der parteipolitischen Entwicklung der liberalen Parteien vor, während und nach der Wende, der für das Verständnis der weiteren Entwicklung der Partei ausschlaggebend ist. Am Beispiel F.D.P.-Sachsen wird dann die Frauenpolitik der ostdeutschen F.D.P. sowie die Situation von Frauen in der Partei seit der Wende genauer betrachtet. Anhand der Wahlprogramme, Parteistatistik, parteiinterner Schriftstücke, eigens geführter Interviews mit Politikerinnen der kommunalen und Landesebene und schließlich meiner persönlichen Erfahrungen als LDPD- und später F.D.P.-Politikerin werde ich versuchen,

---

1   An dieser Stelle möchte ich mich besonders bei Virginia Penrose bedanken, ohne deren Geduld, Mitarbeit und Hartnäckigkeit dieser Beitrag nicht zustande gekommen wäre. Gleichfalls gilt meinen Dank Ute Georgi und Gabriele Ruczynski, die viel Zeit aufgewendet und mir solidarische Unterstützung beim Zusammentragen der erforderlichen Information gegeben haben.

inhaltliche und strukturelle Entwicklungen in der Partei darzustellen und zu erklären.

2.   Entwicklung in der LDPD/F.D.P. seit der Wende

Die heute existierende Partei "F.D.P. - Die Liberalen" ging im August 1990 aus der Vereinigung des damaligen Bundes Freier Demokraten (BFD), der Deutschen Forumpartei (DFP) und der F.D.P.-Ost mit der F.D.P.-West hervor. Diese Vereinigung wurde auf dem Bundesparteitag in Hannover am 11./12. August 1990 beschlossen. Bis es aber zu der Vereinigung kam, haben gerade die sich liberal nennenden Parteien in der Wendezeit für einige Verwirrungen in der politischen Öffentlichkeit gesorgt. Zum einem vertraten diese Parteien sich z.t. stark differierende politische Standpunkte, alle unter dem Banner des "Liberalismus"; zum anderen sind diese "liberalen" Parteien im Zeitraum September 1989 bis August 1990 unterschiedliche Wahlbündnisse und Zusammenschlüsse zur Volkskammerwahlen wie auch zu den Kommunalwahlen eingegangen. Die sich teilweise widersprechenden Berichte und Darstellungen der politischen Entwicklung zeigen deutlich, wie schwer es zu erfassen war, wer sich mit wem wann und zu welchem Zweck verbündet hatte (vgl. u.a. Musiolek/Wuttke 1991; Spittmann/Helwig 1990; Fischbach 1990).

Um etwas Klarheit in diese Verwirrung zu bringen, ist es notwendig zunächst zwischen den 1989 schon existierenden und den in der Wendezeit neugegründeten "liberalen" Parteien zu unterscheiden. Die Liberal-Demokratische Partei Deutschlands (LDPD) wurde 1945 unter dem Gründungsnamen "Liberal-Demokratische Partei" (LDP) als eine bürgerlich-demokratische Partei gegründet.[2] Die Mitglieder der Partei kamen aus sehr verschiedenen Bevölkerungsschichten, vor allem waren es Mittelständler, Handwerker, Gewerbetreibende und Angestellte. Auch deren Interessen, Motive, Erfahrungen und Zielvorstellungen unterschieden sich untereinander z.T. sehr. Persönlich erlebte ich die LDPD/LDP an der Basis als ein buntes Spektrum von Intellektuellen und Individualisten mit einem sehr offenen Umgangston. Auf ihrem "Erneuerungsparteitag" am 9. Februar 1990 im Vorfeld zu den Volkskammerwahlen am 18. März 1990 benannte sich die LDPD um, und gab sich den Gründungsnamen LDP wieder.

Die National Demokratische Partei Deutschlands (NDPD) wurde 1948 gegründet. "Auf der Grundlage eines konsequenten Antifaschismus und neuen Demokratieverständnisses stellten die Mitglieder nationale Werte, Würde und

---

2   Auf dem 3. Parteitag 1949 übernahm sie erstmals den Namen Liberal-Demokratische Partei Deutschlands (LDPD).

Traditionen des deutschen Volkes ins Zentrum der Programmatik ..." (Musiolek/Wuttke 1991, S. 52f.). Ursprünglich waren in der Sowjetunion umgeschulte ehemalige Offiziere und NSDAP-Mitglieder, aber auch VertreterInnen bürgerlicher Schichten in der Partei organisiert. Im Herbst 1989 war die NDPD bemüht, sich im neuentstandenen Parteienpluralismus als "Mitte-Linke-Partei" zu behaupten (ebd. S. 52).

Die LDPD und die NDPD waren zwei der insgesamt vier kleineren Parteien der DDR. Sie gehörten dem Demokratischen Block und der Nationalen Front an. Wichtigste Aufgaben der "Blockparteien" waren 'Transmission' und 'Integration': Sie sollten "die Politik der SED ihren Mitgliedern und den gesellschaftlichen Gruppen ... vermitteln, die traditionell von der herrschenden Partei der "Arbeiterklasse" nicht direkt erreichbar " waren, wie z.B. das liberale Bürgertum (Brandt/Dinges 1984, S. 9). Beide Parteien haben in ihren Satzungen vor 1989, die NDPD schon im Gründungsjahr 1948 die politische Führung der SED anerkannt und sich programmatisch sowie strukturell an diese angeglichen (ebd. S. 51f.). Sie sahen sich als festen Bestandteil der politischen Organisation des Sozialismus in der DDR.

Im Winter 1990 gründeten sich zwei neue "liberale" Parteien in der DDR. Das Ziel war, eine Alternative zu den bestehenden 'Blockparteien' zu schaffen, "da diese - vor allem in ihrer Führung - nicht so schnell in der Lage und willens waren, eine neue Richtung einzuschlagen" (Bochmann 1993, S. 1). Die Deutsche Forumpartei - am 11. Januar 1990 gegründet - ging aus der Bürgerbewegung Neues Forum hervor. Ihrem Gründungsprogramm ist zu entnehmen, daß die DFP sich als eine "Volkspartei der politischen Mitte" betrachtete. Sie trat für den demokratischen Rechtsstaat, Umweltschutz und eine soziale Marktwirtschaft ein (Programmentwurf vom 11. Januar 1990, S. 1). Die am 4. Februar 1990 ins Leben gerufene F.D.P.-Ost verstand sich dagegen als Schwesterpartei der F.D.P-West und knüpfte in ihrer Programmatik an deren "Freiburger Thesen" an (vgl. Musiolek/Wuttke 1991, S. 42).

Gerade im Zusammenhang mit dem Vereinigungsprozeß ist wohl die sehr unterschiedlich fixierte Programmatik der liberalen Parteien hervorzuheben. So sprachen sich die LDP und die NDPD früh für die schnellstmögliche Einheit Deutschlands aus. Auch die DFP fixierte in ihrem Programm als Aufgabe, "die Wahrnehmung des Selbstbestimmungsrechtes des deutschen Volkes und die Erlangung der staatlichen Einheit Deutschlands ... unter Wahrung der Sicherheitsinteressen der Nachbarstaaten" (Programmentwurf 1990, S. 1). Die F.D.P.-Ost sprach in ihrem Programm dagegen von "einer erneuerten DDR, einem Konglomerat aus Sozialismus und Marktwirtschaft. ... Eine Vereinigung des deutschen Volkes auf dem Gebiet der DDR und der BRD wird erst an das vermeintlich erfolgreiche Ende einer solchen Entwicklung gestellt" (Musiolek/Wuttke 1991, S. 69).

Trotz unterschiedlicher Programmatik und politischer Ziele verstanden sich alle diese politischen Organisationen als "liberale" Volksparteien. In Vorbereitung auf die Volkskammerwahlen wurde am 12. Februar 1990 ein Wahlbündnis zwischen der LDP, der DFP und der F.D.P.-Ost vereinbart. Diese Parteien traten als Bund Freier Demokraten zur Volkskammerwahl 1990 an. Die NDPD kandidierte nicht in diesem Bündnis, sondern stellte sich allein zur Wahl. Im Ergebnis der Volkskammerwahlen erhielten Wahlbündnis Bund Freier Demokraten 21, die NDPD zwei Mandate.

Am 27. März benannte sich die LDP in "Bund Freier Demokraten" um. Der Zusammenschluß auf Parteiebene mit der DFP und der F.D.P.-Ost war in diesem Zusammenhang ursprünglich geplant, kam jedoch nicht zustande. Dagegen beschloß die NDPD am 28. März 1990 den kooperativen Beitritt zum "Bund Freier Demokraten".

Zu den bedeutsamen Kommunalwahlen am 6. Mai 1990 traten demnach drei liberale Gruppierungen getrennt an: der Bund Freier Demokraten, die DFP und die F.D.P.-Ost. Da zu diesem Zeitpunkt die Strukturen des Bundes Freier Demokraten noch relativ stabil und gut organisiert waren, ließ sie als Liberale Partei die anderen weit hinter sich. In Sachsen wurden über 90 liberale Bürgermeister als BFD-Mitglieder gewählt (Bochmann 1993).

Nach Bildung der jeweiligen Stadtverordnetenversammlungen und Gemeindevertretungen schlossen sich die liberalen Mandatsträger aller drei Gruppierungen dennoch praktisch als Fraktion oder Gruppe zusammen. Das Ergebnis der Kommunalwahlen galt gleichfalls als Anlaß für alle liberalen Partner erneut über einen Zusammenschluß zu verhandeln (ebd.). Diese Verhandlungen mündeten schließlich in der Vereinigung der liberalen Parteien im August 1990 zum gesamtdeutschen F.D.P.-Parteitag in Hannover.

Der verwirrende Prozeß der Parteienvereinigung ging nicht spurlos an den Mitgliedern der sogenannten Altparteien vorüber. Hatte die LDPD in der DDR Ende 1989 noch 130.000 und die NDPD etwa 115.000 Mitglieder, sank die Mitgliederzahl im ersten Halbjahr 1990 erheblich. M.E. ist beispielsweise die konkrete Zahl der NDPD-Mitglieder, die dem Bund Freier Demokraten beigetreten sind, nicht nachvollziehbar zu benennen. Mitte 1990 sprach der Vorsitzende des BFD noch von 140.000 Mitgliedern, von Seiten der Mitglieder an der Basis wird diese Zahl für zu optimistisch, ja sogar "für Selbstbetrug" (Ruczynski) gehalten. Der Mitgliederverlust im ersten Jahr der Vereinigung ist im Landesvorstand nicht unbeachtet geblieben. Parteifunktionäre suchten die Erklärung in den ungewöhnlichen politischen Bedingungen der Wendezeit:

"Diese rasante Entwicklung führte zu Informationsmängeln und Informationsverlusten. Sie führte aber auch zu dem unbefriedigenden Zustand, daß die Parteibasis ihre Meinung zu vielen Ereignissen und Problemen nicht äußern konnte. Zahlreiche Austritte von Mitgliedern, darunter ehemals äußerst aktiven, und die drastische und plötzlich vollzogene Reduzierung der hauptamtlichen Mitarbeiter verstärkten die nahezu desolate Lage."[3]

Als Lösung galt zu diesem Zeitpunkt das Distanzieren von undemokratischen Praktiken der BFD-Parteiführung und "nach vorn blicken". Mit der abgeschlossenen Parteienvereinigung war jedoch das Problem der Mitgliederschwund nicht erledigt. Die folgende Tabelle über die Mitgliederentwicklung des F.D.P. in Sachsen für den Zeitraum August 1990 bis Januar 1994 spricht letztendlich für sich:

Tab. 1: Mitgliederzahlen der F.D.P. Sachsen[4]

Erhebungsdatum	Gesamtzahl	davon Frauen	Frauenanteil
August 1990	35.832	–	–
August 1991	22.724	–	–
Januar 1992	16.758	5.053	30%
September 1992	12.187	3.509	29%
Januar 1993	9.666	2.683	28%
Juni 1993	8.365	2.288	27%
Januar 1994	7.447	1.772	24%

Quelle: Monatliche Landesinformationsdienste der F.D.P. Sachsen/ Sachseninfo: Soziostrukturelle Mitgliederdaten der F.D.P. Sachsen 1993.

In weniger als vier Jahren hat die F.D.P. in Sachsen offiziell 28.385 Mitglieder, das entspricht 79% der Mitgliedschaft, verloren. Es ist m.E. nicht unrealistisch anzunehmen, daß sich hinter diesen Zahlen noch eine Menge "Karteileichen" verbergen, so daß die realen Zahlen noch ernüchternder sind.

Die Gründe für die schwindende Zahl von Parteimitgliedern vor und nach dem Zusammenschluß sind mehrfach: "Niemand kann den Anteil der Mitglieder abschätzen, die sich seit der Konstituierung des BFD für parteilos halten" (Ruczynski 1990, S. 2). Mit diesem Satz versuchte F.D.P.-Politikerin Gabriele Ruczynski, bis zu diesem Zeitpunkt Präsidiumsmitglied im Landesvorstand, in

---

3   Brief von Kurt-Dieter Weber, Kreisvorsitzender an die Mitglieder des Kreisverbandes Leipzig-Stadt vom 13.11.1990.

4   Eine Unterteilung der Mitgliederzahlen in männliche und weibliche Mitglieder gab es erst ab Januar 1992. Interessanterweise erfolgt nach einem neu eingeführten bundesweiten Mitgliederverwaltungsprogramm seit Juli 1993 kein automatischer Ausdruck der Mitgliederzahlen aufgeteilt nach Männer und Frauen. Damit entsteht ein Informationsverlust für die Vorstände der Parteien. Dieser kann zwar auf Nachfrage behoben werden, die Frage ist aber, wer macht sich diese Mühe?

einem Brief an den Vorsitzenden des BFD Sachsen,[5] auf die verlorengegangene Identifikation mit der Partei aufmerksam zu machen. Die Motivation von Mitgliedern, sich in den Altparteien LDPD und NDPD politisch zu engagieren, unterschied sich sehr von denen der WestpolitikerInnen aber auch von denen, die in der heutigen F.D.P. tätig sind. Politisches Engagement im Sinne der Verbesserung von Lebensverhältnissen war in der DDR für viele Menschen ein gesellschaftlicher Wert, für manche sogar eine Selbstverständlichkeit. Die Entscheidung in die LDPD einzutreten, war für viele dadurch motiviert, die Aufforderung die Sozialistische Einheitspartei Deutschlands (SED) beizutreten, zu umgehen (vgl. dazu Penrose 1993, S. 61ff.). Für sie war die Partei u.a. eine - für DDR-Verhältnisse so oft beschriebene - Kontaktnotwendigkeit, eine Möglichkeit zur gegenseitigen Hilfe, auch bei alltäglichen Problemen. Eine große Zahl der Mitglieder identifizierte sich mit (wesentlichen Teilen) der Programmatik ihrer jeweiligen Partei und sah in ihren Parteigruppen ihr "Zuhause". Ändere die Programmatik, die politischen Ziele, entferne die Menschen von ihren Ämtern und das einstige "Zuhause" war nur noch schwer wiederzuerkennen.

Zu dem Gefühl des "Nicht-mehr-Dazugehörens" kommt, daß die beinahe kopflos erfolgte Auflösung der Geschäftsstellen zum größten Teil mit der Entlassung der hauptamtlichen MitarbeiterInnen verbunden war. Nach zwei Entlassungswellen im März und August 1990 sind zum 1. Januar 1991 von ehemals ca. 700 hauptamtlichen Mitarbeitern aus LDPD und NDPD noch 40 im Freistaat Sachsen beschäftigt (Bochmann 1993, S. 2). Dies sorgte für Unruhe in der Partei. Eine Kontinuität der Parteiarbeit konnte damit auch in keiner Weise mehr gewährleistet werden. Zum damaligen Zeitpunkt stützte sich ehrenamtliche Parteiarbeit fast ausschließlich auf die MitarbeiterInnen in den Geschäftsstellen der Partei, die umfangreiche organisatorische und inhaltliche Hilfestellung gaben. An ein außerberufliches ehrenamtliches Engagement für den normalen Ablauf der Geschäfte, die Organisation von Veranstaltungen, wie heute üblich, war damals nicht zu denken.

> "Unter den Mitgliedern, die noch verblieben sind, hat sich ein ziemlicher Frust ausgebreitet, weil seit Monaten über ihre Köpfe hinwegentschieden wurde. Bei vielen Parteifreunden hat sich der Eindruck verstärkt, daß die Basis der Partei systematisch zerstört wurde. Und ich teile diesen Standpunkt" (Ruczynski 1990, S. 1).

Dieses Zitat weist auf ein weiteres Problem hin: Einzelne Mitglieder fühlten sich an die Partei gebunden, auch durch ihre direkten, persönlichen Beziehungen zu den hauptamtlichen Mitarbeitern. Die Parteimitglieder waren eigentlich dazu erzogen worden, sich auf die Regelmäßigkeit der Angebote und Arbeitsorganisation der hauptamtlichen MitarbeiterInnen zu verlassen; dabei konnte

---

5   Mit diesem Brief erklärte sie den Vorsitzenden der BFD Sachsen ihren Rücktritt.

sich kaum die eigenständige, bewußte Bereitschaft entwickeln, die Vielfalt der Ideen aktiv auf eigene Initiative umzusetzen. Die enge Verbindung der Vorstände und auch einzelner Mitglieder mit ihrem funktionierenden Parteiapparat führte zum Empfinden der Mitglieder, daß ihre Partei durch die Zerschlagung des Apparates kaputt gemacht wurde, ohne daß sie hierbei eine aktive Rolle spielten.

Ein Vergleich der Anzahl männlicher und weiblicher Mitglieder läßt feststellen, daß Frauen etwas schneller ihre Mitgliedschaft aufgeben. Gabriele Ruczynski meinte in einem persönlichen Interview im September 1993 dazu, daß "Frauen sensibler reagiert haben. Für sie ist die Verbundenheit verloren gegangen." Inwieweit der Unterschied in den Ausstiegsquoten von Männern und Frauen als signifikant bezeichnet werden kann, ist aufgrund der Quellenlage heute noch schwer einzuschätzen. Entscheidend ist m.E. wohl die Frage, wie viele von den noch bleibenden weiblichen Mitgliedern sich aktiv und kontinuierlich in die politisch Arbeit einbringt. Laut des 5. Berichts des Bundesvorsitzenden zur Umsetzung des Frauenförderplans der F.D.P. waren im August 1992 von 21 Landesvorstandsmitgliedern in Sachsen fünf Frauen (23,8%).[6] Einer der 14 Landesfachausschüsse (Familien-, Frauen- und Jugendpolitik) wurde von einer Frau geleitet, zwei der acht Mitglieder der F.D.P. Landtagsfraktion in Sachen waren weiblich und sieben der 52 Kreisvorsitzende (13,5%). Eine Frau schickte die F.D.P. Sachsen 1991 als Vertreterin in den Bundesfachausschuß "Soziales, Jugend, Familie und Gesundheit" und eine in die Bundeskommission "Gleichberechtigung und Familienpolitik".

Dennoch darf aktive und kontinuierliche Parteiarbeit nicht allein an den Aktivitäten von Mandatsträgerinnen und sogenannten "Berufspolitikerinnen" gemessen werden. Wichtige Arbeit wird von einer Vielzahl von Parteimitgliedern in der Partei geleistet, die aber mit statistischen Daten meist nicht aufgezeigt werden kann.

3. F.D.P.- Frauenpolitik in Sachsen: Ziele und Ergebnisse

Noch immer verspüre ich den Zwang, mich dafür zu entschuldigen, daß ich mich mit Politik beschäftige, und noch dazu in der F.D.P. aktiv war. Dies hängt mit dem Ansehen der Politik in der Öffentlichkeit zusammen, aber auch mit der Verbindung Frauen und Wirtschaftspartei F.D.P., in welcher vor allem im Osten zunehmend ein Widerspruch zu stecken scheint.

---

6   Seit meinem Rücktritt im Dezember 1992 als Fraktionsgeschäftsführerin sind es nur vier Frauen im Landesvorstand vertreten: Ute Georgi, Dr. Sigrid Semper, Angelika von Fritsch und Prof. Dr. Elke Mehnert.

Schon in den wenigen Jahren seit dem Parteienzusammenschluß sind mehrfache Veränderungen in parteipolitischer Haltung zu frauenpolitischen Themen zu erkennen. Im folgenden möchte ich die Entwicklung der F.D.P.-Frauenpolitik in Sachsen am Beispiel der Landeswahlprogramme 1990, 1992 und 1994 sowie an politischen Initiativen nachzeichnen und kommentieren.

Im Landeswahlprogramm 1990 erklärt die F.D.P.-Sachsen unter dem Gliederungspunkt "Frauen- und Jugendpolitik":

> "Liberale Politik will, daß die gesetzlich verankerte Gleichberechtigung der Frauen in allen Bereichen verwirklicht wird. Ihr Ziel ist ein gleichberechtigtes, auf Selbstverwirklichung gerichtetes Zusammenleben der Geschlechter und Generationen."

An diesem Zitat ist - in DDR-Tradition - auffällig, daß Männer als "gleichberechtigt" nicht einmal benannt werden, sondern lediglich die Frauen.

Die weiteren Inhalte des Wahlprogramms 1990 zur Frauenpolitik beziehen sich vorwiegend auf die Partnerschaft (als Landespartei unterstützte sie "ein offenes und freies Verhältnis der Geschlechter zueinander", "die Förderung von Ehe und Familie", "die Respektierung von Lebensgemeinschaften als eine freie Entscheidung über die Art des Zusammenlebens", "die Beseitigung der Diskriminierung gleichgeschlechtlicher Partnerschaften") und allgemeine Ansprüche wie "Chancengleichheit in Beruf und Politik." Die Ausnahme hier ist die deutliche Stellungnahme zur Fristenregelung: Die Partei tritt ein für "die Beibehaltung der Fristenregelung zum selbstbestimmten Abbruch einer Schwangerschaft. Bei der Entscheidung muß die Frau beraten und unterstützt werden" (Landeswahlprogramm 1990, S. 31). Der Eindruck entsteht, daß diese Stellungnahme zu frauenpolitischen Themen weniger mit politischer Überzeugung als mit wahltaktischen Überlegungen verbunden ist. Offensichtlich bestand zu diesem Zeitpunkt in der Parteipolitik das Bewußtsein für die Problemfelder "Frauen und Beruf" noch zum Spannungsfeld "Beruf und Familie/Qualifizierung".

Die wirtschaftliche Entwicklung im Osten änderte aber zwangsläufig diese Unschuldshaltung der Partei rasch. Im März 1991 wird der Landesfachausschuß Familien-, Frauen- und Jugendpolitik Sachsen der F.D.P. konstituiert.[7] Bis Oktober 1991 hatte der Landesfachausschuß einen Problemkatalog mit frauen- und familienpolitischen Forderungen zusammengestellt; hieraus wird schon ersichtlich, daß die erhöhte Arbeitslosigkeit ostdeutscher Frauen und die damit verbundenen gesellschaftlichen Zusammenhänge erkannt worden sind. Die vom Landesfachausschuß geforderten Gegenmaßnahmen sind relativ konkret formuliert, wobei die Schwerpunkte bei Berufsanerkennung, Weiterbil-

---

7   Der einzige von einer Frau geführte Landesfachausschuß der F.D.P. Landesverband Sachsen.

dungsmaßnahmen und Beibehaltung von Kinderbetreuungseinrichtungen gesetzt wurden.[8] Im Wortlaut zum Thema § 218 ist dagegen schon das erste Anzeichen der bald folgenden Kampfaufgabe wahrzunehmen: "Wir fordern ... [eine] eindeutige Stellungnahme für die Abschaffung des § 218 und für die Fristenlösung mit Beratung."

Auch auf der kommunalen Ebene tat sich formell einiges. Im Januar 1991 z.B. beschloß der Kreisvorstand Leipzig-Stadt u.a., einen Beirat für Soziales, Frauen- und Jugendpolitik zu bilden. Leider wurde dieser Beschluß nie umgesetzt.

Um die "Inhalte der Frauenpolitik der F.D.P. auf die Spezifik Sachsen" besser umsetzen zu können, wurde im August 1991 der Arbeitskreis "Liberale Frauen Sachsens" in Leipzig gegründet. Seine Aktivitäten begrenzen sich jedoch seitdem auf Gesprächskreise mit Bundespolitikerinnen und eine überregionale Partnerschaft mit der Düsseldorfer Lib'elle (vgl. Rechenschaftsbericht 1992, S. 6).[9]

Zusammenfassend kann berichtet werden, daß durch die Ereignisse der Zeit eine Vielfalt an Ideen und Perspektiven in der Landespartei vorhanden war, ihre Umsetzung sich allerdings als problematisch herausstellte. Die Schwierigkeit der Umsetzung ergibt sich erstens aus der beschriebenen Abhängigkeit der Mitglieder von einem nicht mehr existierenden Parteiapparat. Die Lähmung der Mitglieder durch den radikalen Abbau des hauptamtlichen Apparates dauerte an. Dazu kam, daß sehr viele aktive Mitglieder aus der Partei ausgetreten waren und der größte Teil der noch verbliebenen Mitglieder sich in Abwartehaltung begab. So mußten sich die - auf dem Papier existierenden - Ortsvorstände erst wieder neu zusammenfinden. Der DDR-Gewohnheit, auf Angebote der Leitung zu warten und nur auf Nachfrage aktiv zu werden, wurde nicht mehr entsprochen; der Adressatenkreis ist zwar geblieben, der konkrete Absender (i.e.

---

8   "Arbeitslosigkeit von Frauen [ist] überdurchschnittlich, das erfordert u.a. stärkere Einflußnahme auf die Berufsausbildung, Schaffung von Arbeitsplätzen für Mädchen, Gleichstellung des Berufsgrundbildungsjahres in den alten und neuen Bundesländern und die Anerkennung als 1. Lehrjahr, Weiterbildung und Umschulung von Frauen, Anerkennung des Berufsbildes Krippenerzieherin, Angebot von Teilzeitbeschäftigung ... Erhalt der Kindertagesstätten, ganztägig nach Bedarf, Rechtsanspruch auf einen Kindergartenplatz, Erhalt der Schulhorte für Kinder der 1. - 4. Klasse ... (Sachseninfo VIII 1991, Anlage 2).

9   Die Bundesvereinigung "Liberale Frauen" e.V. unter dem Vorsitz von Frau Dr. Irmgard Schwaetzer ist in eigenen Sachen dagegen etwas aktiver. Im September 1992 z.B. machten sie den Vorsitzenden des Landesverbandes Sachsen in einem Brief auf den bedrückenden Stand des Frauenanteils "an Ämtern und Mandaten in der F.D.P. in den einzelnen Bundesländern" aufmerksam und forderten ihn dazu auf, Sorge zu tragen, daß der auf Freiwilligkeit beruhende Frauenförderplan doch "positiv umgesetzt wird" (28. September 1992).

hauptamtliche MitarbeiterInnen) fehlt. Zweitens beeinflußt der Aufbau neuer (auf die Erfahrung der F.D.P-West zurückzuführender) Strukturen das Ausleben der Ideen. Es traut sich lediglich ein kleiner Anteil der Mitglieder, ein ungewohntes, kompliziertes Verfahren einer Antragsabwicklung durchzuziehen, um ihre eigenen politischen Ziele durchzusetzen. Einige wenige Parteimitglieder haben andererseits die Gunst der Stunde erkannt; sie nutzten das Empfinden der fehlenden Leitung, der fehlenden Angebote, des Wunsches nach Kontaktpflege á la DDR und begannen, parteiinterne Lobby für sich aufzubauen.

Das neue frauenpolitische Bewußtsein des politischen Trägers kommt gleichfalls im Landesprogramm 1992 zur Geltung. Hier erhält zwar Frauenpolitik keine eigene Rubrik, dennoch sind unter dem allgemein gefaßten Gliederungspunkt "Liberale Sozialpolitik für Sachsen" konkrete Ziele zur Förderung der "Chancengleichheit für Mann und Frau" mit Schwerpunkt weiblicher Erwerbstätigkeit zu finden.[10] Unter anderem setzte sich die Partei auch für den Erhalt der Kindertagesstätten "entsprechend Bedarf" ab dem ersten Lebensjahr, Ganztagsbetreuung an den Schulen, Zahlung eines Landeserziehungsgeldes bis zum 3. Lebensjahr ein. Ein weiterer Unterschied zum Wahlprogramm 1990 ist die deutlich veränderte Einstellung zum Schwangerschaftsabbruch. Die Landespartei wechselte innerhalb zweier Jahre von ihrer Forderung nach Beibehaltung des Selbstbestimmungsrechts von Frau hin zu Schwerpunkten, die vor allem die Verhütung ungewollter Schwangerschaft betrafen:

> ".... erhöhte Anstrengungen zur Verbesserung von Aufklärung und Verhütungsberatung, Schaffung einer kinderfreundlichen Umwelt und Verbesserung der Bedingungen für Familien. Die F.D.P. fordert die kostenlose Abgabe von Kontrazeptiva" (S. 14).

Vor allem das Problem weiblicher Arbeitslosigkeit wird in dem folgenden Jahr innerhalb der Landespartei von Mitgliedern der F.D.P.-Sachsen aufgegriffen und diskutiert. Zum Teil sehr konkrete Forderungen als Gegenmaßnahmen werden ausgearbeitet.[11]

---

10   "Wir Liberalen fordern den Abbau des erhöhten Anteils von Frauen an der Arbeitslosigkeit in Sachsen, u.a. durch
      -    die Anerkennung von Teilzeitarbeit und Vollerwerbstätigkeit als gleichwertige
           Beschäftigungsformen und ihre verstärkte Anbietung für Frauen und Männer,
      -    spezielle Umschulungs- und Qualifizierungsangebote für Frauen jeden Alters,
      -    Abbau von Beschäftigungshemmnissen für Frauen,
      -    einen höheren gesellschaftlichen Stellenwert für soziale und pflegerische Berufe" (Landeswahlprogramm 1992, S. 13).
11   -   Sicherung und Förderung der Berufsrückkehr nach Ende des Erziehungsurlaubes
           durch Verlängerung des Kündigungsschutzes oder finanzielle Förderung der Arbeitgeber bei Fortbeschäftigung;

Im Januar 1993 wurde die "Initiative Frauen und Wirtschaft" e.V. mit Frau Dr. Sigrid Semper, MdB als Präsidentin gegründet. Der auf 20 Mitglieder begrenzte Verein hat sich laut Werbeprospekt gegründet, "um Frauen aller Altersstufen zu helfen, häufiger als bisher üblich, Verantwortung in gesellschaftlichen und wirtschaftlichen Funktionen übernehmen zu können". Betreuen und fördern wollen sie, u.a. "die Interessen der Frauen, die die Gleichberechtigung zwischen Frau und Mann betreffen, berufliche Weiterbildung, Berufsplanung und -förderung, Existenzgründung und -planung, Vermögensbildung und Altersabsicherung, Aufklärung, Beratung und Förderung der Frauen als gleichberechtigte Partner im Berufs- und Wirtschaftsleben" (Satzung 1993, S. 1). Erstaunlich ist m.E. das Fehlen von entscheidungstragenden Politikerinnen in diesem exklusiven Verein. Es stellt sich zwangsläufig die Frage, wessen Interessen hier eigentlich vertreten werden sollen.

Im Hinblick auf die bisherigen Initiativen und die innerparteiliche Diskussion scheint die veränderte Haltung der Landespartei gegenüber frauenspezifischen Problemen in ihrem Wahlprogramm 1994 überraschend zu sein. In der Kurzfassung des Landesprogramms ist mit der Ausnahme des sehr generell gefaßten Grundsatzes "Freie Demokraten treten ein für Chancengleichheit aller Bürger, aber Sie sind gegen Gleichmacherei" (S. 1), kein Wort zur Frauenpolitik zu finden. Zum Ordentlichen Landesparteitag am 31. Oktober 1993 in Riesa wurde von Ute Georgi auch ein Antrag zur Änderung des Wahlprogramms der F.D.P.-Sachsen 1994 gestellt; u.a. sollte ein Absatz über konkretere Ziele der Landespartei im Bereich der Frauenpolitik hinzugefügt werden.[12] Der Antrag wurde jedoch aus Zeitmangel auf dem Parteitag nicht behandelt. Die dadurch entfachte parteiinterne Diskussion blieb dennoch nicht ohne seine Wirkung: Als die Thesen für die Landtagswahl der F.D.P. Sachsen 1994 im Februar 1994 veröffentlicht wurde, enthielten sie einen Abschnitt über "Frauenpolitik". Hierin bezeichnet die Landespartei die Chancengleichheit für Mann und Frau als einen "selbstverständlichen" Grundsatz liberaler Politik. Keine Veränderung in ihrem 1992 formulierten Standpunkt zu § 218 ist zu finden, das Problem der

---

- finanzielle Anreize (4 TDM Einstellhilfe) des Landes, insbesondere für Klein- und Mittelbetriebe bei der Einstellung von benachteiligten Frauen über 40 Jahre, die bisher keinen anderen Nachteilsausgleich (AFG) erhalten;
- Förderung von Teilzeitarbeitsmöglichkeiten, beginnend im öffentlichen Dienst, verbunden mit Steuer- und Abgabenvergünstigungen bei Planstellenteilung (job-sharing) u.ä. (Positionspapier 1993, S. 1; vgl. auch Semper 1993; Oehme 1993).

12   "Frauen brauchen Chancengleichheit. Das bedeutet auch Berufsmöglichkeiten in so-genannten Männerberufen, flexible Arbeitszeitangebote, unbedingter Erhalt der möglichen Ganztagsbetreuung für Kinder, eine bessere Anerkennung von Pflege- und Kindererziehungszeiten sowie eine zufriedenstellende rechtliche Regelung zum § 218 StGB".

hohen Arbeitslosigkeit von Frauen in Sachsen ist jedoch in den endgültigen Wahlprogramm 1994 aufgegriffen.[13]

Nichtsdestotrotz ist das Wahlprogramm 1994 eindeutig als wirtschaftspolitisches Papier einzuordnen und kommt damit dem programmatischen Schwerpunkt der Bundespolitik der F.D.P. recht nahe. Der wirtschaftlichen Entwicklung in den fünf neuen Bundesländern geschuldet, rücken programmatische Zielsetzungen der Sozial- und Frauenpolitik offensichtlich in den Hintergrund; die F.D.P. als Bundespartei betrachtete diese Thematik schon immer als Randproblem.

Diese neue Entwicklung in der sächsischen Parteiprogrammatik sehe ich auch als ein Ergebnis des Einflusses westdeutscher BerufspolitikerInnen auf "Neu-BerufspolitikerInnen" aus Sachsen, die es lernen, sich den Formalismen einer Parteiorganisation unterzuordnen. Zu diesen Formalismen gehört eine existentielle Abhängigkeit vom Beruf 'Politik'. Im Gegensatz zu einer gesicherten Funktionärslaufbahn in der DDR, ist ein hauptberufliches politisches Engagement heute in die Gruppe 'Risikoberufe' einzuordnen. Das Bedürfnis der Absicherung, in der man Macht konzentrieren und festhalten will, ist m.E. weitaus ausgeprägter als zu Funktionärszeiten. Das Bedürfnis machtpolitischen Verhaltens drückt sich in der Übertragung funktionierender Machtstrukturen und -strategien von West nach Ost aus. Auch sächsische F.D.P.-PolitikerInnen, die seit der letzten Bundestagswahl in ein funktionierendes Bonner System integriert sind und dort ihre parteipolitischen Erfahrungen gesammelt haben, sind verständlicherweise bemüht, je näher die nächste Wahl rückt, ihre "Listenplätze" zu sichern. Programmatische Ziele werden sich dabei Personalabsprachen untergeordnet.[14] Ich sehe diese Tatsache unserem nicht funktionierenden Demokratiesystem geschuldet, in dem zeitweilige PolitikerInnen kaum eine Chance haben, nach einer längeren politisch aktiven Zeit in ihre Berufe zurückzukehren. Dieser Prozeß hat zur Folge, daß wir uns BerufspolitikerInnen buchstäblich züchten. Einstellungen und politisch gelebte Werte aus der DDR, einschließlich frauenpolitischer Selbstverständlichkeiten, sind dadurch unwichtig geworden. Diese sichtbare Abwertung politischer Werte ist m.E. auch ein

---

13   "Die sächsische F.D.P. fordert den Abbaus des erhöhten Anteils von Frauen an der Arbeitslosigkeit in Sachsen u.a. durch
-    die Anerkennung von Teilzeitarbeit und Vollerwerbstätigkeit als gleichwertige Beschäftigungsformen,
-    spezielle Umschulungs- und Qualifizierungsangebote für Frauen jeden Alters,
-    Abbau von Beschäftigungshemmnissen für Frauen" (Thesen für das Programm der F.D.P. Sachsen zur Landtagswahl 1994, S. 9).

14   Für eine m.E. treffende Beschreibung geschlechtsspezifischer Unterschiede in Konkurrenzverhalten in der Partei vgl. dazu Braun 1989.

Grund für den deutlichen Rückgang der Mitgliederzahlen in den neuen Bundesländern und für die allgemein beklagte Politikverdrossenheit.

4. Auswirkungen struktureller und inhaltlicher Veränderungen auf die Partizipation von Frauen in der Landespartei

"Ich habe mich für Frauenthemen immer nur zweitrangig interessiert; Frauen
sind genauso Elemente unserer Gesellschaft wie jeder andere..." (Georgi 1993).

Dieser Gedanke widerspiegelt die Haltung der Mehrzahl sächsischer F.D.P.-
Politikerinnen, einschließlich meiner eigenen, zum Zeitpunkt der deutsch-deutschen Vereinigung. Was Ute Georgi in einem persönlichen Interview im Mai
1993 damit ausdrückt, ist die Selbstverständlichkeit, mit der sich politisch aktive Frauen in der DDR vor und während der "Wende" zu Fachthemen eingebracht haben. Diese Frauen mußten ihr parteipolitisches Engagement gegenüber männlichen Kollegen nie rechtfertigen oder verteidigen. Frauen waren
ganz "normal" in das politische Alltagsgeschäft integriert. Die Möglichkeit, aus
Gründen der Geschlechtszugehörigkeit, die Fachqualifikationen und Leistung
im Bereich der Politik abgesprochen zu bekommen, ist ein Gedanke, der ihnen
gar nicht in den Sinn kommt (vgl. Penrose 1993, S. 191ff.). Auch in bezug auf
die Frauen umfaßte das Parteibild Individualismus, eigene Leistungsbereit-
schaft und den Anspruch, Dinge durchzusetzen sowie die Einbringung eigener
Ideen. Auch Frauen gehörten damals zu den sogenannten "Mittelständlern",
Handwerkern und Gewerbetreibenden der LDPD. Hier zeichnet sich ein
bedeutender Unterschied zu westdeutschen Politikerinnen ab, die häufig Quer-
einsteigerinnen, Einzelkämpferinnen, "Paradiesvögel" sind und deren "politisches und privates individuelles Leben unter anderen Bedingungen ... als das
von Politikern" verläuft (Braun 1989, S. 2; vgl. dazu Schöler-Macher 1992;
Penrose 1993).

Dazu kommt, daß die SED 'Frauenpolitik' seit Jahrzehnten als politischen
Beweis ihres gesellschaftlichen Fortschritts auf ihrem Banner trug und diese bis
zum Überdruß der Bevölkerung propagiert wurde. In der Wendezeit nahm
demzufolge die Diskussion über frauenpolitische Themen oder gar das Nachdenken über Maßnahmen wie Quotierung eine zweitrangige Bedeutung gegenüber anderen Themen ein. Politische Aktivitäten in Richtung Frauenpolitik sind
regelrecht belächelt worden, auch von uns Frauen. Wir sahen keine Notwendigkeit, uns eine Frauenlobby aufbauen zu müssen. Sonderregelungen für Frauen
schienen nicht der richtige Weg zu sein, um Interessen zu vertreten. Ostdeutsche Frauen wollten nicht als Sondergruppe oder gar Minderheit behandelt
werden.

Gabriele Ruczynski berichtete mir im Gespräch von dem Bestreben der LDPD, im Jahr 1988 einen "Frauenkreis" zu gründen. Der Versuch ist aus mangelndem Interesse seitens der Frauen fehlgeschlagen. Eine "einseitig bezogene Diskussion gegen die Männer" wurde als Disqualifizierung für die Frauen bezeichnet. Zu diesem Zeitpunkt war m.E. auch das Spannungsfeld Familie - Beruf - Politik nicht von solcher Tragweite wie es heute für Frauen ist. DDR-Frauen waren es noch gewöhnt, neben einer vollen Berufstätigkeit ihre Familie zu managen und noch Zeit zu finden, sich politisch zu engagieren. So ist zum Beispiel die Wahlkampfzeit 1990 auch für uns Frauen im damaligen Bund Freier Demokraten in der Erinnerung eine sehr aktive Zeit, voller Möglichkeiten, eigene Positionen zu vertreten und politische Ansprüche zu formulieren. Diese Atmosphäre wurde durch die noch offenen, lockeren Strukturen innerhalb der Partei gefördert. Wir waren voller Hoffnung, daß persönliches Engagement gefragt ist, daß Formalismen sekundär sind. Die Akzeptanz weiblicher Beteiligung war eine Selbstverständlichkeit.

Das Frauenleitbild in der F.D.P. Sachsen änderte sich analog der gesellschaftlichen Veränderungen in den neuen Bundesländern, der angespannten wirtschaftlichen Situation, der Konkurrenzsituation auf dem Arbeitsmarkt und der familienunfreundlichen politischen Regelungen. War 1990 Vollbeschäftigung für die Frauen "normal", relativierte sich der Anspruch unter marktwirtschaftlichen Bedingungen. Dem typischen Spektrum der F.D.P.(-West) entsprechend ist heute die aktive, gebildete, möglichst selbständige, erfolgreiche Frau erwünscht (vgl. Meyer 1990, S 24). In Sachsen sind aber Zweidrittel aller Arbeitslosen Frauen.[15] Die Konkurrenzsituation auf dem Arbeitsmarkt läßt Frauen kaum eine Chance, voll und ihren Wünschen entsprechend, berufstätig zu sein. Im Wettbewerb um den Arbeitsplatz haben Frauen das Nachsehen gegenüber Männern; Mobilität und Flexibilität bezüglich Arbeitsstellen und Arbeitszeit haben auch ihre Grenzen: "[Es] fällt ... nicht jeder Ingenieurin leicht, als Putzfrau den Lebensunterhalt zu verdienen" (Prof. Reinhard Plassmann zit. in: Oehme 1993, S. 4). Besonders problematisch ist die Situation für Frauen mit Kindern. Die Rolle der Familie und das Bild unserer Gesellschaft von einer Familie drängt m.E. Frauen heute viel mehr in eine Hausfrauen- und Mutterrolle als dies früher der Fall war. Zu diesem äußeren Rahmen kommen gesetzliche Regelungen, die Frauen offensichtlich in soziale und ökonomische Abhängigkeiten - entweder vom einzelnen Partner bzw. Ehemann oder vom Sozialstaat - bringen (z.B. Regelung zum Schwangerschaftsabbruch, Erziehungsgeld, Kindergärten, usw.). Seit der Wende werden patriarchalische Denk-

---

15   In November 1993 waren 68% aller Arbeitslosen in Sachsen Frauen (Vogel 1993); in Leipzig waren im Januar 1994 42.939 aus insgesamt 65.340 Arbeitslosen Frauen; das ergab eine Arbeitslosenquote von 20,4% für die Frauen und 10% für die Männer (Arbeitsamt Leipzig Presseinformation 3/94).

strukturen und Verhältnisse deutlicher sichtbar und haben immer mehr Einfluß auf alltägliche Entscheidungen in Familie und Gesellschaft.

In dieser Situation habe ich bei vielen Frauen eine Art Machtlosigkeit gegen die bestehenden Verhältnisse beobachten können. Bei politisch aktiven Frauen drückt sich diese Machtlosigkeit meist in einem Empfinden der Sinnlosigkeit eigener Aktivitäten aus. Viele steigen einfach aus, ohne die Notwendigkeit zu sehen, sich der Partei oder der Öffentlichkeit zu erklären; sie werden offensichtlich auch nicht vermißt. Für Frauen in der F.D.P. kann sich dieses Empfinden der Sinnlosigkeit durch die festgesetzte Wirtschaftsprogrammatik der Partei steigern. Die Frage stellt sich z.B., was haben arbeitslose Frauen in der F.D.P. zu suchen, woher sollen sie die Motivation zur aktiven Mitarbeit finden? Aber ebenso fragt sich, was die F.D.P. als Motivation für die Mitwirkung von Frauen, die von ihrem Parteifrauenleitbild nicht erfaßt sind, bietet.

5. Frauenkarriere in der F.D.P.?

Für eine liberale Partei, die sich in der Parteienlandschaft zu behaupten hat, ist der politische Handlungsbedarf, Interessen von Frauen in Sachsen zu vertreten, zweifelsohne vorhanden. Frauenpolitische Themen sind heute auch als ernstes Politikfeld zu besetzen. In der F.D.P. finden wir weiterhin erstaunlich profilierte Politikerinnen in Sachsen, die nicht nur "weiche" Politikfelder[16] besetzen (z.B. Angelika Freifrau von Fritsch als Umweltexpertin der F.D.P. im sächsischen Landtag). Gleichfalls gibt es noch ein weitaus brachliegendes Potential an kompetenten Frauen in der F.D.P., welches darauf wartet, genutzt zu werden. Die Politik bietet interessante Möglichkeiten der Interessenvertretung und auch der Selbstverwirklichung, erst recht für Frauen, die ihr geistiges Potential aufgrund der wirtschaftlichen Situation nicht nutzen können. Eine Partei sollte die Verbindung dieser Möglichkeiten mit den Fähigkeiten, die Frauen einzubringen haben, für sich nutzbar machen.

Tatsache ist es jedoch, daß die F.D.P. Sachsen wie auch andere Parteien die Notwendigkeit weiblicher Partizipation nicht erkennen wollen. Weibliche Parteimitglieder werden kaum motiviert, ihr Engagement für die F.D.P. zu nutzen. Die Mitglieder, die motiviert sind, scheitern oft an dem ständigen, kraftzehrenden parteiinternen Machtkampf: auch heftig unter den Frauen selbst ausgetragen. Durch die Kombination von mindestens drei Faktoren wird dieser Machtkampf befördert: langjährige Verhaltensmuster für politisches Engagement, schlagartige Übernahme westlicher Parteistrukturen und existentielle Abhän-

---

16 Zum Beispiel die Ausschüsse Bildung, Soziales und Petition (Braun 1989, S. 4).

gigkeit vom Beruf 'Politik' für politische Entscheidungsträger. Ist in dieser Symbiose unser Demokratieverständnis am Ende?

Literatur

Arbeitsamt Leipzig Presseinformation 3/94

Bochmann, Peter-Andreas 1993: Strukturen in der F.D.P. Sachsen. Beitrag zur Tagung "Wiedervereinigung von Parteien und Verbänden" im Rahmen eines Symposiums der Ruhr-Universität Bochum. Leipzig

Brandt, Hans-Jürgen/Dinges, Martin 1984: Kaderpolitik und Kaderarbeit in den "bürgerlichen" Parteien und den Massenorganisationen in der DDR. Berlin

Braun, Carola von 1989: Politik und ihre Wahrnehmung - Frauen haben andere Erfahrungen und andere Vorstellungen von Macht, von Moral und von Manipulation in der Politik. Beitrag der Ferienakademie II. der Friedrich-Naumann-Stiftung. Berlin.

Fischbach, Günter (Hg.) 1990: DDR-Almanach '90. Stuttgart/München/Landsberg

Meyer, Birgit 1990: Frauenpolitiken und Frauenleitbilder der Parteien in der Bundesrepublik. In: Aus Politik und Zeitgeschichte. (1990) B 34-35, S. 16-28

Musiolek, Berndt/Wuttke, Carola (Hg.) 1991: Parteien und politische Bewegungen im letzten Jahr der DDR. Berlin

Oehme, Ingrid 1993: Chancenlos im Konflikt mit der Gesellschaft. In: Liberale Depresche. (November 1993), S. 4-7

Penrose, Virginia 1993: Orientierungsmuster des Karriereverhaltens deutscher Politikerinnen. Ein Ost-West-Vergleich. Schriftenreihe Theorie und Praxis der Frauenforschung, Bd. 21. Bielefeld

Schöler-Macher, Bärbel 1992: Auf der Spur einer möglichen Fremdheit von Frauen in der Politik - Womit sind Politikerinnen konfrontiert, wenn sie sich in Parteien und Parlamenten engagieren? In: Wetterer, A. (Hg.): Profession und Geschlecht. Über Marginalität von Frauen in hochqualifizierten Berufen. Frankfurt a.M.. S. 257-276

Spittmann, Ilse/ Helwig, Gisela 1990: Chronik der Ereignisse in der DDR. 4. erw. Auflage. Köln

Vogel, Marita 1993: Bei Debatte um Frauen bleiben viele Stühle leer. In: Leipziger Volkszeitung. 20.11.93

Parteidokumente

Beschlußprotokoll der Kreisvorstandssitzung des Kreisvorstandes Leipzig-Stadt vom 07.01. 1991

Frauenanteil in der F.D.P. 1992: Fünfter Bericht des Bundesvorsitzenden zur Umsetzung des Frauenförderplans der F.D.P. (Stand: August 1992)

F.D.P. Landesverband Sachsen Landesfachausschuß "Soziales, Jugend, Familie und Gesundheit" 1993: Positionspapier 1993. Dresden

Georgi, Ute 1993: Antrag zur Änderung des Wahlprogramms der F.D.P. Sachsen. 31.10. 1993

Initiative Frauen und Wirtschaft e.V. 1993: Satzung. Leipzig

Landeswahlprogramme der F.D.P. Sachsen 1990, 1992

Monatliche Landesinformationsdienste der F.D.P. Sachsen/ Sachseninfo: Soziostrukturelle Mitgliederdaten der F.D.P. Sachsen 1993.

Rechenschaftsbericht an den außerordentlichen Kreisparteitag des F.D.P.-Kreisverbandes Leipzig-Stadt am 26. September 1992

Semper, Sigrid 1992: Wahlstatement für außerordentlichen Wahlparteitag am 26.9.1992

Thesen für das Programm der F.D.P. Sachsen zur Landtagswahl 1994. (Februar 1994)

Weber, Kurt-Dieter, Kreisvorsitzender. Brief an die Mitglieder des Kreisverbandes Leipzig-Stadt vom 13.11.1990

Gleichberechtigung, Gleichstellung, Emanzipation – ein Streit um Worte oder was?

Heidi Knake-Werner und Sonja Kiesbauer

1. Zur Entwicklung feministischer Politik in der PDS

Über den Erfolg feministischer Politikansätze in der Partei des Demokratischen Sozialismus[1] (PDS) läßt sich gewiß trefflich streiten und es begegnen einem in und bei der PDS bestimmt eine ganze Menge Frauen, die bei dem Versuch, den antipatriarchalischen Anspruch der PDS theoretisch und praktisch weiter zu entwickeln, frustrierende Erfahrungen gemacht haben. Eines läßt sich aber nicht bestreiten, die PDS ist mit einem Frauenanteil von etwa 43% die Partei, in der immer noch die meisten Frauen ihre organisatorische Heimat haben.[2] Was nicht bedeutet, daß sie sich hier auch in inhaltlich-programmatischer Beziehung immer aufgehoben fühlen.

Die PDS ist auch die Partei, die die Quotierung von Mandaten und Funktionen zumindest auf Bundes- und Länderebene relativ konsequent durchsetzt. Das hat dazu geführt, daß in der Bundestagsgruppe der PDS/Linke Liste neun Frauen und sieben Männer arbeiten und der 18köpfige Bundesvorstand mit jeweils neun weiblichen und männlichen Mitgliedern streng quotiert ist. Mit der Folge, daß zumindest in der Bundestagsgruppe um die Durchsetzung einer das Selbstbestimmungsrecht der Frauen befördernde Politik erbittert gestritten wird. Auch in den Landtagsfraktionen, den Kreistagen und Stadtparlamenten ist der Frauenanteil überdurchschnittlich hoch und zu den bevorstehenden Landtags-, Bundestags- und Europawahlen wird durch ein kompliziertes Wahlverfahren, die Forderung, daß mindestens 48% der Mandatsträger Frauen sein

1   Die PDS ist aus der Sozialistischen Einheitspartei Deutschlands (SED) entstanden. Auf dem Sonderparteitag am 16./17. Dezember 1989 nennt sich die SED in SED-PDS um. Den Namen PDS trägt sie seit dem Februar 1990.

2   Im Dezember 1993 gehörten ihr 138.152 Mitglieder, davon 67.842 Frauen an. In den neuen Bundesländern ist die PDS immer noch mitgliederstärkste Partei.
    In Berlin hat sie 24.434 Mitglieder,
    in Brandenburg 20.679,
    in Sachsen 34.294,
    in Sachsen-Anhalt 20.434,
    in Thüringen 18.000,
    in Mecklenburg-Vorpommern 16.232.
    Der Frauenanteil beträgt 48%.

müssen, verwirklicht werden. Auf den unteren Ebenen hat die konsequente Quotierung - weil ehrenamtlich - häufig zur Folge, daß für die kräftezehrenden täglichen Anforderungen der praktisch-politischen Arbeit vor Ort kein Gewinn in der Diskussion um feministische Politik gezogen wird. Hier erscheint vielmehr häufig die traditionelle Frauenpolitik, im Sinne von "Politik für Frauen" praktikabler zur Lösung gerade ihrer Alltagsprobleme.

Auch die PDS hat wie einstmals die Grünen mit dem Problem zu kämpfen, daß von der Quotierung vor allem die Frauen profitieren, die sich am weitesten vom Feminismus entfernt haben und Loyalitätskonflikte mit der Partei mehr scheuen als mit den Frauenzusammenhängen. Dies macht deutlich, daß die Quotierung zwar ein wichtiger Hebel zur Veränderung männerdominierter Strukturen ist, damit aber noch keine Garantie für eine emanzipatorische Politik gegeben ist. Dennoch, die direkte Konfrontation mit der Hartlebigkeit patriarchaler Strukturen auch in den eigenen Reihen befördert das Umdenken bei vielen Funktionsträgerinnen in der PDS oft nachhaltiger als mancher theoretische Diskurs über feministische Politik.

2. Programmatische Erneuerung

In ihrem Wahlprogramm für die Bundestagswahlen 1990 bekennt sich die Linke Liste/PDS zu gesellschaftlichen Alternativen, die - anders als der "reale Sozialismus" im Osten und der westliche Kapitalismus - in der Lage sind, "dem bedrohten Zustand der Welt zu begegnen und den Ansprüchen der Menschen auf Selbstbestimmung und Selbstverwirklichung zu entsprechen" (Wahlprogramm 1990, S. 2). Sie will deshalb u.a. eintreten für die Überwindung des Patriarchats und dafür, daß sich im größer gewordenen Deutschland "eine linke, radikaldemokratische, ökologische und feministische Kraft herausbildet" (Wahlprogramm 1990, S. 3).

Diese Formulierungen des Wahlprogramms, auf dem ersten gesamtdeutschen Wahlkongreß im Oktober 1990 verabschiedet, waren das Ergebnis des bis dahin vorangekommenen Erneuerungsprozesses innerhalb der PDS. Aus ihnen wird zum einen deutlich, daß die erneuerte Partei nicht Abschied von sozialistischen Ideen genommen hat, sondern in ihr um ein neues Verständnis des Sozialismus gerungen wurde. Dazu gehört zum anderen, sich über die Subjekte der Veränderung zu verständigen und schließlich, neue Vorstellungen vom Prozeß dieser gesellschaftlichen Veränderung zu entwickeln.

Daß sich dies weder in der SED/PDS aber erst recht nicht in der PDS ohne eine Diskussion um Gleichstellungsfragen und feministische Politikansätze vollziehen konnte, lag einerseits daran, daß wirklich Neues nur unter Einbeziehung der Geschlechterfrage zu denken ist und andererseits viele engagierte

Frauen in und außerhalb der PDS dazu theoretische und praktische Beiträge leisteten und in ihrem Emanzipationsbestreben entscheidende Impulse für Erneuerung und Veränderung setzten. Daß die Erneuerung nicht an den Frauen vorbeigehen dürfe, war auch eine zentrale Forderung von Wissenschaftlerinnen aus der DDR, die sich im November 1989 in einer "Stellungnahme zur Frauenfrage" an das damalige ZK der SED wandten mit der Feststellung, daß "Reformen nur dann Erfolg haben, wenn die Interessen der weiblichen Hälfte unserer Gesellschaft wahrgenommen und berücksichtigt werden". Sie forderten, daß diesen Prozeß "in erster Linie Frauen selbst in Gang bringen und mit allen gemeinsam durchsetzen" (Helwerth 1989, S. 14) müssen. Dazu sei die Einführung der Quotierung in Staat, Politik, Wirtschaft und Wissenschaft eine wichtige Voraussetzung. Diese Positionen wurden von Frauen entwickelte, die mit einer Ausnahme selbst in der SED organisiert waren und die gerade deshalb sowohl innerhalb der eigenen Partei als auch in der Gesellschaft eine emanzipatorische Erneuerung einforderten. Ihr öffentliches Nachdenken über das Verhältnis von Feminismus und demokratischem Sozialismus traf gerade bei den Frauen in SED, SED/PDS und PDS auf positive Resonanz und wurden für die parteiinterne Auseinandersetzung weiterentwickelt. Ein zentraler Gedanke dabei war, daß sich die Durchsetzung von Fraueninteressen wie die gesellschaftliche Veränderung überhaupt nur prozeßhaft vollziehen würde und ein entscheidender Weg dazu die Demokratisierung gesellschaftlicher Strukturen und Entscheidungsprozesse sein müsse. Dies fand seinen ganz konkreten Ausdruck in der Gründung der Frauenarbeitsgemeinschaft "Lisa" im Mai 1990.

3.   Der Kampf um eine autonome Frauenstruktur in oder bei der PDS

Die Idee, eine Frauenarbeitsgemeinschaft der Partei zu gründen, entstand bei Frauen in der SED, die nicht zulassen wollten, daß die sich abzeichnende Entwicklung in der Gesellschaft an ihnen und ihren Interessen vorbeiging, bereits im November 1989. Das verbindende Element für diese Frauen war zunächst der Wille, sich jetzt selbst in die Politik einzumischen, die wichtigen Entscheidungen nicht mehr den Männern zu überlassen, die sich als unfähig zu ihrer Lösung erwiesen hatten. Die Vertretung der Interessen der Frauen sollte künftig nicht "von oben" verordnet, sondern aus der realen Situation durch die Frauen selbst anhand ihrer eigenen Wertvorstellungen, Interessen und Prioritäten entwickelt werden.

Die Frauenarbeitsgemeinschaft wollte ein Korrektiv zur sonstigen Parteipolitik sein. In einem der ersten Papiere der späteren Lisa heißt es zur Zielsetzung:

> "Es geht uns nicht allein um die 'Frauenfrage' oder z.B. den Erhalt von Kinderbetreuungseinrichtungen als singuläres Problem, sondern es geht um die

Geschlechter- und Generationsfrage, um die Frage, wie Männer und Frauen, Kinder und Alte, Hetero- und Homosexuelle ... gemeinsam und sozial gerecht miteinander leben können. Wenn wir uns diesen globalen Anspruch nicht stellen, bleibt der demokratische Sozialismus eine Worthülse. Den Feminismus in die PDS hineintragen, das wäre ein großer und wichtiger Schritt auf dem Wege zur Erneuerung der Partei" (Meves 1990).

Als ein Teil der Bürgerinnen und Bürger, die sich für eine erneuerte, demokratische, sozialistische Gesellschaft in der DDR einsetzten, forderten die Frauen der späteren Lisa die Beseitigung der patriarchalen Strukturen in der Gesellschaft und die gleiche Teilhabe von Frauen in allen gesellschaftlichen Bereichen, bei den Verhandlungen und Entscheidungen über die Zukunft des Landes. Offenbar war an diesem Punkt der Entwicklung die Notwendigkeit für die Gründung reiner Frauenstrukturen in der Partei so stark, daß sich diese Gruppen spontan zusammenfanden. Unabhängig voneinander gründeten sich in der SED/PDS zu diesem Zeitpunkt an verschiedenen Orten Frauenzusammenhänge, die zunächst nichts voneinander wußten und die sich später auch nicht alle als Lisa-Gruppen verstanden.

Eines stellte sich ziemlich schnell heraus: Die Arbeit in der Frauenarbeitsgemeinschaft Lisa unterschied sich wesentlich von der damals in der Partei noch üblichen. Lisa verkörperte wie andere Arbeitsgemeinschaften auch den basisdemokratischen Bewegungscharakter, der im ständigen Widerstreit mit der Organisationsform einer Partei lag. Die Lisa-Frauen entschieden sich dafür, als feministische Organisation nicht eine reine Frauenarbeitsgemeinschaft in der PDS zu sein, sondern für die freie und selbstbestimmte Mitarbeit von Parteifrauen, PDS-Sympathisantinnen und anderen frauenbewegten Frauen offen zu sein. Zeitweise hatte sie mehr Mitstreiterinnen ohne Parteibuch als mit bei gleichen Rechten für alle, bis hin zum aktiven und passiven Wahlrecht auch in die Parteigremien. Entgegen der Parteistruktur gab es bei Lisa keine Vorsitzende, sondern einen gewählten Koordinierungsrat aus Vertreterinnen der Länder.

In einem Papier einer der Lisa-Initiatorinnen heißt es:

"Die Lisa-Initiatorinnen ließen sich bei ihrem Vorhaben von der aus eigener bitterer Erfahrung gewonnenen Erkenntnis leiten, daß eine stalinistische 'Partei neuen Typs' unfähig ist, eine moderne sozialistische Politik, deren wesentlicher Bestandteil die Gleichstellungspolitik ist, zu konzipieren und durchzusetzen" (Herbst 1990, S. 2).

Die Frauenarbeitsgemeinschaft setzte gegen starken Widerstand den Status einer autonomen Frauenstruktur mit eigenen finanziellen Mitteln durch. Damit sollte endgültig mit der unseligen Tradition kommunistisch/sozialistischer Parteien gebrochen werden, die Interessenvertretung der Frauen von ihren Gnaden zu berufen und abhängig zu halten.

Auch die PDS hatte nach diesem Muster eine Frauenkommission beibehalten, gegen die sich denn auch die Kritik der Lisa-Frauen richtete. Gleichzeitig sah sich Lisa mit dem Fakt konfrontiert, daß andere Frauen in der PDS die reine Frauenstruktur überflüssig fanden oder sogar als den falschen politischen Weg bekämpften.

4. Über die Schwierigkeiten feministischer Positionen in der PDS

Solange die Männer in der PDS die Arbeit in autonomen Frauenstrukturen als etwas Neues, aber nicht ganz ernstzunehmendes betrachteten, gab es innerhalb der Partei sehr viel Zustimmung. Lisa wurde als eine Bereicherung, als ein vorzeigbares Zeichen für die Erneuerung der Partei gesehen und begrüßt, zumal die Frauenarbeitsgemeinschaft in der Bündnisarbeit mit Frauen aus den Bürgerbewegungen und anderen Parteien recht erfolgreich war. Nicht zuletzt die Mitarbeit im Unabhängigen Frauenverband, dessen Mitglied Lisa bis zu seiner Umwandlung in einen eingetragenen Verein war, eröffnete die Chance über alle Parteigrenzen hinweg, die Basis für die Durchsetzung feministischer Positionen zu verbreitern. Und es schien anfangs so, als ließen sich feministische Konzepte in der Partei von heute auf morgen verwirklichen - ein Irrtum, wie sich bald herausstellte.

Die aufgeschlossene Haltung änderte sich nämlich, als deutlich wurde, daß sich mit Lisa etwas entwickelte, das dem gängigen hierarchischen Parteienmodell entgegenstand, wodurch auch sicher geglaubte männliche Privilegien bedroht schienen. Als sich eine eigenständige Art Politik zu machen entwickelte und die Lisa-Frauen mit aller Konsequenz darauf bestanden, alle Entscheidungsprozesse einschließlich der Personalentscheidungen zu beeinflussen, veränderte sich das Klima und es kam zu Konfrontationen auf allen Ebenen der Partei. Entsprechend herb fiel die Kritik einzelner Lisa-Frauen aus:

"Die aus SED-Zeiten überkommene Gewohnheit, auf 'Weisungen' und Anregungen der 'übergeordneten Leitungen' zu warten sowie die mangelnde Fähigkeit und oft auch der fehlende Wunsch, sich mit der Vergangenheit und den neuartigen Anforderungen an Theorie, Politik und Parteiaufbau auseinanderzusetzen, trugen wesentlich dazu bei, daß sich der zentrale Parteiapparat der PDS wieder eine selbstherrliche und abgehobene Stellung verschaffen konnte"(Herbst 1990, S. 4).

Bis heute sind Konflikte um die Durchsetzung von Frauenrechten in der Partei nicht ausgestanden. Erbittert wird um die Verwirklichung der Quotierung gestritten und immer wieder gibt es Rückschläge. Daß schließlich auf dem 2. Parteitag im Juni 1991 in Berlin ein Statut verabschiedet wurde, nach dem mindestens 50% der Funktionen und Mandate der Partei mit Frauen besetzt werden müssen, ist sicher auch der Hartnäckigkeit "militanter" Feministinnen in der PDS geschuldet.

Ein Mangel dieser Auseinandersetzungen bestand aus heutiger Sicht darin, daß inhaltliche Kontroversen nicht als solche benannt, sondern als Form- und Strukturdebatten ausgetragen wurden. Eine wirklich tiefgreifende innerparteiliche Diskussion über den Stellenwert feministischer Forderungen im Kampf um eine emanzipatorische Gesellschaft hat nur in Ansätzen stattgefunden. Natürlich wurde und wird sie in den Vorständen, den Fraktionen und bei Parteitagen geführt, setzen sich einzelne Frauen und auch Männer in Artikeln damit auseinander, aber die große Masse der Basisorganisationen ist dabei immer noch weitgehend unbeteiligt.

5. Traditionelle Gleichstellung versus Emanzipation

Zur Vorbereitung der Erneuerungskonferenz der PDS am 8./9. September 1990 wurde in der AG "Lisa" ein Thesenpapier zur Gleichstellungsproblematik diskutiert. Darin hieß es: "Der reale Sozialismus mußte nicht zuletzt auch deshalb scheitern, weil er den Prozeß der Demokratisierung der Geschlechterverhältnisse verhinderte" (Lisa 1 1990, S. 3). Deshalb müsse eine zentrale Frage für die Entwicklung des demokratischen Sozialismus, die nach der Überwindung der grundsätzlich ungleichen Lage der Frau, nach der Überwindung der Differenzierung und Spaltung der Geschlechter sein. Die Beseitigung patriarchaler Unterdrückungsverhältnisse wird hier als zentrales Merkmal eines neuen Sozialismusverständnisses ebenso eingefordert wie die Zerschlagung tradierter Strukturen in der Arbeitswelt und in der Familie als Barrieren für die gesellschaftliche Frauengleichstellung. Quotierung wird auch hier als wichtiges Mittel dafür angesehen, die gleichberechtigte Mitsprache von Frauen bei der Gestaltung weiblicher und männlicher Lebensverhältnisse zu garantieren.

Die PDS wird in diesem Papier aufgefordert, nicht vor dem Begriff "Feminismus" zurückzuschrecken. Er bedeute "zunächst nichts weiter als die Anerkennung und Beachtung des weiblichen Lebenszusammenhangs in allen Bereichen, so auch innerhalb der Partei" (Lisa 1 1990, S. 5). Es wird kritisiert, daß der hohe Anteil von Frauen an der Gesamtmitgliedschaft (41,9%) in keinem Verhältnis zu ihrem realen Einfluß auf die Politik der Partei stehe. Frauenfragen seien immer noch Ressortfragen und die Frauen selbst seien sich ihrer Subjektrolle nicht bewußt, was in einem stark unterentwickelten Frauenbewußtsein zum Ausdruck komme. Bereits in diesem Papier sind zahlreiche Probleme aufgeworfen worden, die die Auseinandersetzungen um feministische Politikansätze in der PDS, auch unter den dort aktiven Frauen über Jahre bestimmen. Dabei zeigte sich, daß die Verankerung von feministischen Positionen in Statut, Programm oder Wahlaussagen nicht automatisch ein Verständnis und eine Akzeptanz durch die Mehrheit der Mitglieder garantiert. Auch wenn ihre Formulierung meist nicht ohne Kontroversen zu erreichen war, beginnt die eigentliche Debatte, wenn es an die konkrete Umsetzung geht. Wenn wirklich erkannt wird, daß das Selbstbestimmungsrecht der Frau immer auch verbunden ist mit dem Verzicht auf patriarchale Hierarchien und Männerprivilegien.

Ein zweites Papier, daß in Vorbereitung der Erneuerungskonferenz für die Diskussion der Lisa-Frauen von Bedeutung war, waren die im Sommer 90 veröffentlichten Thesen "Sozialistische Partei und Geschlechterfrage". In den Thesen wird der lohnende Versuch gemacht, die Geschlechterfrage aus der Marx' schen Emanzipationstheorie herzuleiten und daraus Konsequenzen für sozialistische Erneuerung auch der PDS zu ziehen. Die Autorin kommt dabei nicht umhin, eine kritische Bilanz der DDR-Frauenpolitik zu ziehen. Das im öffentlichen Bewußtsein verankerte Leitbild von der beruflich engagierten, gesellschaftlich aktiven Frau, die zudem noch mühelos mehrere Kinder erzieht und eine verständnisvolle Partnerin ist, konnte nicht darüber hinwegtäuschen, so eine der zentralen Aussagen, daß die vielfältige strukturelle Benachteiligung der Frauen ebenso wenig angetastet wurde wie die geschlechtshierarchische Arbeitsteilung. Ursache dafür war neben einer ökonomisch verkürzten Frauenbefreiungsstrategie das niedrige Vergesellschaftungsniveau reproduktiver Tätigkeiten. Bis zum Herbst 1989 habe es kaum kritische Auseinandersetzungen mit dieser Situation gegeben, auch bedingt dadurch, daß die traditionelle Rollenzuweisung von einer großen Mehrheit der Frauen verinnerlicht war und die von oben verordnete Fürsorgepolitik weitgehend akzeptiert wurde.

Fortschrittliche Konzepte zur Lösung der Frauenfrage müßten, so eine der aufgezeigten Konsequenzen, deshalb von den Frauen selbst ausgehen und dürften nicht länger von "oben" verordnet sein. Wie frau diesen Prozeß organisiert, ob autonom oder innerhalb bestehender Parteistrukturen, wurde auch bei den Lisa-Frauen insofern ein Streitpunkt, als kontrovers blieb, wie weit frau sich auf die Partei insgesamt einlassen sollte und dabei Gefahr lief, sich weiterhin patriarchalen Machtstrukturen auszusetzen, statt basisdemokratische Frauenzusammenhänge voranzutreiben. Für die PDS wird in den Thesen gefordert:

"Auf dem Weg zu einer modernen sozialistischen Partei muß die PDS eine neue Haltung zur Frauenfrage, nicht zuletzt in Auseinandersetzung mit feministischer Kritik am Marxismus, finden oder sie wird es nicht werden" (Lisa 2, S. 6).

Wichtig sei die Überwindung von Unkenntnis und Ignoranz gegenüber feministischem Denken, das häufig ironisiert oder als Männerhaß oder Lesbianismus denunziert werde. Dies sei jedoch Ausdruck der tief verwurzelten konservativen Haltung zur Frauenfrage aus der SED-Vergangenheit.

Notwendig sei das entschiedene Bekenntnis zu einer Gesellschaftsordnung, in der Geschlechterverhältnisse als Hierarchie- und Unterdrückungsverhältnisse aufgehoben sind. In diesem Sinne bestehe eine zentrale Anforderung an die PDS darin, sich für demokratische Politik- und Lebensformen einzusetzen und ein antipatriarchalisches Selbstverständnis zu entwickeln. Dazu sei innerhalb der PDS die theoretische Diskussion ebenso notwendig wie praktische Maßnahmen.

6. Der feministische Ost-West-Diskurs

Im Zusammenhang mit den vorab genannten Papieren in Vorbereitung der Erneuerungskonferenz der PDS intensivierte sich auch der Ost-West-Dialog in der Lisa und in der PDS insgesamt. Unter westdeutschen Sozialistinnen unterschiedlicher politischer Herkunft bestand bei zugegebenermaßen unterschiedlicher Verarbeitung feministischer Theorien Übereinstimmung darüber, daß sich auch nach 20 Jahren Frauenbewegung im Westen an dem komplexen System aus Fremdbestimmung, Ausbeutung, Sexismus und Gewalt nur wenig geändert hat.

Schon vor dem Fall der Mauer war ihnen aber auch bewußt, daß auf dem Gebiet der ehemaligen DDR die Überwindung des Patriarchats nie wirklich vorgesehen war. Eine neue Kultur des Geschlechterverhältnisses jenseits von Herrschaft und Domestizierung, die Aufhebung der Arbeitsteilung zwischen den Geschlechtern stand auch dort nie ernsthaft auf der Tagesordnung. Die Situation der Frauen in der ehemaligen DDR und in der Sowjetunion war der lebendige Beleg dafür, daß eine Sozialismuskonzeption, die schwerpunktmäßig von der Umgestaltung der Eigentumsverhältnisse her entwickelt wird, zu eng für die grundlegende Veränderung der Lage der Frau ist. Zwar wird die Frauenfrage als soziale Frage in Angriff genommen, aber patriarchalisch geprägte Geschlechtsstereotype lebten darin ebenso fort wie ein reduktionistisches Verständnis der Frauenemanzipation.

Auch in der Diskussion unter Marxistinnen hatten die Integration ins Erwerbsleben und die ökonomische Unabhängigkeit der Frau lange eine zentrale Bedeutung für die Frauenbefreiungsstrategie. Die Beibehaltung der geschlechtshierarchischen Segmentierung des Arbeitsmarktes, der den Frauen zugemutete Dauerstress und ihre Abstinenz in den Führungsetagen beförderte unter ihnen aber die Erkenntnis, daß mit der ökonomistischen Verkürzung des Gleichberechtigungspostulats die kulturelle, soziale und geistige Seite der Frauenbefreiung ausgeblendet blieb.

In der gemeinsamen Diskussionen von Ost- und Westfrauen innerhalb der PDS wurde deutlich, daß die Frauenfrage auch verkürzt ist, wenn sie lediglich als Gleichstellungsfrage angepackt wird. Denn wenn Frauen ihre Emanzipation nur unter der Voraussetzung erreichen, daß sie in die Individualitätsformen einer von Männern geprägten Gesellschaft schlüpfen, d.h. männliche, vom häuslichen Ballast befreite Maßstäbe gelten, dann findet Frauenbefreiung durch bloße Anpassung statt. Oder richtiger: sie findet nicht statt.

Ungehinderte Partizipation sowie uneingeschränkte Handlungsfähigkeit bilden die Voraussetzungen für die Subjektrolle der Frau. Dabei geht es um die Aufhebung aller objektiven und subjektiven Vereinseitigungen zugunsten einer ganzheitlichen Entwicklung, in der die Interessen, Lebenswelten, Wertesysteme und Deutungsmuster von Frauen überhaupt erst zur Geltung kommen können.

7.   Lisa zwischen Resignation und Vision

Das Ringen um theoretische Fragen und um Klarheit in feministischen Positionen unter den Lisa-Frauen selbst war aber nur die eine Seite ihrer Arbeit. Sie waren gleichzeitig gefordert, ihre Standpunkte innerhalb der Parteidiskussion zu vertreten und sich nach außen mit eigenen Konzepten in die Auseinandersetzungen um Alltagsfragen einzumischen. Nicht selten wurden in der PDS die Diskussionen der Lisa-Frauen um das Selbstbestimmungsrecht oder die Quotierung als ausgesprochen luxuriös kritisiert angesichts der täglichen Sorgen und Nöte von Frauen, die auf Unterstützung angewiesen seien. Die Auffassung, daß es zur Bekämpfung der täglichen Diskriminierung von Frauen unverzichtbar ist, sich über die wirklichen Ursachen ihrer Unterdrückung zu verständigen, wurde auch von vielen weiblichen PDS-Mitgliedern nicht geteilt.

So gab es von Anfang an die Situation, daß viele von ihnen, mit der Lisa nichts anfangen wollten und konnten und mit dem Hinweis auf praktische Politik sogar bewußt auf Distanz zu ihr gingen. Mit ihrer Zielstellung befand sich Lisa damit im Spannungsfeld zwischen dem längst nicht abgeschlossenen Selbstverständigungsprozeß, ihrer umstrittenen Rolle in der PDS und der notwendigen Beteiligung an der Umgestaltung der patriarchalisch organisierten Gesellschaft einschließlich der eigenen Partei. Ein Spagat, den manche Frauen nicht ausgehalten und sich deshalb aus der Parteipolitik und später auch aus Lisa zurückgezogen haben, teilweise voller Verbitterung auch über die mangelnde Verläßlichkeit autonomer Frauenstrukturen.

In der Tat zeigen sich bis heute zwei Hauptschwierigkeiten für feministische Politik in der PDS: die Vorurteile gegenüber allem, was mit feministischem Anspruch daherkommt sind hartlebig und wegen ihrer Irrationalität scheint es oft unmöglich, mit theoretischen Argumenten oder Fakten dagegen anzugehen. Bemühungen um eine weibliche Sprache oder um quotierte Redelisten werden noch bewitzelt oder schlicht ignoriert. Bei programmatischen Forderungen sind die Konflikte härter und langwieriger, was noch zu zeigen sein wird.

Dies forderte seinen Tribut auch bei den Frauen. Viele resignierten, einige beugten sich den Verlockungen und gleichzeitigen Zwängen von Spitzenfunktionen in der Parteihierarchie und einige wenige schließlich entwickelten ihre feministischen Ansprüche an die PDS außerhalb der bestehenden Lisa-Strukturen weiter. Hinzu kommt, daß in dem Maße wie die AG Lisa sich beinahe ausschließlich auf die PDS orientierte, sie basisdemokratische und bündnispolitische Ansprüche preisgab und damit auch in der PDS an Bedeutung verlor.

Neben den genannten Problemen gab es aber auch Erfolge in der Diskussion um feministische Politik und ihre programmatische Verankerung. Der erste gesamtdeutsche Wahlkongreß zur Bundestagwahl 1990 hat nicht nur den eingangs zitierten Anspruch formuliert, sondern unter dem Titel "Für ein selbstbestimmtes Frauen-Leben" einen eigenen Forderungsteil für eine fortschrittliche Frauenpolitik verabschiedet. Darin wird das Selbstbestimmungsrecht der Frau insbesondere durch die ersatzlose Streichung des § 218 ebenso gefordert wie ihr Recht auf Arbeit, gleiche Entlohnung und ein Leben jenseits von Diskriminierung und Gewalt. Konkret heißt es:

> "Um das Selbstbestimmungsrecht der Frauen durchzusetzen, bedarf es nicht nur der Gesetze und parlamentarischen Initiativen, sondern vor allem einer breiten öffentlichen Diskussion und Bewegung; Frauen wollen außerparlamentarisch und parlamentarisch aktiv Einfluß nehmen. Voraussetzung hierfür ist eine Auseinandersetzung auch um patriarchalische Strukturen sowie deren Überwindung innerhalb der Linken Liste/PDS und der PDS. Die 50prozentige quotierte Besetzung aller Gremien, quotierte Redelisten sind dabei eine Selbstverständlichkeit" (Wahlprogramm 1990, S. 16).

Über diese Positionen des Wahlprogramms ist auf einem Frauenplenum des Wahlkongresses leidenschaftlich und kontrovers gestritten worden. Deutlich prallten hier die unterschiedlichen Erfahrungen von Ost- und Westfrauen aufeinander. Während einige der letztgenannten das Frauenplenum schon deshalb verließen, weil Männer ein Anwesenheits- und Rederecht beanspruchten und mit Unterstützung anderer Frauen auch durchsetzten, bestanden zahlreiche ostdeutsche Delegierte auf der Notwendigkeit des gemeinsamen Kampfes von Frauen und Männern.

Auch inhaltliche Differenzen waren unübersehbar. Es brauchte Zeit, bis Einigkeit darüber erzielt werden konnte, daß Gleichstellung, Gleichberechtigung oder Selbstbestimmung kein Streit um Begriffe, sondern um die grundsätzliche Bestimmung der gesellschaftlichen Rolle der Frau ist: nicht um bloße Anpassung an männliche Standards sollte es gehen, sondern darum, daß Frauen ihre eigene Identität, ihr Frau-Sein leben können und nicht die besseren Männer sein müssen, um gleiche Chancen zu haben. Mühsam auch ein gegenseitiges

Verständnis dafür zu entwickeln, daß der Kampf um das Recht auf Arbeit, gegen den § 218 oder gegen sexuelle Diskriminierung hüben und drüben ganz unterschiedliche Prioritäten hatte. Das Gefühl, den Genossen vor Ort in vielen Fragen näher zu sein als manchen Geschlechtsgenossinnen, wurde unter der Hand zur Stigmatisierung derjenigen PDS-Frauen, ob Lisa oder nicht, die für die Durchsetzung feministischer Positionen stritten.

Unter diesen Gesichtspunkten war das verabschiedete Wahlprogramm ein wichtiger Schritt zur Verankerung feministischer Politik in der PDS. Das dies in der Folge nicht ohne Mißverständnisse, eine Fülle unterschiedlicher Interpretationen und ernsthafter Konflikte vor sich ging, ist besonders deutlich an der Auseinandersetzung um die verbindliche Position der PDS zum Schwangerschaftsabbruch nachzuzeichnen.

8. Feministische Politikansätze in Parlamenten und Partei

Die im Dezember 1990 in den Bundestag gewählten Abgeordneten der PDS/ Linke Liste, insbesondere diejenigen, die sich dem in der Fraktion gebildeten Arbeitskreis "Feminisierung der Gesellschaft" zurechneten, begannen ihre Arbeit gegen die von der Bundesregierung geplante Neuregelung des §218 vor dem Hintergrund einer scheinbar eindeutigen Wahlaussage zu diesem Problem. Es zeigte sich aber schon unter den weiblichen Mitgliedern der Fraktion und später auch in der Partei, daß die Forderung nach ersatzloser Streichung des § 218 keineswegs für alle bedeutete, daß das Entscheidungsrecht über den Abbruch einer Schwangerschaft allein bei der Frau liegen müsse. Bis zu der entscheidenden Auseinandersetzung auf der zweiten Tagung des 2. Parteitages der PDS (Juni 1991) um Fristenlösung oder ersatzlose Streichung des §218 war für die meisten PDS-Mitglieder die reine Möglichkeit des Schwangerschaftsabbruchs das allein entscheidende politische Ziel. Das Selbstbestimmungsrecht der Frau spielte eine untergeordnete Rolle, denn letztlich überwog auch in der PDS die Vorstellung, daß es rechtliche Reglementierungen für den Schwangerschaftsabbruch nach dem dritten Monat geben müsse. In einer engagierten und auch sehr emotional geführten Debatte konnte schließlich eine Parteitagsmehrheit für die Auffassung gewonnen werden, daß die Forderung nach ersatzloser Streichung unlösbar mit der Vision von einer Gesellschaft verbunden ist, die die Selbstverantwortung und Handlungsfähigkeit der Individuen über den Staat stellte.

An der Auseinandersetzung um den § 218 wurde in der PDS erstmals konkret faßbar, welche grundlegende Bedeutung feministische Argumentationen für die Entwicklung sozialistischer Alternativen haben. In praktischer Konsequenz des Parteitagsbeschlusses brachte die Bundestagsgruppe der PDS/Linke

Liste einen eigenen Gesetzentwurf in den Bundestag ein, wonach das Recht der Frau auf einen Schwangerschaftsabbruch im Grundgesetz verankert werden soll. Das war der Beginn einer Entwicklung, in deren Verlauf sich die weiblichen Abgeordneten der Fraktion, entsprechend ihrem Anspruch, feministische Politik als Querschnittsaufgabe zu begreifen, permanent in alle Politikbereiche mit alternativen Vorschlägen einzuschalten begannen. Jüngstes Beispiel in diesem Zusammenhang ist die gerade abgeschlossene Diskussion um einen eigenen Verfassungsentwurf der PDS/Linke Liste. Die Frauen hatten für die Neuformulierung der Verfassung eigene Vorschläge gemacht, die auf scharfen Widerstand ihrer männlichen Kollegen trafen und deren Hauptintention darin bestand, das Selbstbestimmungsrecht der Frauen verfassungsrechtlich zu erweitern. Dazu sollte der Gleichberechtigungsartikel präzisiert und so gefaßt werden, daß Gleichstellung sich nicht länger an vorherrschenden männlichen Maßstäben orientiert. Das Recht auf Schwangerschaftsabbruch soll in der Verfassung abgesichert und die Ehe nicht länger unter den besonderen Schutz des Staates gestellt werden. Dessen soziale Verantwortung soll sich stattdessen vorrangig auf Menschen richten, die Erziehungs- oder Pflegearbeiten leisten und ansonsten alle Lebensgemeinschaften und die allein lebenden gleichermaßen schützen.

Mindestens so umstritten wie die Problematik Ehe war in der Fraktion der aus feministischer Sicht gemachte Vorschlag zur Arbeit. Hier konnte sich schließlich auf folgende Formulierung geeinigt werden:

"Jede Bürgerin und jeder Bürger hat das Recht auf Arbeit. Der Bund ist verpflichtet, durch eine Politik der Vollbeschäftigung und Arbeitsförderung, insbesondere durch den Ausbau der Arbeitsbereiche Umwelt, Altenpflege, Kinderbetreuung und Erziehung, für die Verwirklichung des Rechts auf Arbeit zu sorgen, welches das Recht aller Bürgerinnen und Bürger umfaßt, den Lebensunterhalt durch frei gewählte Arbeit zu menschenwürdigen und gerechten Bedingungen zu verdienen." (Bundestagsdrucksache 12/6570, 1994)

Eine weitere Gelegenheit, feministische Politikansätze in der PDS zu propagieren, stellte die parteiweite Diskussion zum Programm der PDS dar. Über ein Jahr wurde in unzähligen Basisveranstaltungen über den Entwurf der Grundsatzkommission debattiert und gestritten bis das jetzt gültige Programm schließlich auf der 3. Parteitag der PDS im Januar 1993 verabschiedet wurde.

Deutlicher als bei allen vorherigen Grundsatzpapieren der Partei wurde hier versucht, dem Anspruch gerecht zu werden, feministische Forderungen quer durch alle Teile des Programms zu verankern und damit zu unterstreichen, daß eine Partei, die "für die freie Entfaltung eines jeden Menschen" kämpfen will, darin nur glaubwürdig ist, wenn sie ein durchgängiges Konzept einer Frauenbefreiungsstrategie hat. So wird denn im Kapitel "Die kapitalistischen Metropolen" analysiert, daß ein die Natur vernichtendes Wachstum, patriarchale Strukturen, die Zwänge des Arbeitsmarktes ... der Selbstbestimmung, der Individualitätsentfaltung des Menschen entgegenstehen und im Kapitel "Sozialistische Erneuerung" wird der Weg in eine menschliche Gesellschaft wie folgt beschrieben:

> "Sozialismus ist für uns eine Bewegung gegen die Ausbeutung des Menschen durch den Menschen, gegen patriarchalische Unterdrückung, gegen die Ausplünderung der Natur, für die Bewahrung und Entwicklung menschlicher Kultur ... für eine Gesellschaft, in der die Menschen ihre Angelegenheiten demokratisch ... regeln" (Disput 1993, S. 39).

Trotz der weitgehenden Übereinstimmung darüber, daß feministische Politik sich als Querschnittsaufgabe durch alle Politikbereiche ziehen muß, blieb unter den Frauen in der PDS bis heute die Frage umstritten, ob nicht die besonders diskriminierte Lage der Frauen auch in einem eigenen Programmteil zum Ausdruck gebracht werden müsse. Und hierzu gibt es in der Tat ausreichend Anlaß, wie die Auseinandersetzungen um den §218 zeigen. Hier nehmen Frauen wirklich eine Sonderrolle ein: die weibliche Gebärfähigkeit wird nach wie vor dazu mißbraucht, das Selbstbestimmungsrecht der Frau einzuschränken. Die Kompromißlinie bei den Frauen der PDS verläuft dementsprechend bisher nach dem Muster: das Eine tun und das Andere nicht lassen. So gibt es denn auch im Programmteil "Alternative Entwicklungswege" einen Abschnitt "Patriarchale Strukturen überwinden" in dem es heißt:

> "Ohne die Überwindung der patriarchalen Strukturen ist letztlich eine humane, soziale und ökologische Entwicklung ausgeschlossen ... Frauen dürfen nicht länger zur Anpassung an männlich geprägte Wert- und Lebensvorstellungen gezwungen sein" (Disput 1993, S. 43).

Ob dies bloß gut gemeinte Absichtserklärung bleibt, oder der Feminismus in der PDS langfristig wirklich eine Chance haben wird, ist noch offen. Auf der Offenheit dieses Prozesses beruht unsere Hoffnung.

Literatur

Bläss, Petra/Knake-Werner, Heidi /Steinbrenner, Roswitha 1992: Mehr als die Hälfte der Weltbevölkerung ... In: Dietzel/Gehrcke/Hopfmann/Werner (Hg.): Brückenköpfe. Mainz. S. 92-100

Helwerth, Ulrike 1989: Wenn Mutti früh zur Arbeit geht.... In: die tageszeitung (10.11. 1989), S. 14

Herbst, Kerstin 1990: Ist die PDS noch zu feminisieren? Gedanken zur "Erneuerungskonferenz". Berlin. [unveröff.Manuskript]

Herold, Ingeborg 1990: Sozialistische Partei und Geschlechterfrage. In: Sozialismus. (1990), H. 9, S. 20-22

Knake-Werner, Heidi 1991: Links ist weiblich. In: Dietzel/Irmschler (Hg.): Was ist links? Berlin. S. 74-83

LISA 1 Frauenarbeitsgemeinschaft der PDS 1990: Erste Gedanken zur Erarbeitung der Thesen der LISA für die Erneuerungskonferenz am 8./9. September 1990

LISA 2 Frauenarbeitsgemeinschaft der PDS: Thesen zum Thema "Sozialistische Partei und Geschlechterfrage" [ohne Datum]

Meves, Hanka 1990: o.T.. [unveröffentl.Manuskript]. Berlin

Programm der Partei des Demokratischen Sozialismus. In: Disput. (1993), H. 3/4, S. 36-47

Verfassungsentwurf der PDS/Linke Liste im Bundestag, Dezember 1993

Wahlprogramm der Linken Liste/PDS zur Bundestagswahl 1990

Frauen in den Kommunalwahlen: Ein Vergleich zwischen Ost- und Westberlin[1]

Lee Ann Banaszak

In den letzten zehn Jahren fand sowohl in Deutschland als auch international die Repräsentanz von Frauen in politischen Ämtern verstärkte Aufmerksamkeit (vgl. Meyer 1990; Hoecker 1987a, 1987b; Mommsen 1986; Norris 1987; Norris und Lovenduski 1989; Rasmussen 1983). Ein Teil dieser Literatur vergleicht die weibliche Repräsentation in mehreren Ländern miteinander und diskutiert die verschiedenen Faktoren, die die Zahl der Frauen in politischen Ämtern steigen oder sinken lassen. Ein anderer Teil beschäftigt sich mit dem zu geringen Anteil von Frauen in nationalen Parlamenten und lokalen Regierungsorganen, besonders mit den situationsbedingten und institutionellen Hindernissen, die weiblicher Partizipation im Wege stehen (Lovenduski und Norris 1989; Randall 1987).

In diesem Beitrag untersuche ich, in welchem Umfang Frauen erst als Wahlkandidatinnen, dann als Mitglieder der Bezirksverordnetenversammlungen (BVVs) bei den zwei Wahlen in Berlin-Ost (1990 und 1992) und Berlin-West (1989 und 1992) vertreten waren. Mit dem Vergleich von Ost-West-Verhältnissen und parteipolitischen Entwicklungen in dieser hochbrisanten Phase politischer Veränderungen kann die Bedeutung bestimmter Faktoren, die den Grad weiblicher Partizipation möglicherweise stark beeinflussen, überprüft werden. In dem Frauenanteil der WahlkandidatInnen und BVV-Mitglieder spiegeln sich auch die konkreten Resultate der Quotenregelungen und Frauenförderpläne in west- und ostdeutschen Parteien wider. Ihre Vertretung bei lokalen Wahlen weist auch auf die Zukunft der Frauen in der nationalen Politik hin, da die Wahl in ein lokales Amt häufig der erste Schritt einer politischen Karriere ist.

In den einzelnen Abschnitten werden erstens Faktoren erörtert, die von früheren AutorInnen für eine wachsende oder eine abnehmende Repräsentation von Frauen verantwortlich gemacht wurden, und anschließend die Wirkung dieser Faktoren auf die lokalen Wahlen in Ost- und Westberlin analysiert. Zum zweiten wird anhand der Anzahl der Kandidatinnen und weiblichen BVV-Mitglieder der drei Berliner Wahlen untersucht, inwieweit diese Zahlen die theore-

---

1 Diese Untersuchung wurde durch ein Forschungsstipendium aus dem Bundeskanzler-Programm der Alexander-von-Humboldt-Stiftung großzügig unterstützt. Außerdem möchte ich *Dr. Martin Herzig* für seine Hilfe bei der Übersetzung des vorliegenden Beitrags ins Deutsche danken.

115

tischen Argumente unterstützen, die im vorangegangenen Abschnitt vorgestellt wurden. Schließlich werden Überlegungen über die künftige Repräsentation von Frauen bei lokalen und nationalen Wahlen im jüngst vereinigten Deutschland angestellt.

1. Ursachen für politisches Engagement von Frauen

In der Vergangenheit konzentrierte sich die Diskussion über die weibliche Unterrepräsentanz in der Politik auf drei vermutete Einflußfaktoren, die die erfolgreiche Kandidatur von Frauen verhindern:

a)   die Sozialisation, das Annehmen der Geschlechterrollen und andere typische Verhaltensweisen, die den Wunsch zu kandidieren reduzieren;

b)   situationsbedingte Faktoren, die ihre Möglichkeit, erfolgreich nach einem Amt zu streben, beeinträchtigen; und

c)   institutionelle Barrieren, die ihnen den Zugang erschweren (vgl. Mommsen 1986; Randall 1987).

In diesem Beitrag wende ich mich den situationsbedingten und den institutionellen Ursachen zu. Für die Entscheidung von Frauen zu kandidieren, ist zwar die Sozialisation nicht unwichtig; dennoch haben wenige Studien die systembedingten Unterschiede in der Sozialisation von Männern und Frauen in Ost- und Westdeutschland untersucht (vgl. dazu Aufsatz von Geißel in diesem Buch). Dieser Forschungsansatz erfordert jedoch ein intensives Studium individueller Entwicklungen; das jedoch liegt jenseits des Rahmens dieser Untersuchung.

Darüber hinaus kann, da lediglich Daten über die Erwerbstätigkeit von Frauen und die Kinderbetreuung in Ost- und Westberlin zur Verfügung stehen, die Rolle der situationsbedingten Faktoren nur in verallgemeinerter Form untersucht werden. Zum Beispiel ist es nicht möglich, ohne Daten über die individuelle berufliche Entwicklung weiblicher Kandidaten die Wirkung der Erwerbstätigkeit auf die einzelne Kandidatin zu bestimmen. Somit tragen die Schlußfolgerungen über den Einfluß von Erwerbstätigkeit und Kinderbetreuung zwar hypothetischen Charakter, doch sie zeigen gangbare Wege für künftige Forschungen.

1.1   Situationsbedingte Faktoren: Erwerbstätigkeit

Sozialistische und liberale Philosophen, die für die Gleichberechtigung der Frauen plädiert haben, betonten in diesem Zusammenhang stets die Bedeutung der Erwerbsarbeit (Bebel 1950; Engels 1973; Mill 1973). In jüngerer Zeit

116

haben empirische Studien die Rolle untersucht, die die Erwerbstätigkeit für eine Frau, die an einer politischen Karriere interessiert ist, spielt (Hoecker 1987a, 1987b; Lovenduski und Hills 1981; Mommsen 1986). Erwerbstätigkeit kann für kandidierende Frauen in dreierlei Hinsicht wichtig sein. Erstens kann jede Erwerbsarbeit das politische Interesse einer Frau wecken und ihre Ambitionen beeinflussen, z. B. in der Weise, daß ihr politisches Bewußtsein, ihr Wunsch, existierende politische Realitäten zu verändern sowie das Bewußtsein von der eigenen politischen Kompetenz wachsen. Zweitens kann Erwerbstätigkeit Frauen mit Fähigkeiten ausstatten, die für ein politisches Amt nützlich sind. Drittens neigen politische Parteien eher dazu, Personen als KandidatInnen auszuwählen, die über "notwendige" Erfahrungen verfügen; häufig wird Tätigkeit in spezifischen Berufen als Hinweis auf einen für die politische Laufbahn erforderlichen Hintergrund gesehen (Hoecker 1987a, S. 109; Mommsen 1986, S. 9).

Die für ein politisches Vorankommen spezifischen Berufe waren in der BRD und der ehemaligen DDR unterschiedlich. In der BRD wie in den meisten westlichen Demokratien gelten Berufe im juristischen Bereich, im Journalismus, in der Lehrtätigkeit, im öffentlichen Dienst sowie Aktivitäten in der Gewerkschaft als besonders geeignet für die Entwicklung politischer Fähigkeiten. Sie erlauben zudem eine flexible Zeiteinteilung, die erforderlich ist, um in ein politisches Amt gewählt zu werden.

Die Aufnahme in die SED sowie der Start in eine politische Karriere wurde in der DDR dagegen vom ausgeübten Beruf nicht beeinflußt. Vielmehr spielten deutlich zu erkennende Staatstreue, die vor allem durch das aktive Engagement in staatlich legitimierten Organisationen (wie Freie Deutsche Jugend, Freier Deutscher Gewerkschaftsbund und Demokratischer Frauenbund Deutschlands) eine ausschlaggebende Rolle (vgl. Glaeßner 1977, S. 233; Penrose 1993a, S. 53ff.). Mit der wichtigen Aufgabe der Integration gesellschaftlicher Randgruppen in das politische Leben versehen, warben die kleineren Blockparteien gezielt um Mitglieder aus bestimmten Berufsgruppen bzw. Minderheiten (z.B. Demokratische Bauernpartei Deutschlands, die Christlich-Demokratische Union). Die Zugehörigkeit zu einer bestimmten Berufsgruppe wirkte demnach nur indirekt auf die Aufstiegschancen einer politisch Aktiven.

In der Wendezeit veränderten sich die Aufstiegskritierien für KandidatInnen innerhalb der zu den Kommunalwahlen antretenden politischen Parteien und Organisationen. Dies geschah zum einen durch die Diskreditierung der SED und des gesamten politischen Systems der DDR, so daß "Staatsnähe" und Regierungstreue, früher unerläßliche Voraussetzungen für jede Kandidatenaufstellung, nun zu einer Belastung und damit zu einem "Ausschluß-Kritierium" für BewerberInnen wurden. Zum anderen boten die neu gegründeten politischen Parteien und Vereinigungen ihren Mitgliedern grundsätzlich andere

Bedingungen für Kandidaturen: zu den Kommunalwahlen 1990 befanden sich diese Organisationen immer noch in der Phase der Konsolidierung und Entwicklung; alle litten gleichermaßen unter einem Mangel an Mitgliedern. Demzufolge gab es für Interessenten weder vorgegebene Rekrutierungswege noch - neben aktivem Engagement - feste Auswahlkriterien für den parteiinternen Aufstieg. Die zweite Ostberliner Wahl erfolgte fast zwei Jahre nach der Vereinigung. In dieser Zeit zeichnete sich bereits die Tendenz ab, daß die für eine politische Karriere relevanten Berufe der Bundesrepublik auch für die Ostdeutschen immer bedeutsamer wurden. Aus diesem Grund konzentriere ich mich auf die allgemeine Teilnahme von Frauen am Erwerbsleben und auf ihren Anteil in Berufen, die in der westdeutschen Politik traditionell Einfluß haben.

Vor der Vereinigung standen bedeutend mehr ost- als westdeutsche Frauen in bezahlten Arbeitsverhältnissen und arbeiteten in - entsprechend dem Verständnis der BRD -"Elite"-Berufen des Justizwesens, des Journalismus und der Medizin. In der ehemaligen DDR war der Anteil arbeitender Frauen sehr hoch - 1989 waren 91% aller Frauen erwerbstätig. Während diese Zahlen auch Lehrlinge, Studierende und Frauen, die wegen eines Babyjahres beurlaubt waren, einschließen, ergeben selbst vorsichtige Schätzungen einen Anteil der erwerbstätigen Frauen von 71% (Ferree 1991, S. 4; Winkler 1990, S. 63). In Westdeutschland dagegen stehen lediglich 54% der Frauen in Beschäftigungsverhältnissen (Bundesministerium JFFG 1989, S. 32).

Außerdem war der Anteil der DDR-Frauen gerade in solchen Berufen höher, die in Westdeutschland als Sprungbrett für ein öffentliches Amt gelten. So waren in den siebziger Jahren 46% der Arbeitsstellen in der Medizin und 30% derer im Justizwesen von Frauen besetzt (Ecklein und Giele 1981, S. 199). Meyer (1986, S. 296) bemerkt, daß 1982 allein 52% aller Ärzte, 57% aller Zahnärzte und 54% aller Richter Frauen waren. Darüber hinaus war der Prozentsatz von Frauen im Topmanagement und in leitenden Positionen in der DDR höher als in den meisten westlichen Ländern; zum Beispiel waren 20% der einen Gesundheitsbereich leitenden Ärzte Frauen (Lane 1983, S. 497). In der BRD waren 1983 nur 20% aller Beamten und Richter weiblichen Geschlechts (Hoecker 1987a, S. 109).

Die Arbeitslosigkeit als spezifisches Frauenproblem setzte in Ostdeutschland im Mai 1990 nach den ersten BVV-Wahlen ein. So behaupten Rudolph et al., daß arbeitslose Frauen in den Arbeitsmarktstatistiken vom April 1990 unterrepräsentiert waren (1990, S. 38; dagegen: Winkler 1990, S. 96f.). Spätestens bis zu den zweiten BVV-Wahlen im Mai 1992 jedoch hatte sich die Situation drastisch verändert; 53% der Arbeitslosen in den elf Ostberliner Bezirken waren Frauen. Unter den Erwerbslosen, die schließlich einen Arbeitsplatz fanden, waren dagegen nur 40% Frauen (Senatsverwaltung für Arbeit und Frauen 1992,

S. 6; Ferree & Young 1993, S. 200). Berufs- und Industriebranchen, in denen Frauen verstärkt beschäftigt waren, traf die Vereinigung besonders hart. Wenn Erwerbstätigkeit die Kandidatur der Frauen determiniert, wäre demnach zu erwarten, daß in Ostberlin 1990 ein größerer Anteil von Frauen kandidiert als es Frauen in Westberlin 1989 taten, da laut Statistik im Osten ein höherer Anteil von Frauen erwerbstätig waren. Wegen der zunehmenden Arbeitslosigkeit nach der Vereinigung hätte dagegen der Prozentsatz kandidierender Frauen in Ostberlin zwischen 1990 und 1992 entsprechend sinken müssen, während die Veränderung in Westberlin nur geringfügig sein dürfte.

1.2   Kinder und Kinderbetreuung

Frauen sind traditionell für die Kinderbetreuung in der Familie hauptverantwortlich, und diese Pflicht wird auch als einer der Gründe dafür genannt, daß sie weniger in der Lage sind, die zusätzlichen Lasten einer politischen Karriere auf sich zu nehmen (Lee 1976, S. 304-306; Hoecker 1987a, S. 108). In den meisten westlichen Demokratien, einschließlich der BRD, ist es fast unmöglich, eine ausreichende Kinderbetreuung, besonders während der Abendstunden, zu sichern. Da dies aber die Zeit vieler politischer Aktivitäten ist, sind die Frauen in der politischen Welt von vornherein benachteiligt. Die Analyse der Tätigkeit von Politikerinnen in der BRD und in Westeuropa ergab, daß eine überwältigende Zahl keine kleinen Kinder hat (Lovenduski 1986, S. 240; Randall 1987, S. 125; Hoecker 1987a, S. 88f.).

In der DDR reduzierte die staatliche Mütter- und Familienpolitik viele Probleme, die mit heranwachsenden Kindern verbunden sind; das gilt auch für alleinerziehende Mütter (Enders 1986, S 31; Winkler 1990, S. 101-151; Bassnett 1986, S. 56f.). Kinderbetreuungseinrichtungen waren - mindestens bis 1990 - in größerer Zahl vorhanden als in Westdeutschland; Statistiken zeigen, daß 92% aller Kinder im Alter zwischen drei und sechs Jahren und 80% der Kinder zwischen drei Monaten und drei Jahren in staatlich unterstützten Betreuungszentren untergebracht waren. In der BRD hatten nur 4% der Kinder im Alter unter drei Jahren einen Platz in einer Kinderkrippe; und nur 70% der Vier- und 85% der Fünfjährigen gingen in Vorschulen (Rudolph et al. 1990, S. 36). Durch die Ganztagsschulen mußten sich Mütter in der DDR generell weniger um die Beaufsichtigung der Kinder während der Arbeit oder während ihres politischen Engagements sorgen. Das heißt, daß die Geburt eines Kindes selten mit einer längerfristigen Unterbrechung der Erwerbstätigkeit bzw. mit einer Übernahme einer Teilzeittätigkeit gekoppelt war (Helwig 1987, S. 40f.). Frauen in der DDR waren gleichfalls eher geneigt, Kinder zur Welt zu bringen als Frauen in der BRD. DDR-BevölkerungswissenschaftlerInnen berichteten 1987, daß über 90% der Frauen in der DDR ein Kind oder mehrere Kinder haben

(Autorenkollektiv 1987, S. 26). 1989 lag die Geburtsrate in der BRD bei 11 Geburten pro tausend Einwohner, während es in der DDR 12 Geburten waren (Statistisches Bundesamt 1991, S. 38). Schließlich tendieren westdeutsche Frauen dazu, ihre Kinder zu einem deutlich späteren Zeitpunkt zu gebären als es die DDR-Frauen taten; 57% der Lebendgeborenen wurden in der DDR von Müttern unter 25 Jahren geboren.

Die Statistiken über Scheidungen und außereheliche Geburten weisen außerdem darauf hin, daß die ostdeutschen Frauen eher dazu neigten, ihre Kinder alleine aufzuziehen. Die Scheidungsrate unter den Ostdeutschen war wesentlich höher als unter den Westdeutschen: In Ostdeutschland lag sie 1989 per 10.000 Einwohner bei 30 Ostdeutschen gegenübeer 20 Westdeutschen per 10.000 (Statistisches Bundesamt 1991, S. 40). Gleichzeitig wurden in der DDR mehr Familien mit minderjährigen Kindern geschieden als in der BRD, weshalb es in der DDR mehr Ein-Eltern-Haushalte gab. Bezieht man zudem die Kinder mit ein, die außerhalb der Ehe geboren wurden (mehr als ein Drittel aller Kinder, die 1989 geboren wurden, stammten von nichtverheirateten Müttern), ergibt sich in der DDR ein höherer Anteil alleinerziehender Mütter. Gerade vor den Wahlen vom Mai 1990 jedoch begann die Schließung in der DDR bestehender Kinderbetreuungseinrichtungen (Rudolph et al. 1990, S. 38). Zweifellos hindert der Ausfall von Betreuungsmöglichkeit die Frauen mit Kindern, besonders alleinerziehende Mütter daran, sich politisch so zu engagieren, wie es die Mitgliedschaft in einer Bezirksverordnetenversammlung erfordert. Da Kinderkrippen und -gärten nach der Vereinigung in zunehmender Zahl geschlossen wurden, wäre zu erwarten, daß Mütter, besonders alleinerziehende, 1992 sogar größere Probleme gehabt haben müßen, sich zur Wahl zu stellen als 1990. Da ein größerer Anteil von Frauen in Ostberlin Mütter war, müßten sich Ostberliner Frauen auch größeren Hindernissen gegenüber gesehen haben, für ein politisches Amt zu kandidieren.

1.3   Institutionelle Faktoren

Die Eigenschaften der politischen Institutionen bestimmen gleichfalls das Ausmaß, in dem weibliche Kandidaten rekrutiert oder in ein Amt gewählt werden. In diesem Abschnitt konzentriere ich mich auf Charakteristika und Spielregeln politischer Parteien, da potentielle Kandidatinnen gezwungenermaßen nur über sie zu den Wahlen gelangen können. Insbesondere haben die politischen Parteien Regeln und informelle Normen eingeführt, um zu ermitteln, welche Personen auf die Parteiliste und wo sie auf dieser Liste plaziert werden. Die Parteiregeln und -prozesse sind besonders wichtig beim Ost-West-Vergleich, da die politischen Parteien in Ostdeutschland u.a. Bedingungen und mit einer Reihe anderer Regeln operierten als die im Westen.

Auch andere Strukturen und Prozesse beeinflussen die Beteiligung der Frauen an der Kandidatur und ihren Erfolg bei den Wahlen. Vor allem das Wahlsystem und die Struktur der BVVs liefern den Kontext, innerhalb dessen die politischen Parteien agieren. Diese Strukturen veränderten sich in Ostberlin während und nach der 'Wende' rapide und dürfen daher nicht unerwähnt bleiben. Insbesondere durch die Vereinigung wurden zwischen 1990 und 1992 sowohl das Wahlsystem als auch die BVVs umgestaltet. Während die Ostberliner Wahlen von 1990 ein modifiziertes Verhältniswahlsystem anwendeten, bei dem die Wähler für bis zu drei bestimmten KandidatInnen votieren konnten, wurde 1992 sowohl in Ost- als auch in Westberlin das pure Verhältniswahlsystem Westberlins verwendet, bei dem die Wähler eine Liste von KandidatInnen, die von den politischen Parteien aufgestellt wurden, wählen (vgl. dazu Lehmann 1990).[2]

Die reale Macht und die Größe der Bezirksverordnetenversammlungen (BVVs) wurden durch die Vereinigung ebenso verändert. Während der Wende glaubten viele politisch Aktive, die BVVs würden wichtige politische Entscheidungen treffen.[3] Um eine adäquate Repräsentation aller Gruppen zu sichern und vielleicht auch in der Hoffnung, daß diese Institutionen wichtige Entscheidungsträger sein würden, betrug die durchschnittliche Größe der BVV in Ostberlin ungefähr einhundert Mitglieder. Die kleinste BVV in Ostberlin war die in Weißensee mit nur 51, die größte die in Hohenschönhausen mit 125 Mitgliedern. Bis zum Jahre 1992 jedoch wurde die Kommunalpolitik in Ostberlin zu einem Spiegelbild der Westberlins, wo die Bezirke wegen der kleinen Bereiche, in denen sie selbständig politische Entscheidungen fällen können, und wegen der kleinen Budgets relativ geringe Machtbefugnisse haben (Holtmann 1990, S. 3). Hinzu kommt, daß die Ostberliner Bezirke jetzt unter die Jurisdiktion von Vorschriften fallen, die größtenteils vom Westberliner System übernommen wurden und die u.a. vorsehen, daß sich die BVVs aus 45 Mitgliedern zusammensetzen. Im Ergebnis dessen hatten die PolitikerInnen 1992 geringere Erwartungen an die Möglichkeiten der BVVs, und die Zahl der Mandate wurde in den meisten der elf Ostberliner Bezirke um mehr als die Hälfte reduziert.

---

2 Die Möglichkeit, einzelne KandidatInnen auf den Parteilisten zu wählen, erlaubt WählerInnen sich aufgrund persönlicher Sympathien zu entscheiden. Dies wirft die Frage auf, ob weibliche Kandidaten durch das System bevorzugt oder benachteiligt werden. Die Antwort darauf erfordert eine in die Tiefe gehende Analyse der Wahlergebnisse, was jedoch über den Rahmen der Untersuchung in diesem Aufsatz hinausgeht.

3 Mehrere Ostberliner BVV-Mitglieder erwähnten dies während der Interviews mit der Autorin.

1.4 Politische Parteien

Innerhalb der politischen Parteien spielen vor allem drei Elemente bei der Nominierung von Frauen als Kandidatinnen eine wichtige Rolle: 1) die Struktur der politischen Parteien; 2) die Vorrechte der bisherigen AmtsinhaberInnen und 3) die Frauenförderpläne in den politischen Parteien, besonders die Quotenregelung.

1.4.1 Veränderungen der Parteistrukturen

Feministinnen haben lange Zeit argumentiert, daß die aktuelle Form der Parteipolitik weibliche Partizipation in der Politik verhindert. Die in politischen Parteien herrschende Hierarchie, die Betonung des Konkurrenzgedankens und das Ausmaß, in dem Männer sowie patriarchalische Strukturen und Maßstäbe in den Parteiinstitutionen verankert sind, beschränkten die Möglichkeit der Frauen, sich politisch zu engagieren, gleichgültig welche Veränderungen eintreten (Randall 1987, S. 93; Lovenduski 1986, S. 241-244).

Ein Charakteristikum, das die politischen Parteien in Ostdeutschland 1990 von ihren Gegenstücken im Westen unterschied, war die Veränderung der Parteistruktur. Diese sich ändernde Parteistruktur nahm zwei Formen an. Bei den neuen politischen Parteien Ostdeutschlands wie der SPD und dem Bündnis '90 (B'90) gab es keine zuvor existierende Parteiorganisation, und daher waren diese neuen Parteien gezwungen, die Organisation von Grund auf zu entwikkeln. Die Schaffung von Parteistatuten, Organisationsstrukturen und informellen Regeln war in der Wende schwierig, da die Zukunft der Sozialistischen Einheitspartei Deutschlands (SED) ungewiß war. Während der ersten Monate der politischen Reform mußten die Mitglieder der neuen, unabhängigen politischen Parteien auch damit rechnen, daß die SED möglicherweise Vergeltung üben würde für die Proteste gegen das Regime. Später litten viele der neuformierten Organisationen unter den negativen Auswirkungen rascher Veränderung; 1990 waren diese neugegründeten Organisationen an lokalen und nationalen Runden Tischen beteiligt und zu drei Wahlkampagnen gezwungen. So beschrieb eine ostdeutsche SPD-Kandidatin diese Periode in der Entwicklung ihrer Partei als "chaotisch", da die Regeln und Prozeduren oft unklar waren.

In den politischen Parteien, die bereits in der DDR existierten[4], wurden ebenfalls Anstrengungen in Richtung parteiinterner Reformen unternommen, wenn auch häufig mit längerer Verzögerung. Die Bemühungen der Parteileitungen konzentrierten sich auf zwei Ziele, was jedoch von Partei zu Partei in unterschiedlichem Ausmaß erfolgte: 1) eine Umstrukturierung der Partei, um mehr Offenheit zu schaffen und 2) eine Entfernung der Parteifunktionäre, von

---

4   CDU, SED und die Liberal-Demokratische Partei Deutschlands und andere.

denen man annahm, daß sie zu eng mit dem SED-Regime verbunden waren (Jung 1990, S. 3f.). Zwar können die durchgeführten Veränderungen in den Blockparteien nicht als deren Befreiung von allen patriarchalischen Institutionen ausgelegt werden, dennoch dürften sie mehr Möglichkeiten für die Frauen eröffnet haben. Da die Parteireform oft die Ablösung der obersten Schicht der Führung zur Folge hatte, hatten die Funktionäre auf den niedrigeren Parteiebenen die Möglichkeit, in der Hierarchie aufzurücken. Die oberen Ebenen dieser Parteien waren überwiegend von Männern besetzt, nichtsdestotrotz machten Frauen annähernd 50% der Parteimitgliedschaft und der AktivistInnen auf den niedrigeren Ebenen aus (Meyer 1986, S. 297ff.). Die Umstrukturierung der Parteien hat daher durchaus die Chancen für Frauen, die Karriereleiter der Partei hinaufzusteigen, kurzfristig verbessert (vgl. dazu Penrose 1993b, S. 41).

In der Zeit von 1990 bis 1992 wurden die Regeln für die Entscheidungsfindungen fest etabliert, besonders in den Parteien mit westdeutschen Partnern. So übernahmen die SPD, die CDU und die F.D.P. im Osten die Regeln ihrer westdeutschen Pendants, und die hierarchischen Strukturen wurden von nun an von der nationalen Politik (der Westdeutschen) beeinflußt. Das Bündnis '90 entwikkelte ebenfalls eigene Parteistrukturen, obwohl eine gewisse Unsicherheit wegen der beabsichtigten Verschmelzung mit der Partei Die Grünen weiter bestand.

1.4.2 Amtsinhaber

Ein spezifischer Aspekt der Parteihierarchie, der durch die Veränderungen in Ostberlin beeinflußt wurde und eine direkte Wirkung auf die Kandidatur von Frauen ausübte, war die Bedeutung bestimmter Vorrechte eines Amtsinhabers. Die politischen Parteien in den meisten Ländern tendieren dazu, die Wiederwahl eines derzeitigen Amtsinhabers einer Neubesetzung vorzuziehen; Amtsinhaber(innen) werden demzufolge gerne an der Spitze von Parteilisten plaziert. Damit haben sie einen deutlichen Vorteil gegenüber anderen KandidatInnen. Da Amtsinhaber in BVVs überwiegend Männer waren, senkt diese Praxis die Zahl der Wahlkandidatinnen und damit der weiblichen BVV-Mitglieder.

Nur eine Partei hat bisher versucht, diesem Problem zu begegnen. Die Alternative Liste (AL) ist die einzige Partei in Berlin, die der Bevorzugung von Amtsinhabern widerstand, indem sie die Zahl aufeinanderfolgender Wahlperioden, in denen man für ein bestimmtes Amt kandidieren darf, begrenzte. Die Rotationspolitik dieser Partei erweiterte den Personenkreis derer, die ein Amt ausübten.

Die anderen politischen Parteien, die an den West- und Ostberliner Kommunalwahlen teilnahmen, sind an einer Aufhebung der Vorrechte des jeweiligen Amtsinhabers nicht interessiert. Dennoch heben die vor kurzem eingeführten

Quotenregelungen mancher Parteien die Vorteile der Amtsinhaber oft auf (siehe unten). In den politischen Parteien ohne Quotenregelungen (zum Beispiel in der CDU und der F.D.P. in Westberlin) dürfte diese Praxis der Wiederwahl von Amtsinhabern weiterhin die Repräsentanz von Frauen auf den Parteilisten und in den Wahlämtern negativ beeinflussen.

In Ostberlin wurden die Effekte aus Vorteilen eines bisherigen Amtsbesitzes durch die politischen Ereignisse von 1989 gemindert. 1990 spielte in den Kommunalwahlen die Praxis der Wiederwahl eine viel geringere Rolle bei Personalentscheidungen als 1992 oder in den Westberliner Kommunalwahlen. Für die neuen Parteien, die sich während der Wende formten (d.h. die SPD, das B'90), wirkte langjähriger Amtsbesitz im alten Regime generell nachteilig für potentielle KandidatInnen. Da die vorangegangenen Kommunalwahlen mit Skandal befleckt waren und die SED-Regierung unter Mangel an Legitimation litt, versprach bisheriger Amtsbesitz ebenfalls in den alten Blockparteien und in der Partei des Demokratischen Sozialismus (PDS), der Nachfolgerin der SED, von geringem Vorteil zu sein.

Selbst wenn bisheriger Amtsbesitz in der PDS und in den anderen Blockparteien vorteilhaft gewesen sein sollte, waren die Frauen durch ihn dennoch nicht so benachteiligt wie sonst in westlichen Ländern. Frauen waren zwar in der SED auf der nationalen Ebene unterrepräsentiert; der Frauenanteil an lokal gewählten Ämtern (Bezirks- und Kreisebene) in der ehemaligen DDR lag dennoch traditionell höher als der in der BRD. Frauen nahmen in den Kreisleitungen 28% und in den Bezirksleitungen 35% der politischen Positionen ein. Ihr Anteil war in den Bezirks- und Kreistagen sogar noch höher, dort betrug er nämlich 39% bzw. 41% (Meyer 1986, S. 296f.). Zum Vergleich: In den westdeutschen Kommunalparlamenten hatten Politikerinnen 1986 im Durchschnitt nur 15% der Mandate inne (Hoecker 1987b, S. 3).

Während die Bedeutung des Amtsbesitzes in Ostberlin bei den Wahlen von 1992 vermutlich zunahm, schwächte die verringerte Größe der BVVs seine Wirkung ab. Die Reduktion der BVVs, in vielen Bezirken um mehr als die Hälfte, führte oft dazu, daß es mehr AmtsinhaberInnen als Positionen auf den Parteilisten gab. Somit entschied bisheriger Amtsbesitz nicht allein, wer bei den Mai-Wahlen 1992 auf den Parteilisten in der Rangfolge besser plaziert wurde.

1.4.3 Quotenregelungen

In der jüngeren Zeit haben die Parteien anzuerkennen begonnen, daß Frauen durch das Parteiensystem benachteiligt werden. Deshalb setzten sie Regelungen in Kraft, um den Frauenanteil auf den Parteilisten zu erhöhen. In zwei Westberliner politischen Parteien, nämlich in der SPD und der kleineren AL, legen Quotenregelungen prozentual die Zahl der Frauen fest, die auf der Parteiliste stehen müssen. In den siebziger Jahren lehnte zwar die SPD Quoten als Weg zur höheren Frauenbeteiligung innerhalb der Partei ab (Meyer 1990, S. 25). Auf dem Bundesparteitag in Münster am 30. August 1988 jedoch führte die SPD die Pflicht zu einer Mindestbeteiligung von Frauen ein. Nach 1990 erforderte diese Quotierung, daß 25% aller Mandate bei den Kommunalwahlen an Frauen gehen. Bis 1998 soll erreicht sein, daß mindestens 40% aller Mandate bei lokalen, landes- und nationalweiten Wahlen Frauen vorbehalten bleiben.

Die Grünen und Alternative Listen hatten unter den auf der Bundesebene vertretenen Parteien die strengsten Quotenregelungen. Dies kann teilweise auf die wichtige Rolle zurückgeführt werden, die die Frauenbewegung bei der Gründung der Grünen gespielt hat. Und, obwohl Frauen generell politischen Parteien seltener beitreten als Männer, übersteigt der Anteil weiblicher Mitglieder der Grünen den der anderer Parteien bei weitem (Hoecker 1987b, S. 3). Die Quotenregelung der AL erfordert, daß 50% aller Plätze auf der Parteiliste von Frauen eingenommen werden. Dies erreicht die Partei durch Abstimmung über separate Listen für Männer und Frauen, um dann Männer und Frauen auf einer kombinierten Liste im Reißverschlußverfahren alternierend zu plazieren; die Frauen erhalten hierbei gewöhnlich alle ungeraden Zahlen auf der Liste. Diese Methode ist als Reißverschlußprinzip bekannt geworden (Meyer 1990, S. 27). Wenn nicht genügend Kandidatinnen gefunden werden, erfordert die Satzung der AL einen zweiten Ruf nach weiblichen Kandidaten und eine zweite Wahl, bevor die nicht besetzten Listenplätze von Männern eingenommen werden können.

Zwei Parteien, die an den Westberliner Wahlen teilnahmen, haben keine Quotenregelungen, die eine Minimalzahl weiblicher Kandidaten festlegen. Dennoch mögen die vorhandene Quotenregelung der SPD und - wenn auch nicht so stark - die der Grünen diese anderen Parteien dazu bewogen haben, ihre Position zur Repräsentation von Frauen zu überdenken (Meyer 1990, S. 27). Obwohl sie die Einführung eines Quotensystems grundsätzlich ablehnt, hat die CDU z.B. dafür optiert, Frauen zu einer Kandidatur nach dem Konzept der 'freien Partnerschaft' zu ermutigen. Ohne festgelegte Quoten strebt die Partei nach der Beteiligung von Frauen in Parteiämtern und an Parteilisten, die ihrem prozentualen Anteil an der Parteimitgliedschaft entspricht.

Ähnlich hat die kleinere Freie Demokratische Partei (F.D.P.) offiziell Quoten als unvereinbar mit freiem Wettbewerb und dem Deutschen Grundgesetz abgelehnt. Dennoch unterstützen einige F.D.P.-Politikerinnen Frauenfördermaßnahmen mit zahlenmäßigen Zielen. Wie die CDU hat auch die F.D.P. 1987 einen Frauenförderplan angenommen, nach dem ohne spezifische Quoten der Prozentsatz von Frauen auf der Entscheidungsebene ein Niveau erreichen soll, das dem weiblichen Anteil an der Mitgliedschaft in der Partei gemäß ist (Meyer 1990, S. 25).

Während der ersten Kommunalwahlen im Mai 1990 folgten die ostdeutschen Parteien dieser westdeutschen Politik und diesen Regeln nicht. Zu dieser Zeit waren die ostdeutschen Parteien noch von den westdeutschen politischen Parteien getrennte Einheiten, obwohl alle, ausgenommen die PDS, Unterstützung von den westdeutschen Parteien erhielten. Die Quotenregelungen der SPD und der westdeutschen Grünen waren für ihre ostdeutschen Pendants nicht bindend.

Das Fehlen offizieller Quoten in der ostdeutschen SPD und beim Bündnis '90 führte zu unterschiedlichen Ergebnissen. In der SPD machten sich politisch Aktive wenig Gedanken um die Zahl weiblicher Kandidaten, hauptsächlich weil die Ostberliner SPD so jung war. Viele Ortsgruppen waren sehr klein und hatten daher keine große Auswahl an von KandidatInnen. Demnach erzählte eine Ostberliner SPD-Kandidatin: "Wir hatten wirklich etwas Angst, 15% oder mehr als 15% [der Wählerstimmen, d. Verf.] zu bekommen. Wir hätten gar nicht die Leute gehabt." (Interview vom 16. Oktober 1992)

Bis zu den Wahlen 1992 jedoch waren die ostdeutschen politischen Parteien, die Pendants im Westen besaßen (CDU, F.D.P. und SPD), völlig in die nationalen Parteien integriert. Als Ergebnis waren sie während der Wahl eng an die Politik der nationalen Parteien gekoppelt. Eine Ausnahme bildete das Bündnis '90, das sich bis zu diesem Zeitpunkt auf der Bundesebene noch nicht offiziell mit den Grünen vereinigt hatte. Tatsächlich war die Abneigung von Bündnis '90 gegenüber Quotenregelungen eines der Hindernisse für die Vereinigung.

Bei der ersten Wahl 1990 variierte die Einsicht der Parteimitglieder, daß weibliche Kandidaten in die Listen von Bündnis '90 aufgenommen werden sollten, von Bezirk zu Bezirk beträchtlich. Wo der Unabhängige Frauenverband (UFV) aktiver Teil der lokalen Bündnis '90-Gruppen war, gab es sichtbare Bemühungen, einige Plätze auf der Liste dem UFV zuzuteilen. Die Teilnahme des UFV an der Bündnis-Koalition führte daher in diesen Bezirken zu einer Zunahme der Zahl weiblicher Kandidaten. In Bezirken, in denen der UFV andere Wahlbündnisse einging, waren beim Bündnis '90 nur 31% der KandidatInnen Frauen. Wo jedoch der UFV aktiver Teil von Bündnis '90 war, stellten Frauen über 40% aller Kandidaten. Somit wirkten die Versuche innerhalb von Bündnis '90, den UFV auf den Parteilisten zu repräsentieren, effektiv als Quote für Kandidatinnen. Im Mai 1992 jedoch war der UFV nicht mehr so einflußreich wie im Mai 1990. Er besetzte keine separaten Kandidatenlisten mehr, und viele seiner früheren Förderer waren nicht mehr aktiv in der Organisation tätig. Nichtsdestoweniger waren UFV-Frauen in einigen Bezirken, besonders in Friedrichshain und Prenzlauer Berg, noch in der Bündnis '90-Koalition präsent. Es ist nicht überraschend, daß die Bündnis '90-Listen in diesen Bezirken den höchsten Anteil weiblicher Kandidaten aufwiesen. In anderen Bezirken sank wegen des Fehlens von Quotenregelungen und des abnehmenden Einflusses des UFV die Repräsentation von Frauen auf den Listen von Bündnis '90 dramatisch.

2. Anzahl der Kandidatinnen

In Hinblick auf diese Überlegungen war es zu erwarten, daß ein hoher Prozentsatz von Kandidatinnen für die Wahlen 1990 in Ostberlin zur Verfügung stehen würde: Im Vergleich zu Westberlin wurden die Frauen begünstigt durch eine höhere Beschäftigungsrate, eine bessere Kinderbetreuung, durch den Wegfall der Vorteile aus Amtsbesitz sowie durch nicht erstarrte Parteistrukturen. Der einzige Vorteil Westberliner gegenüber Ostberliner Frauen bestand in den Quotenregelungen in zwei politischen Parteien.

Tab. 1: Die Anzahl von Kandidatinnen bei den Ost- und Westberliner Kommunalwahlen 1989, 1990 und 1992

	Westberlin (12 Bezirke)		**Ostberlin** (11 Bezirke)	
Partei	1989	1992	1990	1992
CDU	23%	27%	21%	25%
SPD	36%	36%	21%	25%
F.D.P.	30%	28%	16%	26%
AL / B'90	35%	36%	36%	34%
PDS	–	–	40%	37%

Quelle: Errechnet von Wahllisten für die BVVs im Jahre 1989 (Amtsblatt für Berlin 39. Jg, Nr. 2), 1990 (gesammelt von Bezirksämtern) und 1992 (Amtsblatt für Berlin, 42. Jg., Nr. 23).

Wie Tabelle 1[5] zeigt, waren die politischen Parteien in Westberlin viel eher geneigt, Frauen auf Parteilisten zu führen. Ein Vergleich der drei politischen

---

5   Die politischen Parteien bei der ostdeutschen Wahl 1990 entsprechen nicht direkt den Parteien von 1992, da die Parteistrukturen zwischen 1990 und 1992 einer Vielzahl von Veränderungen unterlagen. Lediglich die SPD und die PDS unterlagen in diesem Zeitrahmen keinen wesentlichen Veränderungen. Die anderen Parteien aus den ostdeutschen Wahlen von 1990 wurden laut Jung (1990) den Parteien angepaßt, zu denen sie 1992 gehörten. Zu den Parteien, die sich bis 1992 mit der CDU vereinigten, zählen die Christlich-Demokratische Union Deutschlands und der Demokratische Aufbruch. Fünf verschiedene Parteien formierten sich 1992 zur FDP: 1. die FDP (Freie Demokratische Partei), 2. die NDPD (National-Demokratische Partei Deutschlands), 3. die LDPD (Liberal-Demokratische Partei Deutschlands), 4. die DFP (Deutsche Forums-

Parteien, die Kandidaten in allen 23 Bezirken aufstellten (CDU, SPD und F.D.P.) belegt, daß in den 12 Westberliner Bezirken 1989 ein höherer Anteil von Frauen kandidierte als 1990 in den Ostberliner Bezirken. Bei der CDU war der Unterschied nur gering: 21% der CDU-KandidatInnen in Ostberlin waren Frauen, während es bei der West-CDU 23% waren. Bei der F.D.P. und der SPD sind die Differenzen größer. Der Prozentsatz weiblicher Kandidaten bei der F.D.P. betrug in Westberlin 30%, in Ostberlin 16%. Am stärksten differierten die ost- und die westdeutsche SPD mit 21% bzw. 36% Frauenanteil. Überraschenderweise gab es nur einen geringen Unterschied zwischen dem Anteil der Frauen auf den Ostberliner SPD- und CDU-Listen.

Lediglich wenn man den Prozentsatz der Kandidatinnen beim Bündnis '90 im Jahre 1990 und bei der Alternativen Liste im Jahre 1989 vergleicht, repräsentieren Ostberliner Parteien Frauen besser als ihre westdeutschen Pendants. Im Mai 1990 waren 36,5% der Bündnis '90-KandidatInnen Frauen, während die Liste der AL im Jahr zuvor 35% Frauen aufwies. Die PDS, die kein Pendant in Westberlin besitzt, hatte unter den großen politischen Parteien mit über 40% den höchsten Prozentsatz an Frauen.

Bei den jüngsten Wahlen im Mai 1992 war der Kontrast zwischen den politischen Parteien in Ost- und Westberlin deutlich geringer. Der Prozentsatz der Kandidatinnen auf den Listen von CDU, F.D.P. und Bündnis '90/AL in Ost- und Westberlin wich um maximal zwei Prozentpunkte voneinander ab. Eine große Differenz zwischen den zwei Stadtteilen gab es lediglich bei der SPD, bei der auf den Listen in Ostberlin nur 25% Frauen standen, aber 36% auf denen in Westberlin. Doch dieser Unterschied von 11 Prozentpunkten ist schon ein Fortschritt gegenüber der 15%-Differenz 1989/90.

---

partei) und 5. der BFD (Bund Freier Demokraten) - für eine detaillierte Schilderung dieser Entwicklung siehe Schäfer in diesem Buch.

Das Bündnis '90 ist der komplizierteste Fall unter den ostdeutschen Parteien, weil es in den zwei Wahlen verschiedene Namen trug und sich in verschiedenen Bezirken aus verschiedenen Koalitionen zusammensetzte. Auf diese Weise bezeichnete sich diese Partei in Berlin-Mitte als Aktionsbündnis '90, während sie sich in Friedrichshain "Bündnis Friedrichshain" nannte. Im allgemeinen bestand das Bündnis '90 im Jahre 1992 aus Organisationen, die 1990 unter der Bezeichnung Bündnis oder Grüne kandidierten (einschließlich Grüne Liste, Grüne Parteien und Grüne Liga). In Köpenick bestand das Bündnis '90 im Jahre 1992 aus einer Koalition von Demokratie Jetzt, Neues Forum und Grüner Liste; 1990 hatte jede dieser Gruppen noch separat kandidiert. In einem Bezirk lediglich, in Hellersdorf, existierten 1992 mehrere verschiedene Parteien weiter: Hier kandidierten 1992 das Bündnis '90, die Grünen/AL und das Neue Forum jeweils als eigene politische Partei. Um einen Vergleich von deren BVV-Wahlergebnisse mit denen anderer Bezirke zu ermöglichen, werden in diesem Fall alle drei Parteien unter der Bezeichnung "Bündnis '90" zusammengefaßt.

Die Kongruenz bei der Repräsentation von Frauen auf den Parteilisten in Ost- und Westberlin 1992 war kein Ergebnis eines Wertewandels in den Westberliner politischen Parteien. Der Anteil weiblicher Kandidaten bei CDU, SPD, F.D.P. und AL veränderte sich in Westberlin zwischen 1989 und 1992 nur sehr geringfügig. Die größten Veränderungen hinsichtlich weiblicher Repräsentation gingen in der CDU vor sich: 1989 waren auf CDU-Listen 23% Frauen vertreten, 1992 nahmen sie aber mehr als ein Viertel der CDU-Listen ein (27%). Die AL machte den nächstgrößten Schritt, von 35 auf 36,5% Frauenanteil. Auf den SPD-Listen gab es nur eine geringe Veränderung im Prozentsatz weiblicher Kandidaten, wobei man allerdings daran erinnern muß, daß die SPD ohnehin bei beiden Westberliner Wahlen den höchsten Prozentsatz weiblicher Kandidaten aufbot. Auf den F.D.P.-Listen von 1992 fanden sich tatsächlich prozentual weniger Frauen als 1989.

Die Kluft zwischen Ost- und Westberlin verringerte sich zwischen den Wahlen 1990 und 1992 dagegen wegen der großen Veränderungen in der Zusammensetzung der Ostberliner Parteilisten. Die Ostberliner F.D.P. verbuchte den größten Zuwachs des Frauenanteils auf ihren Listen. Er stieg von 16% 1990 auf 26% 1992, eine Steigerung von fast 10 Prozentpunkten. Sowohl die CDU als auch die SPD erhöhten den Anteil von Frauen auf ihren Listen in Ostberlin auf 25% bei den Wahlen 1992, ein Zuwachs von vier Prozentpunkten. Überraschenderweise hatten sowohl das Bündnis '90 als auch die PDS 1992 proportional weniger Frauen auf ihren Listen aufgestellt als 1990, obwohl die Differenz in beiden Fällen weniger als drei Prozentpunkte betrug.

Während die Vertretung von Frauen in Mai 1990 in drei politischen Parteien in Ostberlin schlechter war als in Westberlin sowie im Vergleich zu den Wahlen 1992, steigerten 'Frauenlisten' die Gesamtrepräsentanz von Frauen bei der Wahl 1990. In zehn der elf Ostberliner Bezirken stellten Frauenorganisationen Frauenlisten auf. Bei dieser Wahl gab es drei Typen solcher Listen: a) die Listen des Unabhängigen Frauenverbandes (UFV); b) die Listen des Demokratischen Frauenbundes Deutschlands (DFD), die offizielle Frauenorganisation der DDR vor der Wende, und c) kombinierte Listen dieser beiden Gruppen. In zwei Bezirken, in Marzahn und Hohenschönhausen, stellten sowohl der DFD als auch der UFV separate Kandidatinnenlisten auf. Zusätzlich bündelten sie ihre Kräfte in zwei anderen Bezirken (Mitte und Hellersdorf), um Frauenlisten aufstellen zu können. In den anderen sechs Bezirken kandidierte nur der DFD auf Frauenlisten; der UFV kandidierte entweder auf Listen mit anderen Bürgerbewegungen oder wurde in diesem Bezirk gar nicht vertreten. Insgesamt kandidierten 122 Frauen auf Frauenlisten, und 14 von ihnen wurden in Bezirksverordnetenversammlungen gewählt.

Der Frauenanteil auf Parteilisten muß andererseits nicht (unbedingt) den resultierenden Frauenproporz in den BVVs widerspiegeln. Da Frauen häufiger am Ende der Parteiliste plaziert sind, werden entsprechend weniger Frauen tatsächlich gewählt. Und umgekehrt, wenn politische Parteien ihre Kandidatinnen an die Spitze der Liste setzen, kann der Prozentsatz der gewählten Frauen höher sein als ihr Anteil an den Kandidaten insgesamt.

Tab. 2: Anzahl weiblicher BVV-Mitglieder bei den Ost und Westberliner Kommunalwahlen 1989, 1990 und 1992

	Westberlin (12 Bezirke)		**Ostberlin** (11 Bezirke)	
Partei	1989	1992	1990	1992
CDU	18%	21%	19%	24%
SPD	35%	39%	26%	36%
F.D.P.	17%	35%	8%	– *
AL/ B'90 **	40%	45%	39%	45%
PDS	–	–	40%	42%

Quelle: Errechnet von BVV-Mitgliedslisten in 1989 (Amtsblatt für Berlin, 39. Jg., Nr. 23), 1990 (Statistisches Amt der Stadt Berlin 1990) und 1992 (Statistisches landesamt Berlin 1992).
  * Keine F.D.P.-KandidatInnen wurden gewählt.
  ** Bündnis '90 im Ost-Bezirke und Alternative Liste im West-Bezirke.

Bei den Kommunalwahlen 1989 und 1990 war der Prozentsatz weiblicher Mitglieder in den BVVs generell geringer als der weiblicher Kandidaten, was Ausdruck der Tatsache war, daß Frauen überproportional auf den unteren Rängen der Parteilisten plaziert waren (vgl. Tabelle 1 und 2). Dies trifft besonders für die CDU und die F.D.P. sowohl in Ost- wie in Westberlin zu. In Ostberlin machten Frauen nur 19% der CDU- und 8% der F.D.P.-Mitglieder in den BVVs aus, obwohl sie 21 bzw. 16% aller Kandidaten gestellt hatten. In der Westberliner CDU stellten Frauen 23% aller Kandidaten, doch nur 18% aller BVV-Mitglieder. Obwohl 30% aller Westberliner F.D.P.-Kandidaten Frauen waren, ist z.B. keines der beiden F.D.P.-Mitglieder in der BVV im Bezirk Steglitz eine Frau.

Nur in drei Fällen ist der Anteil weiblicher BVV-Mitglieder gleich dem weiblicher Kandidaten oder übersteigt ihn sogar. Sowohl bei der AL als auch beim Bündnis '90 wurden Frauen in die BVVs in proportional größerer Zahl gewählt als ihr Prozentsatz an KandidatInnen ausmachte. Dies deutet an, daß weibliche Kandidaten auf den Listen dieser beiden politischen Parteien generell weit oben plaziert wurden. Interessanterweise wurden weibliche Kandidaten auf den Listen der Ostberliner SPD sowohl bei den Wahlen 1990 als auch 1992 ebenfalls in höherem Maße als Männer gewählt. Auf diese Weise stellten

Frauen im Mai 1990 zwar nur 21% der SPD-Kandidaten, aber 26% der SPD-Mitglieder in den BVV.

1992 gab es bei allen politischen Parteien außer der CDU einen höheren Prozentsatz weiblicher BVV-Mitglieder als der Frauenanteil auf den KandidatInnenlisten ausgemacht hatte. In Ostberlin war die Zunahme des Anteils weiblicher Mitglieder im Vergleich zu ihrem Kandidatenanteil besonders groß. Sowohl bei der SPD als auch beim Bündnis '90 lag die Differenz zwischen dem Prozentsatz an Frauen auf den Kandidatenlisten und an den Mitgliedern bei über 10 Prozentpunkten. Obwohl es 1992 noch Unterschiede im Prozentsatz weiblicher Kandidaten zwischen Ost- und Westberliner Bezirken gab, waren im Ergebnis die Differenzen bei der Repräsentation von Frauen in den Ost- und den Westberliner BVVs unbedeutend. Die Unterschiede in den Frauenanteilen zwischen der Ost- und der West-SPD verschwanden 1992 fast völlig (36% Frauen in den 11 Ostberliner BVVs und 39% in den 12 Westberliner BVVs). Sowohl beim Bündnis '90 wie bei der Alternativen Liste stellten Frauen 45% der BVV-Mitglieder. Ein Vergleich zwischen der Ost- und der Westberliner F.D.P. ist nicht möglich, da keine Mitglieder dieser Partei in Ostberliner BVVs gewählt wurden.

Damit finden wir bei einer Gesamtbetrachtung der Vertretung von Frauen auf den Parteilisten und in den BVVs von Ost- und Westberlin, daß es in Ostberlin bei beiden Wahlen (1989/90 und 1992) proportional weniger Kandidatinnen als in Westberlin gab, aber daß der Anteil weiblicher Kandidaten bei Ostberliner politischen Parteien jedoch zwischen 1990 und 1992 wuchs. Außerdem gibt es große Unterschiede in der Repräsentation von Frauen in den BVVs. Insbesondere ist der Anteil von Frauen bei der CDU und der F.D.P. auf den Parteilisten größer als in den Bezirksverordnetenversammlungen; das bedeutet, daß Frauen in diesen Parteien auf den Wahllisten generell schlechter plaziert wurden. In der ersten Serie der Kommunalwahlen (1989 und 1990) war der Anteil der Frauen in den BVVs in Westberlin größer als in Ostberlin. Ab 1992 jedoch gibt es fast keinen Unterschied mehr in der Repräsentation von Frauen, obwohl Frauen in Ostberlin noch einen geringeren Prozentsatz der Kandidaten stellen.

3.   Schlußfolgerungen

Diese Statistiken deuten an, daß nicht alle Ursachen weiblicher Kandidatur, die im ersten Abschnitt diskutiert wurden, das Gesamtniveau des Frauenanteils auf Parteilisten bei West- und Ostberliner Wahlen beeinflussen. Der niedrigere Prozentsatz weiblicher Kandidaten in Ostberlin verglichen mit Westberlin und die Zunahme des Prozentsatzes weiblicher Kandidaten in Ostberlin zwischen

1990 und 1992 besagt, daß der höhere Beschäftigungsgrad der Frauen und der bessere Zugang zu Kinderbetreuungseinrichtungen in Ostberlin keinen Einfluß auf weibliche Beteiligung hatten. Trotz der massiven Entlassungswelle war 1990 der Beschäftigungsgrad von Frauen in Ostberlin höher als in Westberlin; der Prozentsatz an Kandidatinnen war jedoch geringer. Ähnlich standen in Ostberlin 1990 mehr Kinderbetreuungseinrichtungen zur Verfügung als in Westberlin 1989; dennoch war die relative Zahl der Kandidatinnen zu diesem Zeitpunkt niedriger. Darüber hinaus nahm zwar die Arbeitslosigkeit von Frauen im Osten zu und Kinderbetreuungseinrichtungen schlossen, doch der Anteil weiblicher Kandidaten in Ostberlin wuchs.

Auch wenn in Ost- und Westberlin keine Verbindung zwischen Beschäftigung oder Kinderbetreuung einerseits und dem Prozentsatz von Frauen, die für ein Amt kandidieren andererseits gefunden wurde, heißt das nicht, daß diese Faktoren für die individuelle Entscheidung einer Frau zu kandidieren bedeutungslos sind. Eine gleichberechtigte Chance für Frauen und Männer im Bereich der Politik setzt weiterhin weibliche Erwerbstätigkeit und ausreichende Kinderbetreuungseinrichtungen voraus. Lediglich eine umfassende Analyse der Motivationen und des Verhaltens politisch aktiver Frauen könnte uns jedoch Aufschluß geben, über die Gewichtung dieser Faktoren in den Entscheidungen von Frauen, für ein politisches Amt zu kandidieren.

Darüber hinaus weist die obige Information darauf hin, daß für die Steigerung des Anteils von Frauen sowohl auf den Parteilisten als auch in den BVVs Quotenregelungen entscheidend sind. Die politischen Parteien, die über Quotenregelungen verfügen (die SPD und die Alternative Liste in Westberlin sowie die SPD in Ostberlin 1992) haben proportional mehr Frauen auf den Parteilisten als Parteien ohne solche Regelungen. Insbesondere in der Westberliner F.D.P. und CDU ist der Frauenanteil auf Parteilisten geringer als in Parteien mit Quotenregelungen, obwohl in diesen Parteien über eine Steigerung des Frauenanteils an den politischen Ämtern diskutiert wurde. Darüber hinaus scheinen diese beiden politischen Parteien Frauen auf die unteren Listenplätze zu setzen, denn der Anteil weiblicher Parteimitglieder in den BVVs ist geringer als ihr Anteil auf den Parteilisten.

Eine interessante Ausnahme bildet das Bündnis '90 in Ostberlin. 1990 gab es auf den Bündnis '90-Listen einen höheren Prozentsatz von Kandidatinnen als auf den AL-Listen im Jahr zuvor. Dazu sank der Prozentsatz weiblicher Kandidaten beim Bündnis '90 zwischen 1990 und 1992, während dieser Prozentsatz bei den Ostberliner Parteien CDU, F.D.P. und SPD stieg. Das Bündnis '90 hatte bei den Kommunalwahlen 1990 keine Quotenregelungen für Frauen, vergab aber Positionen auf der Liste an verschiedene Organisationen der Koalition. Eine dieser Fraktionen war in vielen Bezirken der Unabhängige Frauenverband, und so erhielten Frauen durch den UFV eine Quote auf der Liste. 1992 war der

UFV in vielen Bezirken nicht mehr so aktiv im Bündnis '90, und es bestand auch ein geringeres Interesse an der Aufteilung der Parteilisten unter den verschiedenen Organisationen. Der hohe Frauenanteil schwand demzufolge bis 1992 wieder. Somit kann das Bündnis '90 als eine Ausnahme betrachtet werden, da seine Organisationsform 1990 als Koalition verschiedener Bürgerbewegungen Frauen eine besonders starke Vertretung ermöglichte.

Schließlich interessiert uns, welche Rolle Parteistrukturen bei der Determinierung des Frauenanteils auf Parteilisten spielen, besonders bei jenen ostdeutschen Parteien, die sich während der Wende entwickelten. Das Fehlen etablierter Parteistrukturen bei den Ostberliner Parteien CDU, F.D.P., SPD und Bündnis '90 führte 1990 - wider Erwarten - nicht zu einer größeren Vertretung von Frauen. In drei von vier Fällen gab es bei Westberliner politischen Parteien 1989 mehr Frauen auf Parteilisten und in BVVs als bei den Ostberliner Pendants 1990. Andererseits wurden 1992 in der Ost-SPD und in Bündnis '90 Kandidatinnen auf den Parteilisten überproportional gut plaziert. Dies wird vor allem beim Vergleich der Frauenanteile auf den Parteilisten mit der in den BVVs offensichtlich: Der Anteil von Frauen in den BVVs liegt um 11 Prozentpunkte höher als der Prozentsatz von Frauen auf den Listen. Eine vergleichbar große Differenz zwischen diesen Zahlen ist bei keiner Westberliner Partei vorzufinden. Die SPD und Bündnis '90 zeichnen sich vor anderen ostdeutschen Parteien durch die Tatsache aus, daß sie neugegründete Parteien sind; im Gegensatz zu den anderen waren sie mit alten Parteistrukturen nicht vorbelastet, eine 'Umstrukturierung' war nicht erforderlich. Vielleicht war es gerade das Fehlen von bereits vorhandenen Strukturen und Führungskräften, das es Frauen gestattete, hohe Positionen in der lokalen Parteiorganisation schneller als in Westberlin oder in den anderen Ostberliner Parteien zu erreichen.

Die Ergebnisse dieses Vergleiches deuten daraufhin, daß Frauen, die einen erhöhten Einfluß in der politischen Arena anstreben, sich auf die politischen Parteien konzentrieren müssen. Unter den verschiedenen Faktoren, die hier diskutiert wurden, scheinen Parteiregeln und -strukturen den größten Einfluß auf weibliche Repräsentanz zu haben. Quotenregelungen erhöhen den Anteil von Frauen auf Wahllisten und in politischen Ämtern. Politische Parteien, die es grundsätzlich ablehnen, Quotenregelungen einzuführen, mögen zwar auch die Zahl der Frauen auf den Parteilisten geringfügig steigern; die Vorrechte des jeweiligen Amtsinhabers verhindern jedoch eine reale Verbesserung des Frauenanteils, da Politikerinnen die Spitzenplätze auf der Liste meist verweigert werden. Aus den Erfahrungen mit den neuen politischen Parteien können Frauen Nutzen ziehen, bei denen bisheriger Amtsbesitz keine Voraussetzung für eine günstige Plazierung auf den Parteilisten ist und Frauen die Entwicklung von Parteiregeln und -normen mitbeeinflussen können.

Literatur

Autorenkollektiv 1987: Kind und Gesellschaft. Eine soziologische Studie über die Geburten-entwicklung in der DDR. Berlin

Bassnet, Susan 1986: Feminist Experiences: The Women_s Movement in Four Cultures. London

Bebel, August 1950: Die Frau und der Sozialismus. Stuttgart

Bundesministerium für Jugend, Familie, Frauen und Gesundheit (Hg.) 1989: Frauen in der Bundesrepublik Deutschland. Bonn

Burgard, Roswitha/Karsten, Gaby 1981: Die Märchenonkel der Frauenfrage: Friedrich Engels und August Bebel. Berlin

Ecklein, Joan Levin/Giele, Janet Zollinger 1981: Women's Lives and Social Policy in East Germany and the United States. In: Studies in Comparative Communism. Jg. XIV (1981), H. 2/3, S. 191-207

Enders, Ulrike 1986: Kinder, Küche, Kombinat. Frauen in der DDR. In: Aus Politik und Zeitgeschichte. (1986) B 6-7, S. 26-37

Engels, Friedrich 1973: The Origins of the Family. In: Rossi, Alice: The Feminist papers. New York. S. 480-495

Ferree, Myra Marx 1991: The Rise and Fall of Mommy Politics: Feminism and Unification in (East) Germany. [Unpublished paper]

Ferree, Myra Marx/Young, Brigitte 1993: Three Steps Back for Women: German Unification, Gender and University 'Reform'. In: Political Science and Politics. Jg. XXVI (1993), H. 2, S. 199-205

Glaeßner, Gert-Joachim 1977: Herrschaft durch Kader. Leitung der Gesellschaft und Kaderpolitik in der DDR. Opladen

Helwig, Gisela 1987: Frau und Familie. Bundesrepublik Deutschland - DDR. Köln

Hoecker, Beate 1987a: Frauen in der Politik: Eine soziologische Studie. Opladen

Hoecker, Beate 1987b: Politik: Noch immer kein Beruf für Frauen. In: Aus Politik and Zeitgeschichte. (1987) B 9-10, S. 3-14

Holtmann, Eberhard 1990: Kommunalpolitik im politischen System der Bundesrepublik. Aufbau, Aufgaben und Problemlagen. In: Aus Politik und Zeitgeschichte. (1990) B 25, S. 3-15

Lane, Christel 1983: Women in Socialist Society with Special Reference to the German Democratic Republic. In: Sociology. Jg. 17 (1983), H. 4, S. 489-505

Lee, Marcia Manning 1976: Why Few Women Hold Public Office: Democracy and Sexual Roles. In: Political Science Quarterly. Jg. 91 (1976), H. 2, S. 297-324

Lehmann, Erhard 1990: Kommunalwahlen in der DDR 1990. In: Deutsche Verwaltungspraxis. Jg. 41 (1990), H. 5, S. 131-135

Lovenduski, Joni 1986: Women and European Politics: Contemporary Feminism and Public Policy. Amherst

Lovenduski, Jone/Norris, Pippa 1989: Selecting Women Candidates: Obstacles to the Feminization of the House of Commons. In: European Journal of Political Research. Jg. 17 (1989), H. 5, S. 553-562

Meyer, Birgit 1990: Frauenpolitiken und Frauenleitbilder der Parteien in der Bundesrepublik. In: Aus Politik und Zeitgeschichte. (1990) B 34-35, S. 16-28

Meyer, Gerd 1986: Frauen in den Machthierarchien der DDR oder: Der lange Weg zur Parität. In: Deutschland Archiv. (1986), H. 3, S. 294-311

Mill, John Stuart 1973: The Subjection of Women. In: Rossi, Alica: The Feminist Papers, New York. S. 196-238

Mommsen, Margareta 1986: Die politische Rolle der Frau in Ost und West. In: Aus Politik und Zeitgeschichte. B 6-7/86, S. 3-13

Norris, Pippa 1987: Politics and Sexual Equality: The Comparative Position of Women in Western Democracies. Boulder

Norris, Pippa/Lovenduski, Joni 1989: Women Candidates for Parliament: Transforming the Agenda. In: British Journal of Political Science. Jg. 19, (1989), H. 1, S. 106-115

Penrose, Virginia 1993a: Orientierungsmuster des Karriereverhaltens deutscher Politikerinnen. Ein Ost-West-Vergleich. Bielefeld

Penrose, Virginia 1993b: The Political Participation of GDR Women during the Wende. In: Gerber, M./Woods, R.: Studies in GDR Culture and Society 11/12. Lanham/New York/London. S. 37-52

Randall, Vicki 1987: Women and Politics: An International Perspektive. Chicago

Rasmussen, Jorgen S. 1983: Women's Role in Contemporary British Politics: Impediments to Parliamentary Candidature. In: Parliamentary Affairs. Jg. 36 (1983), S. 300-315

Rudolph, Hedwig/Appelbaum, Eileen/Maier, Friederike 1990: After German Unity: A Cloudier Outlook for Women. In: Challenge. Jg. 33 (1990), S. 33-40

Senatsverwaltung für Arbeit und Frauen 1992: Arbeitslos, über 40, weiblich. Berlin

Statistisches Amt der Stadt Berlin 1990: Endgültige Ergebnisse der Wahlen zur Stadtverordnetenversammlung und den Stadtbezirksversammlungen am 6. Mai 1990. Berlin (Ost)

Statistisches Bundesamt 1991: Statistisches Jahrbuch für das Ausland. Wiesbaden

Statistisches Landesamt Berlin 1992: Wahlen zu den Bezirksverordnetenversammlungen in Berlin am 24. Mai 1992: Vorläufige Ergebnisse. Berlin

Winkler, Gunter (Hg) 1990: Frauenreport '90. Berlin

"Ich sehe das anders ..." Machtverständnis parteipolitisch aktiver Frauen in Ost- und Westdeutschlands

Virginia Penrose

Politik läßt sich auch heute von Macht nicht abgrenzen. Die Behandlung des Themas politische Partizipation von Frauen ohne eine gleichzeitige Diskussion über Machtverständnis bliebe daher unvollständig. Politisch engagierte Menschen sind sich des engen Zusammenhanges von Macht und Politik auch mehr oder minder bewußt. Je höher das Individuum in der politischen Hierarchie aufsteigt, desto offensichtlicher wird seine Einbindung in die herrschenden Machtverhältnisse der Gesellschaft und seine Teilnahme an der Machtausübung sein.

Spätestens seit Mitte der 80er Jahren war das Potential an Frauen in den unteren und mittleren Ebenen der politischen Machthierarchien der ehemaligen DDR und der BRD deutlich sichtbar. Trotzdem hatten es ost- und westdeutsche Frauen nur vereinzelt geschafft, in den innersten Kreis der politischen Elite einzudringen (SED-Studie 1988; Meyer 1986; Gast 1973). Bis zur Vereinigung Deutschlands kann die Politik demnach als ein von Männern beherrschter und bestimmter Tätigkeitsbereich, politische Macht als männliches Vorrecht beschrieben werden. Spätestens aber seit der Wahl zum 12. Deutschen Bundestag im Dezember 1990 gibt es deutliche Zeichen dafür, daß das männliche Machtmonopol langsam zu bröckeln beginnt. Jede(r) fünfte Bundestagsabgeordnete heute ist eine Frau. 1992 erhielt Deutschland seine erste Ministerpräsidentin (Heidi Simonis, SPD). Immer mehr Frauen melden ihren Anspruch auf die höchsten politischen Ämter an.

Frauen sind in patriarchalischen Gesellschaftsordnungen - wie es die Bundesrepublik ist und die ehemalige DDR war - einer "doppelten Vergesellschaftung" (Becker-Schmidt) ausgesetzt; das heißt u.a., daß sich sowohl ihre Erfahrungen als auch ihr Verständnis von Macht von denen der Männer folgerichtig unterscheiden muß: in Gesellschaften, den eine Polarisierung der Geschlechterzuordnung zugrundeliegen (männlich als das Höherwertige, Allgemeingültige und weiblich als das Minderwertige, Andersartige), sind wohl auch Macht und Geschlecht miteinander verbunden (Hagemann-White 1985, S. 148-150). Das offene Streben nach Macht gilt als ein den Männern angeborenes Verhalten. Den Frauen wird meist die Rolle der Ohnmächtigen, höchstens die der Mitarbeitenden, niemals aber die der aktiv nach Macht Strebenden zugeschrieben. Zudem verstellen die gesellschaftlichen Phantasmen des "guten Herrschers" (allmächtig, einzigartig, beschützend, allem überlegen, potentiell allwissend, Gutes lohnend, Böses strafend, objektiv) und der "bösen Herrscherin" (unberechenbar, verschlingend, grausam, blind und ohne Erkenntnis, zerstörerisch, parteiisch) als unsichtbare Hindernisse Frauen hartnäckig den Weg zum politischen Erfolg (Reichwein 1990, S. 209-211). Patriarchalische Rationalität berechtigt traditionell nicht nur, daß Frauen real aus Machtpositionen ausgeschlossen werden; auch das Geschlechterverhältnis ist in der theoretischen Machtdiskussion bisher bestenfalls zum Nebenthema reduziert und sonst gänzlich ignoriert worden. Letztlich ist es der feministischen Sozialforschung überlassen worden, das Geschlechterverhältnis in die Thematisierung des Machtproblems zu integrieren (Gerecht/Kulke/Scheich 1988; Kulke 1991; vgl. dazu Greven 1991).

Die neuen, durch die Vereinigung herbeigeführten gesellschaftlichen Konflikte und Konkurrenzen ost- und westdeutscher Kulturen verleihen schließlich der von der BRD-Frauenbewegung immer wieder aufgegriffenen Diskussion über weibliches Machtverständnis eine neue Dimension. Auf gesellschaftlicher Ebene beeinflussen soziale und politische Strukturen, aber auch Werte und Normen unser Verständnis und unsere Haltung zur Macht. Auch persönliche Erfahrungen der Einzelnen in Machtsituationen (als Überlegene sowie als Unterlegene) prägen den individuellen Begriff und das Verhalten. Da jeder Mensch vorrangig durch primäre und sekundäre Sozialisationsprozesse der eigenen Gesellschaft geformt wird, muß von systemspezifischen, aber auch gruppenspezifischen Unterschieden in Orientierungsmuster und Verhaltensweisen ost- und westdeutscher Frauen ausgegangen werden. In der DDR und in der BRD unterschieden sich die fundamentale Ideologie, die wirtschaftlichen und politischen Strukturen und die gesellschaftlichen Interpretationen historischer Ereignisse. Sozialwissenschaftliche Studien bestätigen auch das jeweils andere gesellschaftliche Verständnis des "Weiblichen" (Enders 1987; Gysi 1990; Dölling 1990; Penrose 1993). Demnach verbergen sich hinten der in beiden Gesellschaften existierenden sozialen Strukturkategorie "Geschlecht" (gender) unterschiedliche Inhalte. Schließlich unterscheiden sich nicht nur institutionalisierte Anpassungsmechanismen der jeweiligen Gesellschaft, sondern auch die konkreten Lebensumstände, denen Frauen ausgesetzt waren. In der Konsequenz ist es m.E. kaum möglich, eine Homogenität im Machtverständnis und demzufolge im parteipolitischen Machtverhalten ost- und westdeutscher Frauen anzunehmen.

Die folgende Diskussion über das Gesellschaftsspezifische wie auch das Geschlechtsspezifische am vermittelten Machtverständnis ehemaliger DDR- und BRD-Politikerinnen bezieht sich auf Ergebnisse einer 1992 abgeschlossenen Forschungsarbeit über Orientierungsmuster ost- und westdeutscher Politikerinnen (Penrose 1993). Untersucht wurden insgesamt 40 PolitikerInnen (31 Frauen und 9 Männer), die zwischen November 1987 und August 1990 auf kommunaler und/oder auf Landesebene parteipolitisch engagiert waren und entweder ein politisches Mandat oder ein parteiinternes Amt ausübten.

Nach einer kurzen Charakterisierung bedeutender strukturbedingter Unterschiede in parteipolitischen Orientierungsmustern ehemaliger DDR- und BRD-PolitikerInnen werden die Machtkonzepte der interviewten Politikerinnen in Hinblick auf beeinflussende gesellschaftliche und politische Strukturen erläutert. Da sich die Machtdefinitionen der Befragten auch unter den Frauen des jeweiligen Staates teilweise stark von einander unterschieden, behandele ich die Aussagen der BRD- und der DDR-Befragten getrennt. Das Thema dieses Aufsatzes ist weibliches Machtverständnis; demzufolge werden lediglich die Reaktionen und Antworten der interviewten Frauen aufgeführt und diskutiert. Zur Unterstreichung geschlechtsspezifischer Unterschiede werde ich dennoch gelegentlich - wo angebracht - auf bedeutende Abweichungen in den Antworten der in der ursprünglichen Untersuchung befragten Männer hinweisen. Abschließend stelle ich einige Überlegungen zur Bedeutung der diskutierten systembedingten Differenzen im Machtverständnis ost- und westdeutscher Politikerinnen im Prozeß der deutschen Vereinigung an.

1. Bestimmende Elemente der Staatssysteme und Parteienstrukturen für das Machtverständnis von politisch Aktiven

Macht ist ein soziales Phänomen; sie ergibt sich nur aus sozialer Interaktion. Das individuelle Machtverständnis ist Bestandteil des 'Habitus' eines Menschen, das sowohl von den jeweiligen gesellschaftlichen und politischen Strukturen, als auch von den Lebenserfahrungen der Menschen geprägt wird.[1] In der ehemaligen DDR und der BRD herrschten unterschiedliche ideologische Machtauffassungen, auch die Staatssysteme basierten auf unterschiedlichen Konzepten der Kontrolle und Organisation von Macht: Die in der ehemaligen DDR herrschende Ideologie des Marxismus-Leninismus leitete ihre Machtdefinition aus der durch Marx und Engels begründeten Gesellschaftstheorie ab.

---

1   Mit der Anwendung dieses Begriffes lehne ich mich an das Habituskonzept von Pierre Bourdieu an. In seiner Rekonstruktion gesellschaftlicher Praxis versucht der französische Soziologe der Mannigfaltigkeit der Entscheidungsmöglichkeiten und damit der Vielschichtigkeit der sozialen Wirklichkeit gerecht zu werden, indem er der gesellschaftlichen Praxis der Subjekte sehr differenziert nachgeht. Den "Habitus" definiert er als "ein[en] systematische[n] Zusammenhang von Dispositionen des Individuums, die von dessen objektiver Situation geprägt sind" (Bourdieu 1981, S. 170). Mit seinem Habitusbegriff unterstreicht Bourdieu vor allem die enge Beziehung zwischen Akteuren und ihrem sozialen Raum (für eine detaillierte Diskussion zum Habituskonzept vgl. Bohn 1991; Krais 1985).

Danach werden Macht und Machtverhältnisse sowie die institutionellen Formen ihrer Durchsetzung letztendlich auf die materiellen ökonomischen Verhältnisse der jeweiligen Gesellschaftsordnung zurückgeführt. Herrschafts- und Machtausübung werden aus dem Besitz an den entscheidenden Produktionsmitteln erklärt. Demzufolge setzt in der kapitalistischen Gesellschaft die ökonomisch herrschende Klasse als Besitzerin der Hauptproduktivkräfte ihre Interessen mit Hilfe vom Staat und seiner politischen Institutionen durch. In der marxistisch-leninistischen Gesellschaftsanalyse ist es mit der Erkenntnis der Machtverhältnisse nicht getan, sondern es gilt, sie aufzuheben. "In der antagonistischen Klassengesellschaft ist Macht stets Herrschaft einer ausbeutenden Minderheit über eine ausgebeutete Mehrheit" (Kleines politisches Wörterbuch 1978, S. 542; vgl. auch Gerecht/Kulke/Scheich 1988, S. 266). Den Schlüssel für das Verständnis des ideologischen Machtbegriffs unter den Bedingungen des realen Sozialismus in der DDR bildet der Begriff der 'Diktatur des Proletariats', die die Herrschaft der Mehrheit über eine Minderheit errichtet. Geführt von der marxistisch-leninistischen Partei erfüllt die Arbeiterklasse in der Diktatur des Proletariats ihre 'historische Mission', indem sie die politische Macht der Bourgeoisie 'zerschlägt', die Hauptproduktivkräfte vergesellschaftet und somit die Interessen der Mehrheit des Volkes als die politisch herrschenden durchsetzt. In der klassenlosen Gesellschaft des Kommunismus verschwinde daraus Herrschaft und Macht.

In der sozialistischen Ideologie werden Macht und Machtausübung begrifflich kaum voneinander unterschieden. Im alltäglichen Verständnis der DDR-Ideologen wurde Macht in zwei Richtungen interpretiert. Einmal als negativ - als solche wurde sie angewendet zur Zerschlagung des bürgerlichen Machtapparates und zur Niederhaltung jeder Form von Widerstand, einschließlich aller Formen bürgerlichen Einflusses innerhalb der sozialistischen Gesellschaft. Das schloß auch den Kampf gegen die sogenannte bürgerliche Ideologie ein und diente als Legitimation für jede Form von Unterdrückung, insbesondere, wo man Widerstand gegen bestimmte Maßnahmen des sozialistischen Staates vermutete. Zum anderen definierte man Macht positiv, als Mittel zur Errichtung gesellschaftlichen Eigentums an den wichtigsten Produktionsmitteln und zur Gestaltung der sozialistischen Produktionsverhältnisse mittels der Entwicklung und Ausgestaltung der Formen sozialistischer Demokratie.[2]

---

2   Deklamativ wurde behauptet, daß mit dem Sturz der Bourgeoisie die Arbeiterklasse die Macht übernommen hat. Die Machtausübung fällt dagegen 'gesetzmäßig' der Avantgarde der Arbeiterklasse; das heißt, der marxistisch-leninistischen Partei und deren Führung zu. Nur sie besäße das politische Bewußtsein und die Einsicht in die historischen Gesetzmäßigkeiten des Aufbaus des Sozialismus und verfüge über die notwendigen Organisationsstrukturen und Erfahrungen zur Machtausübung, die sie

Schließlich ist das Staatssystem in Anlehnung an die marxistische Staatslehre auf der Grundlage der Volkssouveränität aufgebaut worden. Da nach dieser Auffassung die Arbeiterklasse (und die mit ihr verbündeten Klassen und Schichten) die Macht ausübt, herrsche im sozialistischen Staat die Mehrheit über die Minderheit; der Staatsapparat wird nicht vom Volk getrennt. Durch die Verwandlung der politischen Staatsgewalt in Selbstverwaltung strebte sie "die *Gewalteneinheit* einer 'arbeitenden', zugleich 'beschließenden und ausführenden' Vertretungskörperschaft" an (Roggemann 1989, S. 180f. vgl. auch Kleines Politisches Wörterbuch 1978, S. 855).

In der ehemaligen DDR unterlag das Entscheidungsrecht darüber, wann ausgewählte Kader in die Partei aufsteigen sowie wo und wie sie sich politisch einsetzen können, stets der Parteileitung (für eine ausführliche Diskussion über SED-Kaderpolitik vgl. Meyer 1991; Glaessner 1977; Fricke 1984; für Rekrutierung in den Blockparteien: auch Brandt/Dinges 1984; Meyer 1983). Diese Entscheidungen konnten nicht in Frage gestellt werden. Die personalpolitische Entscheidungen der DDR-Parteien liefen demnach von oben nach unten. Ein bedeutsamer Bestandteil des DDR-Politikverständnisses ist die aus Erfahrungen stammende Assoziation von Politik mit auch überparteilicher Zusammenarbeit, um ein (angeblich) gemeinsames Ziel zu erreichen, mit dem Streben nach "gesellschaftlicher Harmonie" im Sinne von politischer Übereinstimmung. Pflicht und Auszeichnung waren wichtige motivierende Merkmale politischen Engagements der DDR-Befragten: die Förderung als Auszeichnung für geleistete Dienste und Parteitreue, aber die Pflicht gegenüber der Partei und "dem Volk", engagiert, leistungsstark und abrufbereit zu sein. Bescheidenheit in bezug auf die eigenen Fähigkeiten, Kollektivsinn und Gehorsam gegenüber der Partei sind geübt worden (Penrose 1993, S. 71ff.).

Die Verfassung der Bundesrepublik orientierte sich dagegen an dem pluralistisch-parlamentarischen Demokratiekonzept und dem Prinzip der Machtkontrolle durch *Gewaltenteilung und Gegenmacht* (Montesquieu); durch gegenseitige Hemmung und Kontrolle der Macht mittels rechtlich selbständiger Teilgewalten (Legislative, Exekutive und Jurisdiktion) soll staatliche Macht eingeschränkt und der Schutz der Bürger vor Machtmißbrauch gewährleistet werden. In einem demokratischen Verfassungsstaat repräsentativ-parlamentarischer Prägung ist es danach auch Ziel, das "Problem der Macht" zu lösen bzw. durch "Teilung und Kontrolle 'Mächte' im Kapillarsystem pluralistisch-institutionalisierter Willensbildung" zu kanalisieren (T. Ellwein).

Die Bundesrepublik versteht sich als Volksvertretungssystem, in dem "das Volke seine Macht im wesentlichen vermittelt durch Wahlen in Volksvertretun-

---

ausschließlich im Interesse der Arbeiterklasse und zum Wohle des ganzen Volkes anwandte.

gen ausübt" (Roggemann 1989, S. 180). Heute ist unbestritten, daß die Parteien für das Volk mediatisierend die politische Willensbildung beherrschen. Die Parteien konkurrieren miteinander um ein Maximum an Stimmen bei den Wahlen, um die politischen Führungspositionen mit ihren KandidatInnen zu besetzen; auf der Grundlage eines Basiskonsenses *(Verfassungskonsenses)* beteiligen sie sich am Prozeß der Intereseninteraktion (für eine ausführliche Diskussion über die Grundstruktur des bundesdeutschen Parteiensystems, siehe Stöss 1983, S. 142ff.).

Im Parteiensystem der Bundesrepublik herrscht nicht die gleiche zentrale Reglementierung des Rekrutierungsprozesses wie in der ehemaligen DDR. Da der Aufstieg in die Parteihierarchie weitgehend mit einem parlamentarischen Aufstieg verbunden zu sein scheint, wird der Karrierestart bundesrepublikanischer PolitikerInnen durch parteiinterne Entscheidungen über die KandidatInnenaufstellung und die Verteilung der Listenplätze stark beeinflußt. Diese Entscheidungen werden auf der Basisebene der Parteiorganisationen vorbereitet und dadurch weitgehend vorbestimmt; der Einfluß der Bundes- und Landesverbände der Parteien wird als relativ gering eingeschätzt; die personalpolitischen Entscheidungen der bundesrepublikanischen Parteien laufen demnach eher von unten nach oben.

Das System der öffentlichen Konkurrenz um Wahlämter und der Konfliktaustragung in Institutionen der Volksvertretung durch die Parteien haben das Bild und die Verhaltensnormen der BRD-PolitikerInnen geprägt. Eine Konzentration auf die Außenwirkung, den individuellen Leistungsbeitrag und die Redegewandtheit einzelner Personen bei der Personalauswahl wertet insgesamt Individualität im parteipolitischen Handlungsraum der BRD auf. Ziel wird es letztendlich, innerhalb der Partei und in der Öffentlichkeit als Individuum positiv aufzufallen, sich "einen Namen zu machen". Eigeninitiative und offenkundiger Ehrgeiz der einzelnen sind unabdingbar für Erfolg in der politischen Arena. Die Fähigkeit, sich gegen Widerstand durchzusetzen, die gekonnte Handhabung machtpolitischer Taktiken und Strategien, Lust an der Auseinandersetzung und Spaß am politischen Kampf sind ebenfalls erforderlich (Penrose 1993, S. 92ff.).

2.   Systembedingte Charakteristika weiblichen Machtverständnisses

Es war zu erwarten, daß sich die unterschiedliche wissenschaftlich-theoretische, gesellschaftliche und politische Handhabung des Machtphänomens der zwei politischen Systeme in den individuellen Reflexionen der Befragten zum Thema 'Macht' widerspiegeln würde. Die Äußerungen der befragten PolitikerInnen über Macht waren sehr vielschichtig. Die Beispiele der politischen

Machtausübung und des Machtverhaltens sowie die Schlüsselerlebnisse der PolitikerInnen wiesen dennoch auf Machtauffassungen hin, die eindeutig ideologisch und strukturell geprägt sind. Interessanterweise wich das über bestimmte Beispiele vermittelte Machtverständnis der Befragten nicht selten weit von der jeweils ursprünglich gebotenen Definition ab. Eine Erklärung für das Auseinanderklaffen von aufgeführten Definitionen und Beispielen ist m.E. im Grad der bewußten Auseinandersetzung mit Machtphänomenen im Zusammenhang mit eigenen politischen Tätigkeiten zu suchen.

In diesem Zusammenhang ist es wichtig, auf den bedeutsamen wenn auch im Zeitraum der Datenerhebungen unvorhersehbaren - Unterschied in Interviewbedingungen der ehemaligen DDR- und BRD-Politikerinnen aufmerksam zu machen: die politischen Entwicklungen in der DDR zwischen Sommer '89 und Frühjahr '90, die letztendlich zur politischen Vereinigung der beiden deutschen Staaten geführt haben. Der politische Aufruhr, der innerhalb kürzester Zeit mehrmalige Machtwechsel, die Offenbarungen des wirtschaftlichen Betruges der SED als herrschender Partei der DDR, die Einführung des pluralistisch-demokratischen Wahlverfahrens und die zunehmende wirtschaftliche Unsicherheit nahmen zum Zeitpunkt der meisten Interviews eindeutig eine zentrale Stelle in den Gedanken der DDR-PolitikerInnen ein. Die psychischen sowie praktischen Auswirkungen der politischen Ereignisse zwischen 1989 und 1990 auf die befragten DDR-PolitikerInnen sind in den Interviews auch nicht zu übersehen. Es war zu erwarten, daß diese Ereignisse gerade das Machtverständnis der Interviewees stark beeinflussen würden. Tatsächlich scheint die ungewöhnliche politische und wirtschaftliche Situation die befragten Politikerinnen veranlaßt zu haben, sich mit dem Thema Macht - meist zum ersten Mal - bewußt auseinanderzusetzen. Da das Machtverständnis der Befragten durch Langzeitbeeinflussung gesellschaftlicher und politischer Strukturen geformt und in individuelle Wertmaßstäbe inkorporiert wird, meine ich nicht, daß diese bewußte gedankliche Beschäftigung mit dem Machtthema in der kurzen Zeit tatsächlich zu einer persönlichen Neudefinierung des Begriffs geführt hat.

2.1   BRD: Macht als Notwendigkeit des politischen Handelns

Auf die Frage nach ihrem persönlichen Machtbegriff antworteten die BRD-Politikerinnen spontan mit einem eher instrumentellen Verständnis von Macht: Macht wurde vor allem - bewußt oder unbewußt in Anlehnung an Webers' klassische Definition - als die Möglichkeit, politische Interessen gegen Widerstand durchzusetzen, verstanden. In den drei Fällen, wo die Befragten mit ihrer Definition von diesem Muster abweichen, stand dennoch der Willensbildungs- bzw. Durchsetzungsprozeß im Mittelpunkt aufgeführter Beispiele politischer Machtausübung. Abgesehen von diesem 'roten Faden', der sich durch die Machtauffassungen von BRD-Interviews zieht, unterschieden sich aber die Antworten teilweise sehr stark voneinander:

Themen bestimmen

Drei Politikerinnen setzten Macht u.a. auch mit "Themen bestimmen" bzw. Themen gestalten" gleich. Diese Definition enthält implizit, Macht als die Möglichkeit den eigenen Willen auch gegen Widerstand durchzusetzen. Sie scheint aber näher an der politischen Wirklichkeit gebunden zu sein; denn diese Machtauffassung ist stark von alltäglichen Erfahrungen in Parteigremien beeinflußt worden, in denen der bzw. die Vorsitzende allein über die Tagesordnung der jeweiligen Sitzung entscheidet. In den Gesprächen, in denen Macht entsprechend interpretiert worden ist, werden Beispiele der Machtausübung auf Gremien- und Vorstandsarbeit bezogen. Die Frauen, die Macht als "Themen bestimmen" definierten, stellten dabei stets die Möglichkeit, so *eigene* Ideen verwirklichen zu können, in den Vordergrund. Eine FDP-Politikerin meinte unverblümt, daß sie Macht in der Politik hätte, indem sie versucht, "bestimmte Themen einfach so zu gestalten", wie sie das "gerne möchte". Der Wunsch, *allein* entscheiden zu können, ohne daß jemand "'reinredet" scheint unter Vertreterinnen eines solchen Machtbegriffs stark ausgeprägt zu sein.

Macht durch Wissen

"Macht durch Wissen" war im Rahmen der Untersuchung ein ausschließlich weibliches Konzept, das interessanterweise von den drei Frauen, die es anwendeten, auch unterschiedlich aufgefaßt worden ist. Die GAL-verbundene Stadträtin und eine Grünen-Landtagsabgeordnete sehen ihre Macht darin, daß sie wissen, wie etwas zu verwirklichen ist; sie wissen "wie es läuft". Ihre Beispiele der Machtausübung bestätigen, daß dieses Machtverständnis auf persönliche Erfahrungen der Ohnmacht als politische 'Außenseiterinnen' gegenüber einem scheinbar undurchdringlichen bürokratischen Labyrinth der staatlichen Verwaltung beruht, das mit dem zunehmenden Einblick in die politischen und bürokratischen Prozesse eigenes Machtgefühl mit sich brachte. Unbewußt handeln sie nach der Theorie der auf Sachkenntnis gegründeten Macht im Sinne von Weber, der - neben seinen anderen Machtdefinitionen - auch von einer auf Spezialwissen beruhenden Machtstellung der Bürokratie spricht[3] (Weber 1972, S. 572ff.; für Diskussion vgl. Keck 1991).

---

3   "Stets ist die Machtstellung der voll entwickelten Bürokratie eine sehr große, unter
     normalen Verhältnisse eine überragende. Einerlei, ob der 'Herr', dem sie dient, ein mit
     der Waffe der 'Gesetzesinitiative', des 'Referendums' und der Beamtenabsetzung aus-
     gerüstetes 'Volk', ein ... Parlament oder ein ... aristokratisches Kollegium oder ein
     vom Volk gewählter Präsident oder ein ... Monarch ist, - stets befindet er sich den im

Als Ausnahme berief sich die SPD-Politikerin, Frau DD im Gespräch auf Bebels neutralisierenden Machtbegriff aus der Arbeiterbewegung: "Macht ist Wissen". Sie schien sich damit zuerst von der gängigen Auffassung politischer Macht distanzieren zu wollen. Frau DD interpretierte dann aber diesen Machtbegriff selbst wie folgt: "Daß man durch ein Mehr an Wissen andere besser überzeugen kann, auch glaubwürdiger ist vielleicht und so weiter". In ihren weiteren Erläuterungen und politikbezogenen Schlüsselerlebnissen unterstrich die Lehrerin immer wieder, wie wichtig es sei, gut informiert zu sein. Detaillierte Kenntnisse der politischen, wirtschaftlichen und sozialen Situation würden erstens die bessere Einschätzung eines umstrittenen Problems ermöglichen; zweitens können mit diesen Hintergrundkenntnissen andere von der "Richtigkeit" der eigenen Vorschläge zur Problemlösung besser überzeugt werden. Frau DD drückte m.E. letztendlich damit eine vage Vorstellung ihrer eigenen Ohnmacht im politischen Umfeld aus: Auf der Ortsebene hat sie erfahren, daß Autorität der Person und Autorität der Position nicht dasselbe sind.

"Aber in dem Moment, wo man zum Beispiel den einzelnen Parteigenossen dann auch im Gespräch etwa sagt: 'Nee, also das finde ich jetzt nicht richtig', oder 'Jetzt laß' mal auch die anderen ausreden!' - so Verhaltensmaßnahmen oder so -, das akzeptieren sie [Männer, d.Verf.] schwerer. Das müssen sie jetzt akzeptieren - denken sie -, weil jetzt die Hierarchie so ist. Ich bin jetzt die Vorsitzende - also darf ich sagen: 'So, du hast jetzt genug geredet - laß' den mal reden, der hat sich schon die ganze Zeit gemeldet!'; das akzeptieren sie aufgrund der Akzeptanz der Struktur, der Hierarchie. Aber sie würden es im privaten Kreis, glaube ich, nicht so akzeptieren" (Frau DD).

Obwohl sie die "Hierarchie der Partei" zu ihren Gunsten auszunutzen versucht, deutet sie gleichzeitig an, daß ihre persönliche Autorität von (männlichen) Parteigenossen an und für sich nicht akzeptiert wird: "Aber sie würden es im privaten Kreis, glaube ich, nicht so akzeptieren." Im Rahmen ihrer Studie über die Fremdheit von Frauen in der Politik greift auch Schöler-Macher die Problematik des "Nicht-Ernstgenommen-Werden" der Frauen in ihrer politischen Tätigkeit auf. Aus ihren Interviews entnimmt die Soziologin, daß das Gefühl, von männlichen Kollegen nicht ernstgenommen und deklassiert zu sein, vor allem in zwei bestimmten Zusammenhängen vorkommt: im Zusammenhang mit männlichem Überlegenheitsgebaren und in Situationen, wo Frauen öffentlich sprechen müssen (Schöler-Macher 1992, S. 273ff). Frau DD empfindet ihre "Macht" als sehr begrenzt; sie sieht sie darauf beschränkt, das Gespräch im Ortsvorstand zu lenken und "Verhaltensmaßnahmen" durchzusetzen. Damit ist sie offensichtlich nicht zufrieden. In die Zukunft schauend, meint sie: "Der

---

Betrieb der Verwaltung stehenden geschulten Beamten gegenüber in der Lage des 'Dilettanten' gegenüber dem 'Fachmann'...." (S. 542).

Kreisvorstand wäre noch interessant, weil, da kann man auch auf Kreisebene die Themen bestimmen." Im Moment jedoch sieht die SPD-Politikerin als einzige Lösung, die "anderen" (die Männer) durch überlegenes Wissen von ihrer Glaubwürdigkeit und ihrer persönlichen Autorität zu überzeugen. Macht kann sie in diesem aktuellen persönlichen Konflikt nur entsprechend interpretieren.

Einflußnahme

Drei Frauen definierten Macht z.b. spontan als die Möglichkeit "Einfluß auszuüben" (Frau JN, CDU; Frau LD, FDP; Frau KL, Grünen).

> "Also ich hab' von klein auf [Macht ausgeübt]. Schon als Schülerin kamen alle Leute mit ihren Problemen zu mir ... Und ich hab'. so die ganzen Familiensachen immer schon gemacht - angefangen bei der Haushaltsführung bis hin zu eigenen Lebensentscheidungen, meine Eltern auch beraten. Und von daher war Entscheidungen für andere zu treffen, für mich immer was Selbstverständliches schon" (Frau LD, FDP).

In der Schilderung Frau LDs fehlt die hierarchische Vorstellung von Macht, ebenso wie das Merkmal des Durchsetzens gegen Widerstand. Die drei Politikerinnen scheinen eher von einem kommunitären Machtbegriff auszugehen, dem der Macht, die aus einem "Geben und Nehmen" (Popitz) in persönlichen Beziehungen entsteht. Die Ausführungen über den persönlichen Machtbegriff unterstützen den Eindruck, daß es für Frau LD und die andere Frauen um "Verantwortung übernehmen", sich für andere einsetzen, um das Lenken von Entscheidungen oder Prozesse handelt, nicht aber um die Einwirkung auf die Individuen und ihr Handeln im Sinne von Herrschaft (im Bereich der theoretischwissenschaftlichen Diskussion vgl. dazu "mütterliche Praxis": Hagemann-White 1987, S. 35; auch Popitz 1969).

Macht als Statussymbol

Schließlich empfanden zwei BRD-Politikerinnen Macht auch als ihre Einflußmöglichkeit durch die jeweils ausgeübte Funktion. Sie umschrieben diese Form der Macht als gesellschaftliches Prestige- bzw. Statussymbol. "Man ist einfach wer", faßte die GAL-verbundene Stadträtin zusammen. Durch den Titel "Abgeordnete", "Stadträtin", MdB usw., werde sie mehr respektiert; ihre Anordnungen werden ihrer Meinung nach rascher befolgt, Ihnen wird Zugang zu wichtigen Informationen und Personen gewährt - auch außerhalb der Politik -, an die der "Durchschnittsmensch" nicht herankommen kann.

Frauenspezifisch an den Machtkonzepten westdeutscher Politikerinnen ist, daß die Frauen deutlich häufiger dazu neigen, Macht in Verbindung mit der Gestaltung oder Beeinflussung von parteipolitischen Entscheidungen nach persönlichen Zielen und Vorstellungen (Ich-bezogene Machtvorstellung) darzustellen.[4]

"Macht ist für mich, wenn ich etwas durchsetzen kann; unabhängig davon, ob es einem größeren Teil einer Bevölkerungsgruppe oder Bevölkerung insgesamt - auch einer kleineren Gruppe - paßt oder nicht" (Frau BC, SPD).

Diese Ich-Form der Machtdefinition ist z.B. besonders auffällig in dem einführenden Zitat von Frau BC. Macht ist für diese Frau, wenn sie ihre eigenen Vorstellungen und Wünsche vor denen anderer Menschen Vorrang geben kann. Die SPD-Politikerin eignet sich z.b. - gleich zum Anfang - die Macht an: für sie ist Macht, wenn sie etwas durchsetzen kann. Macht bleibt auch für sie zielgerichtet, wobei sie die Machtausübung hier nur auf ihren persönlichen Willen bezieht.

Aber diese Ich-Bezogenheit der Machtauffassung war auch bei vielen anderen westdeutschen Politikerinnen zu finden. Für sie ist Macht, "daß die Leute sich nach meinen Objektiven einsetzen" (Frau GK, CDU), "wo mir niemand reinredet, wo ich nicht mich mit Ich-weiß-nicht-wem abstimmen muß" (Frau AR, GAL-nahe), "Themen einfach so zu gestalten, wie ich das gerne möchte" (Frau LD, FDP).

Wenn sie das Wort Macht hört, denkt Frau ED (SPD) an gewonnene Wahlen "... wenn ich die Regierung bilde, heißt es eben, Dinge umgestalten zu können, nach den Zielen und Vorstellungen, wie ich sie hab'."

Hier ist nicht die Rede von Zielen und Vorstellungen der Partei, Fraktion oder innerparteilicher Flügel wie meist bei den Männern vorzufinden war; vielmehr sprachen die Frauen spontan von ganz persönlichen Wünschen und Zielen (vgl. auch Braun, Carola von.). Diese m.E. frauenspezifische politische Haltung

---

4 Die befragten BRD-Männer definierten Macht m.E. dagegen mit deutlich mehr Vorsicht und Distanz als ihre Parteikolleginnen. Dies äußerte sich aber nicht nur im Inhalt der Aussagen, sondern auch in der Sprachform. Benutzten die Frauen "ich", verwendeten die Männer im Gespräch über Macht und Machtverhalten viel häufiger das unverfänglichere "wir" oder "man". Gleichfalls schienen sie sich eher mit den Zielen und Vorstellungen der Partei, der Fraktion oder des Flügels (Bündnis-Verhalten) zu identifizieren.
Dieses Ergebnis widerspricht der These einer neueren quantitativen Studie aus der Bundesrepublik, die aus den Antworten der Befragten zur Motivation für parlamentarische Arbeit interpretiert, daß weibliche Bundestagsabgeordnete einen stärkeren Fokus an Parteizielen und ein geringeres Interesse an der Durchsetzung persönlicher politischer Vorstellungen haben als ihre männlichen Kollegen (Rebenstorf 1990, S. 19; vgl. dazu auch Hoecker 1987a, S. 179). Meine Ergebnisse werden jedoch durch andere qualitative Studien sowie durch Aussagen erfolgreicher Politikerinnen gestützt (Schöler-Macher 1991; Sichtermann 1990); die hier voneinander abweichenden Ergebnisse erkläre ich als Resultat unterschiedlicher Forschungsmethode und Interpretation der Daten.

zur Macht spiegelt sich auch in den geschilderten Beispielen von Machtausübung wider. Die FDP-Politikerin, Frau LD beschrieb z.b. ihr Verhalten in
einem sachpolitischen Konflikt in der Partei folgendermaßen:

> "Ich hab' das über alle möglichen Ebenen versucht; und letztendlich habe ich
> das über einen Antrag im Landesfrauenverband geschafft. Die haben dann den
> Antrag zum Landesparteitag gestellt, und der Landesparteitag ist dem dann ge-
> folgt. Und das war ursprünglich meine Idee ... Die Vorsitzende der Kommis-
> sion war absolut dagegen ... Und ich hab' einfach eines nachts um halb elf, als
> wir uns völlig festgebissen hatten in der Diskussion, ein fertig vorbereitetes Pa-
> pier - zwei Seiten lang - rausgezogen, und da wurde nicht mehr über die ande-
> ren Sachen diskutiert, sondern nur noch über das Papier diskutiert. Und da
> wurden auch nur noch Sätze geändert und eben inhaltlich nichts mehr geändert,
> weil das eben da war. Und das ist dann, das finde ich schon, Machtausübung -
> und auch erfolgreich!" (Frau LD)

An diesem Zitat ist zu erkennen, daß Frau LD die Entscheidungsvorlage nicht
als Politik der Fraktion gelten lassen will, sondern sich selbst als Urheberin der
Idee hervorheben und ihren individuellen Beitrag dazu unterstreichen möchte.
Hier wird ein politischer Konflikt detailliert beschrieben; ihre "Gegner" sind
Individuen, Kommissionen, die Partei. Obwohl andere Partei- oder Kommis-
sionsmitglieder offensichtlich auch für ihre Ideen gestimmt haben, stellt sie die
Konfliktsituation so dar, als habe sie es ganz alleine durch Hartnäckigkeit oder
Taktik geschafft, ihre Ideen durchzusetzen.

Aus diesem Phänomen schließe ich, daß die westdeutschen Frauen sich in
der parteipolitischen Gruppe weit mehr als Individuen fühlen als die Männer;
sie sind auch häufig Einzelkämpferinnen. Im Gegensatz zu Männern formulieren sie im Vorfeld ihre eigenen politischen Wünsche und Ziele; dann suchen sie
Verbündeten und Mehrheiten der Partei, um diese Zielvorstellungen zu verwirklichen. Ihre männlichen Parteikollegen neigen dagegen eher dazu, sich
einer ihnen persönlich und politisch sympathischen Gruppe anzuschließen; in
Konfliktsituationen haben dann die persönlichen Beziehungen Vorrang vor
politischen Meinungen.

Der Grad dieser Empfindung variiert je nach parteipolitischer Erfahrung,
Selbstbewußtsein und der Hauptbezugsgruppe der Frauen. Frauen, die sich über
ihre eigenen Bedürfnisse und Wünsche im unklaren zu sein scheinen und sich
in aktuellen politischen und beruflichen Situationen unwohl fühlen, neigen eher
dazu, sich als Teil der Gruppe zu definieren. Ich erwartete andererseits, daß
Frauen, die über Jahre hinweg in die Männerbünde der Politik besonders stark
integriert waren, zu einer ähnlichen Sprechweise und Haltung tendieren würde
wie ihre männlichen Parteikollegen; dies wurde aber bei gezielterer Auswer-
tung der Interviewsauszüge nicht bestätigt.

Im Vergleich mit den Machtauffassungen der ostdeutschen Politikerinnen wird die funktionale Haltung der BRD-Frauen besonders auffällig: Macht und Politik werden als unzertrennlich betrachtet, Macht für Politik als "einfach notwendig" bezeichnet.

"Ohne Macht, ohne Mehrheiten können wir keine Politik machen" (Frau LD, FDP).

".... man lernt natürlich ein gewisses Gefühl für Macht, was in der Politik einfach das Entscheidende ist. Und wer dieses Machtgefühl nicht hat oder es nicht erwirbt, der wird nie irgendwo ankommen" (Frau JN, CDU).

Die CDU-Politikerin meint also, um parteipolitisch erfolgreich zu sein, muß der Mensch ein "Gefühl" für Macht haben, ein bestimmtes Machtverhalten muß gelernt werden. Nicht alle westdeutschen Frauen teilten diese machtbejahende Meinung mit Frau JN; Macht stellte für die anderen vielmehr ein sehr heikles Thema dar. Gleichwohl, ob die einzelnen Frauen Macht als "den Willen gegen Widerstand durchsetzen", als Einflußnahme, als Wissen oder als gesellschaftlichen Status definierten, war ein Abwägen der guten und schlechten "Seiten" der Macht für diese Politikerinnen bezeichnend. Verwerflich war Macht, wenn sie in Verbindung mit "Druck ausüben", Zwang, Gewalt, Diktatoren, totalitärer Politik ausgeübt wird; dies wird als "Machtmißbrauch" kategorisiert. Beispiele des Machtmißbrauchs standen jedoch nie allein; es folgten stets eine Diskussion konstruktiver Formen der Machtausübung und häufig das Plädieren für die "Notwendigkeit der Macht." Während angewandte Beispiele abzulehnenden Machtverhaltens fast ausschließlich Beispiele der Unterdrückung eines Volkes oder einer Minderheit aus der Geschichte bzw. aus aktuellen Situationen in anderen Ländern wie z.B. Tibet oder China umfaßten, kamen ethisch akzeptable Beispiele der Machtausübung dagegen aus der persönlichen Umgebung der Befragten. Hier waren aber keine Unterschiede zwischen den interviewten Frauen und Männern aus der Bundesrepublik zu bemerken (Penrose 1993, S. 173.; vgl. auch Politikerinnen-Zitate in: Randzio-Plath 1987, S. 67ff.; Schmarsow 1988, S. 334).

Mit wenigen Ausnahmen versuchten die westdeutschen Frauen den Widerspruch zwischen Macht und Moral für sich aufzuheben, indem sie - wie die kommunale Politikerin, Frau AR - begrifflich zwischen Macht und Machtmißbrauch unterschieden. Die eigene empfundene und reale politische Macht kann in den Augen der Interviewees aber von solchen moralisch verwerflichen Beispielen der Machtausübung klar getrennt gehalten werden. [Ich denke]

"an die Möglichkeit, Einfluß auszuüben - und zwar zum Guten auszuüben. Wobei ich natürlich immer mir unterstelle, daß der Einfluß, den ich ausübe, zum Guten ist; und deswegen es natürlich zum Guten ist, wenn ich Macht hab'. So daß das jetzt ein Ansatz ist, den alle Machtpolitiker, überhaupt alle Politiker haben, weil die immer davon ausgehen, es sei für die Welt gut, wenn sie mehr Einfluß haben - es ist wahrscheinlich kein besonders origineller Ansatz" (Frau JN, CDU).

Wichtig für diese Frauen ist die Überzeugung, daß die eigenen Ideen "nur Gutes" bewirken können. Macht haben und Macht ausüben ist für sie innerhalb der Grenzen ihres eigenen politischen Umfeldes akzeptabel.

In den Schilderungen positiver Möglichkeiten der Machtausübung ist häufig das Empfinden, Macht als 'verbotene, gefährliche Frucht' herauszuhören. Die Vorstellung von Macht als fast "dämonische Verlockung", jedenfalls als Risiko und Herausforderung, ist in einigen Aussagen nicht zu verkennen:

"Also so diesen Machtrausch - 'Ich kann politisch durchsetzen, was ich will!' oder so - hab' ich leider nie erlebt (lacht). Das möchte ich gerne mal vielleicht noch erfahren, wie das ist. Das stell' ich mir irgendwo schon verrückt vor - so'n Gefühl, wirklich soviel Macht zu haben, daß ich also politisch jetzt auch einfach Entscheidungen treffen kann, und die anderen müssen mitmachen. Weiß auch nicht, wie ich damit umgehen würde" (Frau AR, GAL).

Der "Machtrausch" in der Möglichkeit, den eigenen Willen durchzusetzen, ist für diese kommunale Politikerin eine verlockende Vorstellung. Göhler spricht von der Vorstellung irrationaler "Macht als ungebändigter vitaler Kampf der Interessen, hemmungsloses Sich-Ausleben, als dionysische Lebenserfüllung" (Göhler 1991, S. 48). Angedeutet, aber nicht offen geäußert, wurde das empfundene "Dämonische" an Macht, ihre "Fähigkeit", den Menschen negativ zu verändern. Macht wird implizit als Risiko und Abenteuer, eine Mischung aus Herausforderung und Gefahr dargestellt.

Einen scharfen Gegensatz dazu bildet die Einstellung einer FDP-Frau. Die Landtagspolitikerin faßte Macht ausschließlich positiv auf: "Bei 'Macht' denke ich: Das macht Spaß!" Frau LD ist Einzelkind zweier von ihr als "schwach" beschriebener Eltern. Sie beschrieb sich als "von klein auf" daran gewöhnt, daß andere in der Familie sowie in der Schule stets zu ihr mit ihren Problemen kommen. Heute bezeichnet sie, "Entscheidungen für andere zu treffen", als etwas Selbstverständliches. Schließlich meint sie:

"Und in der Politik, also ich muß ganz ehrlich sagen: Ich gestalte lieber aktiv, als daß ich da passiv etwas über mich ergehen lasse; ich möchte lieber das tun, was ich für richtig halte, als alle möglichen Fehlentscheidungen anderer Leute zu ertragen. Insofern ist Macht für mich da etwas sehr Positives!"

Von dieser Einstellung weicht sie nirgends im Interview ab. Im Gegensatz zu anderen westdeutschen Kolleginnen stellt sie hier keine Überlegungen über Macht und Unterdrückung und Zwang an. Sie scheint im Reinen mit ihrem Machtverständnis zu sein.

"Macht ist die Herrschaft einer bestimmten Personengruppe, Schicht, Klasse und einzelner Personen über andere; Willkür der Entscheidungen" (Frau EC, PDS).

In dem Machtkonzept dieser PDS-Politikerin sind nicht nur Merkmale des klassischen marxistischen Machtbegriffs zu finden. Vielmehr demonstriert Frau EC hier unbewußt die doppelte, und teilweise widersprüchliche, Lehre der offiziellen Ideologie des Staates und des alltäglichen "Erlebten". Zum Beginn setzt sie Macht auf die direkte Frage nach ihrem Machtverständnis spontan mit Herrschaft gleich und spricht von der Herrschaft einer bestimmten "Personengruppe", von Schichten und Klassen. Aber dann ergänzt Frau EC ihre Machtdefinition mit der Herrschaft "einzelner Personen" und willkürlichen Entscheidungen. Aus ihrem darauffolgenden Beispiel der Machtausübung geht hervor, daß sie mit Personengruppen vordergründig an politische Parteien dachte. Sie beschrieb nämlich eine Situation in der im März 1990 neugewählten Volkskammer: der Mehrheitsbeschluß der CDU-Koalition, keine neue Verfassung auszuarbeiten.

"Wer Macht hat, hat entschieden, daß das Land keine Verfassung braucht ... und bleibt ignorant gegenüber dem Volke; außerparlamentarische Demokratie gibt es nicht."[5]

Die Merkmale der 'Herrschaft über andere' bzw. die 'Unterdrückung anderer' sind mit einer Ausnahme in allen gebotenen Machtdefinitionen der DDR-Befragten zu finden: Macht sei "repressiv", "andere zu unterdrücken" (Frau OP, PDS); sie sei der Ausdruck "eines ungleichen Verhältnisses" (Frau DT, PDS); "Macht ist immer ein autoritäres Verhalten einzelner gegenüber einem Untergebenen" (Frau ML, CDU); "Beherrschung von anderen Menschen, ... daß man dadurch Befriedigung empfindet und sich stärker fühlt" (Frau LK, SPD). Da sie sich durch wiederholte Besuche der Parteischulen regelmäßig mit der Theorie des Marxismus-Leninismus auseinandersetzen mußten, war es zu erwarten, daß der Einfluß der Staatsideologie in den Machtdefinitionen der Politikerinnen von SED, CDU und LDPD deutlich zu erkennen sein würde. Diese Erwartung wurde bestätigt; wobei keine der Frauen sich in ihren Erläuterungen besonders eng an die theoretische Machtdefinition des Marxismus hielt. Ergänzende Erläuterungen zum persönlichen Machtbegriff sowie konkrete Erfahrungen mit

---

5   Damit deutet sie gleichfalls auf einen bedeutsamen ideologischen Konfliktpunkt im Demokratieverständnis der zwei politischen Systeme hin, mit denen politisch aktive, ehemalige DDR-BürgerInnen heute konfrontiert sind: seit dem Beginn des politischen Reformprozesses im Herbst 1989 wird von ihnen erwartet, daß sie Mehrheitsabstimmung anstatt Konsensbildung im Entscheidungsprozeß als demokratisch akzeptieren.

Macht zeigten andererseits, daß das Machtverständnis der Befragten auch sehr stark von alltäglichen Erfahrungen beeinflußt war.

Weiterführende Machtdefinitionen der DDR-Frauen können in drei allgemeine Begriffe unterteilt werden:

a) Macht als Beeinflussung bzw. geistige Manipulation von Menschen,
b) Macht als Position und
c) Macht als negativer Charakterzug.

Macht als Beeinflussung

> "Macht ist, wenn jemand irgendwie in der Lage ist, andere Menschen eben zu beeinflussen, im Denken und auch im Handeln und im ... Leben" (Frau DT, PDS).

Wenn die ostdeutsche Politikerinnen von "beeinflussen" als einer Form der Macht sprachen, meinten sie damit nicht die Einflußnahme auf einzelne politische Entscheidungen bzw. Prozesse wie ihre westdeutschen Kolleginnen; vielmehr deuteten sie auf eine Beeinflussung der menschlichen Psyche im Sinne von 'geistiger Manipulierung' hin. Ohne sich dessen unbedingt bewußt zu sein, stützen sich die Politikerinnen auf das marxistische Konzept der "ideologischen Macht", die "mittels eines Systems von staatlichen und anderen Institutionen ... versucht, ... die Ideologie der herrschenden Klasse zur herrschenden Ideologie der Gesellschaft zu machen" (Kleines politisches Wörterbuch 1978, S. 542).

Macht als Position

Vier Frauen beschrieben Macht als "gewisse Positionen". Dieses ausschließlich weibliche Machtkonzept ist gleichfalls mit dem einiger BRD-Politikerinnen nicht zu vergleichen: mit der Verwendung des Begriffes "Position" dachten die Ostdeutschen nicht an einem möglichen Zugewinn an Status und Prestige, der mit einer bestimmten Position verbunden ist. Diese Machtauffassung ist vielmehr negativ belegt und wird vor allem mit Erfahrungen im Parteiapparat assoziiert. Die politische Funktion verlieh der oder dem PositionsinhaberIn reale Bestimmungsrechte gegenüber Untergebenen sowie einen gewissen "Wahrheitsanspruch". Frau BD, eine langjährige SED-Funktionärin, bemerkte in diesem Zusammenhang: "Was der Chef [der Ersten Sekretär, d. Verf.] sagt, das gilt, egal." Sie erläutert dieses Statement mit der Schilderung einer Situation in der Kreisleitung:

> "Wenn der Wirtschaftssekretär am Monatsende die Wirtschaftszahlen abgerechnet hat, und die waren gut, dann war die Sache immer erledigt. Aber oft stand beides auf der Tagesordnung - Planerfüllung und Einschätzung der Stimmung und Meinung -, und oft natürlich verbunden mit diesem riesen-

großen Widerspruch. ... Ein Erster Sekretär möchte eben mit erfüllten Zahlen dastehen - nicht mit Zweifeln. Das war eben dieser blinde Gehorsam, wo vieles andere erstickt wurde."

Hier handelt es sich um das Recht des Ersten Sekretärs, die in der Parteileitung wahrzunehmenden und an die Bevölkerung weiterzuvermittelnden "Realitäten" zu bestimmen. Wenn die Wirtschaftszahlen am Monatsende nicht im Einklang mit den Erwartungen der Parteileitung standen, mußten die Wirtschaftszahlen im Sinne des Partei- bzw. Betriebsleiters eben geändert werden. Bedenken oder sogar Protest waren unerwünscht und hinsichtlich der persönlichen Berufsperspektiven nicht ohne Risiko. Diese Art der Machtausübung verbinden die DDR-Befragten interessanterweise eher mit den Positionen an sich als mit den jeweiligen PositionsinhaberInnen.

Macht als Charakterzug des Egoismus

Während die oben erwähnten Politikerinnen Macht als eine Position sehen und damit Macht an das System binden, reduzierten sechs weitere Frauen das abzulehnende Machtverhalten dagegen auf Individuen:

"Was ist Macht? Ich habe also mit der Art und Weise, wie bestimmte Personen auch in der Partei umgegangen sind mit anderen -, da hatte ich schon manchmal dieses Gefühl, aber das war für mich mehr sozusagen ein negativer Charakterzug, und nicht so ein Symptom für ein System" (Frau OP).

Diese Machtdefinition war unerwartet, weil sie bedeutend von marxistischer Theorie abweicht: anstatt Macht grundsätzlich als Phänomen der (antagonistischen) Klassengesellschaft zu betrachten, wird Macht hier interessanterweise als *Charaktereigenschaft* einzelner Menschen bzw. als eine "bestimmte Art von Person", einen "Egoisten" gesehen. Frau OP lehnt sogar das marxistische Konzept von Macht als ein "Symptom" eines bestimmten Gesellschaftssystems ausdrücklich ab und deutet damit erstmals auf den bedeutsamen Widerspruch zwischen offizieller Staatsideologie[6] und politischem Alltag in der DDR hin.

Macht als Wesenszug treibe manche Menschen dazu, so Frau DT (PDS), sich "in den Vordergrund" stellen zu wollen, nur an die eigenen Vorteile zu denken und nicht an das Wohl der ganzen Gemeinschaft. Die Reaktionen der Interviewees wurden sehr emotional. In diesem Zusammenhang erzählte Frau DT aufgeregt:

"Da gibt's ja bestimmte Leute, die da nur ihre eigenen Vorteile sehen und versuchen also, über andere große Dinge zu erreichen und sich da in den Vorder-

---

6   Für eine detaillierte Diskussion über die verschiedenen Entwicklungen des Marxismus-Leninismus als herrschende Ideologie in der DDR vgl. Weber 1988; Staritz, Dietrich. *Geschichte der DDR 1949-1985.* Frankfurt: suhrkamp, 1985. Staritz 1985.

grund zu spielen und auch über Erpressung und was weiß ich nicht alles für Mittel eben daß [zögert] zu solchen Positionen zu kommen. Aber das sind doch, würde ich sagen, größtenteils Egoisten, also Menschen, die nur an sich denken. Aber ich kann mir eben noch nicht so richtig vorstellen, wie solche Menschen überhaupt entstehen oder wie die erzogen werden - das ist mir noch ein Rätsel" (Frau DT).

Insbesondere Menschen, die - in den Augen der Befragten - versuchen, sich vor der Gruppe oder in der Öffentlichkeit "aufzuspielen", werden als 'machtbesessene' Individuen bezeichnet. Diese verinnerlichte Einstellung steht auch eher unbewußt im Einklang mit den oben erwähnten Verhaltenserwartungen der Parteileitungen: der Kader hat bescheiden zu sein und auf die Berufung der Parteileitung zu warten; Eigeninitiative wird negativ beurteilt und als "Sich-Aufspielen" betrachtet, jemand, der dagegen verstößt, als einer Beförderung nicht wert (Penrose 1993, S. 81ff.).

Geschlechtsspezifische Differenzen im Machtverständnis von ehemaligen DDR-PolitikerInnen sind lediglich, in Hinblick auf die Frage, wer Macht ausübt und wer sie ausüben soll, zu erkennen. Macht als "Funktion" bzw. "Position", in der eine Person die zu akzeptierende "Wahrheit" verkörpert, die Lebens- und Arbeitsbedingungen anderer bestimmen kann, ist (wie oben erwähnt) ein ausschließlich weibliches Konzept. Als negativer Charakterzug wurde Macht gleichfalls nur von Frauen definiert. Diese Machtbegriffe sind zweifellos sehr stark von früherer alltäglicher DDR-Praxis in der Politik beeinflußt. Auffällig ist, daß viele Frauen Machtausübung an sich sogar geschlechtsspezifisch betrachten:

> "Macht sind gewisse Positionen, die eingenommen werden. In entscheidenden Positionen sitzen bei uns eben Männer" (Frau CD).

Auch Frau KH (Die Grünen) und Frau SM (SED/PDS) meinten, sofort an Männer denken zu müssen, wenn sie das Wort 'Macht' hörten. Interessanterweise war für die Einschätzung des Verhaltens einer Frau in leitender Position dagegen die Frage ausschlaggebend, ob sie Kinder hatte oder nicht. Wichtig ist es, daß eine Frau "voll im Leben" steht, wenn sie eine Machtposition innehat; das tun Frauen nur dann, wenn sie die Verantwortung einer Familie und die damit verbundenen Alltagsprobleme der Mehrbelastung kennen.

> ".... Wenn sie alleinstehend waren, nur sich selbst verantwortlich - dann waren sie auch, dann waren sie rücksichtsloser ... hatten sie ein für mich fast typisches Männerverhalten" (Frau OP).

> "Ich hab' Beispiele kennengelernt von Frauen, die eine führende Position auf staatlicher Ebene [innehatten], die sich in der Macht gebadet haben und diese Macht in dem Sinne auch mißbraucht haben. Aber das waren in der Regel Frauen, die eigentlich einzig und allein ihren Lebenszweck darin gesehen ha-

ben; die hatten kaum Familie, kaum andere Sorgen. Für sie war diese Macht quasi eine Ersatzhandlung. Und das, finde ich, ist bei Frauen gefährlicher als bei Männern, weil Frauen zur Zeit noch seltener in diese Lage kommen, Macht zu besitzen in dem Sinne. Währenddessen Frauen, die, naja, voll im Leben stehen, auch die Alltagsprobleme der Mehrheit kennen, nie mit der Macht so umgehen werden. Also die Unterschiede, die hab' ich kennengelernt" (Frau GH).

Solche Kriterien gelten natürlich nicht für den Mann.

Nicht zu übersehen ist die allgemein ablehnende Haltung der Politikerinnen Macht gegenüber. Einzelne äußerten sich, wie Frau OP, relativ gemäßigt dazu: es verursache bei ihnen ein "ungutes Gefühl". Andere reagierten dagegen aufgebracht: "Da empfinde ich erstmal Ekel" (Frau ML), "Da schauert's bei mir, wenn ich daran denke" (Frau RM). Wie ich oben schon dargestellt habe, wurde Macht von ostdeutschen Interviewten vorerst in Verbindung mit Repression, Unterdrückung, Egoismus, geistiger Manipulation gebracht. Lediglich eine Politikerin aus der DDR äußerte sich ausschließlich positiv zur Macht (vgl. unten).[7]

Trotz der unterschiedlichen Machtbegriffe und differenzierten Grade der Ablehnung tritt dennoch in den Aussagen ostdeutscher Politikerinnen ein innerer Konflikt zwischen Macht und Moral selten zum Vorschein. Die Befragten behaupteten hartnäckig, daß Macht mit der eigenen bisherigen politischen Tätigkeit nichts zu tun hätte.

"Also ich hab' irgendwie dazu überhaupt kein richtiges Verhältnis, zum Machtanspruch. Weil ich eben, wie gesagt, davon ausgehe, daß jeder Mensch seine eigenen Gedanken haben muß und kann und seine Interessen verwirklichen kann. Ich würde mich nicht irgendwie jetzt als Machtperson oder was aufspielen oder jetzt über andere bestimmen wollen oder so" (Frau DT, SED/PDS).

Die SPD-Politikerin, Frau LK und die PDS-Politikerin, Frau GH betonten gleichfalls, "kein Verhältnis zur Macht" zu haben. Trotz ihrer hohen parteiinternen Funktion leugnete Frau NK (LDPD) lachend, irgendwelche Macht zu haben: "Nein, ich habe keine Macht! Für mich springt niemand!" Langjährige SED/PDS- und LDPD-Funktionärinnen sowie seit kurzem tätige SPD-Politikerinnen und die Vertreterin der neugegründeten Grünen leugneten, je Macht ausgeübt zu haben.

---

7   Frau BD (SED) unterscheidet sich gleichfalls von den anderen Politikerinnen, indem sie eigene politische Macht zugibt und positiv definiert. Frau BD denkt an "was Gutes für die Menschen tun", wenn sie das Wort "Macht" hört. Macht ist für sie, wenn sie "jemandem helfen kann". Ihre Beispiele von Machtausübung sind dennoch ausschließlich negativ; sie distanziert sich wie andere Befragten von dieser negativen Form der Macht, als sie betont, daß sie selbst "nie aus persönlicher Sicht" Macht ausgeübt hätte, und daß sie sich "auch streng davor hüten" würde.

Im Gegensatz zu den westdeutschen distanzierten sich die ostdeutschen Politikerinnen in bezug auf die Vergangenheit sowie auf die Zukunft von Macht. Sie selbst seien ihren politischen Tätigkeiten gewissenhaft, ohne Macht auf andere auszuüben, nachgegangen. Weder Dauer der politischen Tätigkeit in leitenden Positionen noch Parteizugehörigkeit scheinen diese Einstellung der Frauen zu beeinflussen. Der Grund hierfür ist vermutlich, daß die Staatsideologie der DDR diesen Konflikt für sie vor mehreren Jahrzehnten gelöst hat, und diese Lösungsmöglichkeit nie in Frage gestellt wurde: Abgesehen von den bekannten und bis Anfang der 80er Jahre allgegenwärtigen Losungen der Partei, die Macht gehe von den Werktätigen bzw. vom Volke aus, blieb Macht im Alltag der realsozialistischen Gesellschaft weitgehend ein Tabuthema. Da die DDR Zeit ihrer Existenz immer um ihre innere und äußere Anerkennung kämpfte, spielte in der politischen Bildung und Ideologie stets die Begründung des negativen Aspekts der Macht die ausschlaggebende Rolle. In der theoretischen Diskussion in der DDR kam Macht nur als Element des Klassenkampfes gegen den Klassenfeind vor, "zum Schutz der sozialistischen Gesellschaft, der Bürger(Innen) von Innen und Außen"; also, Macht als ein unangenehmes, dennoch notwendiges Mittel, um eine 'schwache DDR' gegen den 'starken' kapitalistischen Westen zu verteidigen. Die realen Machtverhältnisse im eigenen Staatssystem wurden aber gezielt verschleiert (vgl. dazu Rossade 1990, S. 64). Macht also sollte nicht mit der sozialistischen Gesellschaft, auch nicht mit der sozialistischen Partei direkt in Verbindung gebracht werden. Wie der innerstaatliche Prozeß der Machtausübung im einzelnen strukturiert war, wer welche Machtbefugnisse in welcher Form tatsächlich besaß, wurde nicht erforscht und alle ernsthaften Ansätze in dieser Richtung wurden energisch unterbunden. Zwar wurde in der Theorie der Zusammenhang von objektiven und subjektiven Interessen betont und immer wieder behauptet, daß sich politische Interessen nur durch subjektives Handeln durchsetzen, die offizielle Ideologie kam jedoch gerade in Hinblick auf die Frage der Macht über allgemeine Proklamationen, in denen behauptet wurde, daß die politische Macht der Arbeiterklasse (über "die führende Rolle der Partei im Bündnis mit allen anderen Klassen und Schichten") verwirklicht sei, nicht hinaus.

Die versuchte Verschleierung der Machtverhältnisse in der ehemaligen DDR scheint erfolgreich gewesen zu sein. Eine Verbindung zwischen Macht und Politik war der Mehrheit der Befragten keinesfalls selbstverständlich. Der als moralisch verwerflich empfundene Machtbegriff der DDR-Interviewees wurde interessanterweise *individualisiert.*

> "Daß Macht für mich immer etwas damit zu tun hat, mit dem Streben, etwas zu besitzen und gegen andere zu verteidigen; und daß damit immer Personen verknüpft sind - und das hat nun etwas mit der Geschichte zu tun, die wir aufarbeiten, leider, so subjektiv -, Personen damit verknüpft sind, die unter allen Be-

dingungen versuchen, ihre Unantastbarkeit und ihre Unfehlbarkeit zu beweisen" (Frau GH, PDS).

Die "Geschichte", wovon diese PDS-Funktionärin der Bezirksebene bedacht spricht, scheint die der parteiinternen Entwicklung der SED zu sein, womit mehrere der ehemaligen SED-FunktionärInnen zum Zeitpunkt der Interviews sichtbar zu kämpfen hatten. Nicht die Partei oder die Politik der SED werden im negativen Sinne mit Macht oder Machtausübung in Verbindung gebracht, sondern Individuen. Macht als schandhaften "Charakterzug" einiger noch vom Bürgertum geprägter Personen zu definieren, hat wahrscheinlich die Trennung zwischen Macht und Politik für viele erleichtert. Da die Befragten aus ihrer Sicht bisher stets für die Gesellschaft, "für die Massen", für die Menschen tätig waren, im Rahmen einer "Diktatur der Mehrheit über eine Minderheit" und nicht aus Gründen des "persönlichen Gewinns", waren sie durch ihr politisches Engagement ihres Erachtens auf dem richtigen Weg, Herrschaft gleich Macht völlig abzuschaffen.

Der politische Reformprozeß in der DDR "ent-tabuisierte" zwar das Thema 'Macht' für den parteipolitischen Alltag. Aber die plötzliche Begegnung mit westdeutschem Machtverständnis wirkt schockierend für viele:

"Also, vor der Wende war 'Macht' für mich nie ein Thema, weil ich eigentlich diese politische Arbeit nie als Macht empfunden habe; aber auch erfahren habe - gerade in diesen Auseinandersetzungen im Herbst -, daß viele es trotzdem so empfunden haben gegenüber der SED und auch Vertretern der SED, ... Ich hab' das selber nie so empfunden! Und jetzt ist 'Macht' vor allen Dingen für mich negativ belastet aus diesen Erfahrungen heraus und aus dem, was sich auch neu hier in diesem Lande entwickelt, was also mich persönlich unheimlich bedrückt. Diese Erfahrungen, die ich für mich mache, und diesen Eindruck, den ich gewinne - daß sich diese neuen Leute in der Regierung, daß es ihnen vor allen Dingen um Macht geht! Also um Positionen, in denen sie sich selbst widerspiegeln und womit sie also wesentlich Einfluß nehmen können auf Politik. Insofern ist also für mich 'Macht' absolut negativ belegt! Es ist ein äußerst ungutes Gefühl" (Frau OP, PDS).

Diese kommunale Politikerin erklärte, daß sie "vor der Wende" ihre politischen Tätigkeiten persönlich nie in direkter Verbindung mit Macht gebracht hatte. Sie reagierte 1990 sogar überrascht und leicht defensiv gegenüber gegenteiligen Behauptungen bzw. Anschuldigungen anderer. Frau OP betont dabei, daß Macht jetzt für sie "negativ belastet" ist. Das könnte implizieren, daß Macht irgendwann früher für sie positiv belegt war; aus ihren anderen Bemerkungen und in Betracht ihrer beruflichen und politischen Schulung (Diplomlehrerin für Marxismus-Leninismus) ist dieser Eindruck jedoch m.E. in Frage zu stellen. Es ist erstens eher anzunehmen, daß ihre Einstellung vom marxistischen Machtkonzept besonders stark geprägt sein müßte. Zweitens scheint auch sie keinen inneren Konflikt zwischen Macht und Moral hinsichtlich ihrer politischen Arbeit zu erleben. Das "äußerst ungute Gefühl" der Macht verbindet sie mit Subjekten und Ereignissen außerhalb ihres nächsten Betätigungsbereichs, vor allem mit Individuen, die sich ihrer Ansicht nach in gewissen Positionen "widerspiegeln" wollen. Schließlich trennt Frau OP Macht wörtlich von Politik, indem sie solche Menschen als Machtpersonen bezeichnet, die durch Positionen "Einfluß auf die Politik" nehmen wollen; in anderen Worten: Es gibt Politik ohne Macht.

Ausschließlich als politischer Selbstschutz der inzwischen abgesetzten und vielfach demoralisierten SED/PDS-Politikerinnen kann diese Machtauffassung nicht abgetan werden. CDU- und LDPD/FDP-Politikerinnen kritisierten gleichfalls ihre MitbürgerInnen, die ausschließlich "um der Macht willen" politisch aktiv sind; Leute, die "nicht an ihre WählerInnen, sondern nur an sich" denken. Auch Mitglieder neugegründeter Parteien äußerten sich entsetzt über Erfahrungen, "wie sehr Politik wirklich von dem eigenen Ich bestimmt wird" in der sich wendenden Gesellschaft. Und daher kommt anscheinend das Machtkonzept "Herrschaftswille aus Eigennutz" (Frau WT, PDS). Auch diese Menschen unterschieden zwischen arbeiten für die Gesellschaft oder für die WählerInnen und arbeiten "für sich":

> "Da denke ich vor allem an bestimmte, ja doch Funktionärstypen, oder Menschen, die sich eben in irgendwelche leitenden Positionen hineingearbeitet haben, ohne daß sie eigentlich von ihrer inneren Einstellung her, aus Bewußtsein heraus die Funktion ausfüllen; daß es einfach darum geht, uhh, ja über anderen Menschen zu stehen. Ja, Entscheidungsgewalt zu haben, ohne daß ich sehe, daß es um die Sache an sich geht, für die man sich einsetzt" (Frau KH, die Grünen).

Die Ausnahme unter den interviewten DDR-Politikerinnen ist die DSU-Politikerin, Frau FR, die Macht ausschließlich positiv definierte. Ihre machtbejahende Einstellung war dennoch nicht auf Anhieb zu erkennen. Ich interpretierte ihre Machtauffassung zuerst als ablehnend, als sie erklärte:

> "Macht ist für mich eine Beeinflussung, versuchte Beeinflussung der eigenen Ideen oder der eigenen Vorstellungen auf andere Menschen. Also, auf andere Menschen einzuwirken und dadurch Macht über diese Menschen zu bekommen. Das ist für mich der Begriff 'Macht'."

Sie umschreibt hiermit "Beeinflussung" auf die gleiche Art wie die PDS-Funktionärin, Frau DT oben. Daß sie dies als begrüßenswert betrachtet wird erst im Laufe ihrer Schilderungen persönlicher Erfahrungen mit Macht deutlich. In diesem Zusammenhang sprach sie vom Landesvorsitzenden, der es ihrer Meinung nach versteht

> "... mit seinen Ideen, mit seiner Kraft, Macht auf die Masse auszuüben. Und er hat so einen mitreißenden, er kann die Menschen so mitreißen, daß er auch

Macht auf die Menschen ausüben kann. Es ist irgendwie zwingend; die Menschen fühlen sich dann durch seine Macht, was er so an sich hat, in irgendwie eine Richtung gelenkt" (Frau FR, DSU).

Eindeutig bewundert sie ihn und ist von seinen "Leistungen" begeistert. Zu einem anderen Zeitpunkt meinte sie, daß sie auch gern auf dieser Weise "auf Menschen einwirken" möchte.

Es stellt sich hier die Frage, wie zwei Politikerinnen (Frau DT und Frau FR) die gleiche Machtdefinition so unterschiedlich aufgreifen und verstehen können. Dies scheint das Ergebnis der früheren DDR-internen Machtverteilung zwischen den Parteien und des Reformprozesses zu sein, die auch die Machtauffassung von Individuen mittelbar beeinflußt hat. Diese Interviews wurde kurz nach den Volkskammerwahlen im Frühjahr 1990 durchgeführt. Die PDS verlor, die DSU im Bund mit CDU und anderen Parteien gewann. Beide Politikerinnen bezogen sich mehrmals im Gespräch auf die Ergebnisse dieser Wahlen. Es ist sehr wohl möglich, daß die PDS-Funktionärin die "Beeinflussung" als Machtform ablehnte, weil ihre letzte Erfahrung damit ist, daß ihre Partei durch solche Methoden auch an politischem Einfluß verlor und die politische Führung abgeben mußte. Zweifellos verknüpfte die DSU-Politikerin den politischen Erfolg des Wahlverbunds "Allianz" auch mit der Fähigkeit, auf die Menschen einzuwirken. Dem Landesvorsitzenden und seinen "unermüdlichen" Bemühungen, "die Menschen mit seinen Ideen zu beeinflussen und Macht auf die Menschen auszuüben" schrieb Frau FR den politischen Erfolg des Wahlverbunds in ihrer Region persönlich zu. Dem Interviewtext ist auch zu entnehmen, daß Frau FR sich vor der "Wende" als Nicht-SED-Mitglied im Leben generell und spezifisch im Beruf benachteiligt gefühlt hat. Als ein Mensch, der sich ein Leben lang machtlos und einflußlos empfunden hat, freut sie sich heute eindeutig über das neue Gefühl, andere Menschen beeinflussen zu können

"... also ich hab' eigentlich die Eigenschaft, daß ich sehr lebhaft bin, kann mit den Menschen reden und kann denen eigentlich immer mal ein bißchen die Richtung weisen. Und das ist, also so kann ich eigentlich auf die Menschen einwirken."

Dennoch unterschied auch diese Politikerin zwischen ihrer eigenen politischen Tätigkeit und sogenannten "Machtpositionen". Direkt gefragt wies sie die Macht, wie die anderen ostdeutschen Frauen, von sich. Sie möchte, daß die Männer um sie herum - ihr Chef, ihr Ehemann - stellvertretend für sie in den öffentlichen Ämtern Macht ausüben. Sie persönlich möchte auf der kommunalen Ebene (am Runden Tisch) tätig bleiben, wo ihrer Meinung nach keine Einzelperson das Sagen hat und dennoch die Meinung jedes Einzelnen gefragt ist.

3. Bedeutung der sich differenzierenden Machtauffassungen ost- und westdeutscher Politikerinnen für ihre gemeinsame politische Zukunft

Als bestätigt sehe ich hiernach, daß ost- und westdeutschen Politikerinnen nicht nur das jeweils herrschende Staatskonzept der 'Macht' oberflächlich übermittelt bekommen haben. Vielmehr haben die langjährige bewußte und unbewußte Auseinandersetzung mit parteipolitischen Strukturen und gesellschaftlichen Machtverhältnissen langfristig zu einer Umwandlung von Normen und Zwängen in Präferenzen geführt. Deutsch-deutsche Gegensätze im Machtverständnis treten in Äußerungen über die Bewertung und Einordnung der Politik im persönlichen Lebensbild besonders deutlich hervor.

Mit der Vereinigung Deutschland konnten Ost- und Westdeutsche nicht einfach ihre Geschichte und Sozialisation abstreifen; noch konnten sie sich ohne weiteres in die Situation der anderen versetzen, um deren Denk- und Sichtweisen klar nachzuvollziehen. Nur unter solchen Voraussetzungen wäre eine übergangslose Verständigung zwischen den beiden Bevölkerungsgruppen sofort zu verwirklichen. Auch ohne die erschwerende Wirkung aus dem Kalten Krieg stammender Vorurteile, verzerrter Gesellschaftsbilder und der Siegeshaltung vieler westdeutschen, ist daher das Gefühl der Verfremdung zwischen ost- und westdeutschen Politikerinnen m.E. ohne weiteres verständlich. Was bedeuten diese Differenzen im Machtverständnis für den politischen Alltag der Frauen? Ich sehe vor allem wie sie auf die Bereitschaft ostdeutscher Politikerinnen wirken, sich weiter in Parteien zu engagieren. Die nunmehr offenen parteiinternen Kämpfe um politische Position und Macht stören viele Frauen aus den verschiedenen Parteien. Von Politikerinnen der "gewendeten" DDR wird verlangt, daß sie sich nicht nur mit dem Machtkonzept, sondern auch mit ihrer vergangenen und künftigen Haltung zur Macht neu auseinandersetzen. Diese Frauen setzten sich zwar im Gespräch mit der neuen politischen Situation auseinander. Deutlich häufiger sprachen die ostdeutschen Politikerinnen von Übergangsschwierigkeiten in der Zeit der politischen Veränderungen als ihre männlichen Kollegen. Deutliche Ansätze zu Veränderungen der Wertmaßstäbe, des Machtverständnisses oder Politikverständnisses waren aber nicht zu erkennen.

Die ostdeutschen Männer scheinen schneller bereit zu sein, neue Regeln und Wertmaßstäbe zu akzeptieren, um politisch weiterzukommen; sie werden auch von westdeutschen Kollegen verstärkt unterstützt. Den Frauen scheint noch eher die Phase der inhaltlichen Auseinandersetzung und Verarbeitung des bisher Erlebten zu fehlen. Da das nunmehr herrschende Politik- und Machtverständnis ihren Moralvorstellungen nicht länger entspricht, sind sie viel öfter als Männer freiwillig aus der Politik ausgeschieden bzw. ausgestiegen.

Sie wurden und werden weiterhin auch in stärkerem Maße als ihre männlichen Kollegen aus politischen Positionen verdrängt. Eine wesentliche Ursache hierfür sehe ich in dem weniger entwickelten Macht- und Konkurrenzbewußtsein. Dies hat zur Folge, daß Frauen innerhalb des politischen Konkurrenzkampfes zur Zeit "wehrloser" und damit leichter als Kontrahenten auszuschalten waren/sind.

Literatur

Becker-Schmidt, Regina 1987: Die doppelte Vergesellschaftung - die doppelte Unterdrückung: Besonderheiten der Frauenforschung in den Sozialwissenschaften. In: Unterkircher, L./Wagner, I.(Hg.): Die andere Hälfte der Gesellschaft. Wien. S. 5-25

Becker-Schmidt, Regina/Knapp, Gudrun-Axeli 1989: Geschlechtertrennung-Geschlechterdifferenz. Suchbewegungen sozialen Lernens. Bonn

Bilden, Helga 1991: Geschlechtsspezifische Sozialisation. In: Hurrelmann, K./Ulich, D. (Hg.): Neues Handbuch der Sozialisationsforschung. Weinheim. S. 279-301

Bohn, Cornelia 1991: Habitus und Kontext. Ein kritischer Beitrag zur Sozialtheorie Bourdieus. Opladen

Bourdieu, Pierre 1981: Klassenschicksal, individuelles Handeln und das Gesetz der Wahrscheinlichkeit. In: Köhler, H./Krais, B./Leschinsky, A./Pfeffer, G. (Hg. und übersetzt): Pierre Bourdieu, Luc Boltanski, Monique de Saint Martin, Pascale Maldidier: Titel und Stelle. Über die Reproduktion sozialer Macht. Frankfurt a.M. S. 169-226

Brandt, Hans-Jürgen/Dinges, Martin 1984: Kaderpolitik und Kaderarbeit in den "bürgerlichen" Parteien und den Massenorganisationen in der DDR. Berlin

Braun, Carola von 1989: Politik und ihre Wahrnehmung - Frauen haben andere Erfahrungen und andere Vorstellungen von Macht, von Moral und von Manipulation in der Politik. Vortrag. Ferienakademie II der Friedrich-Naumann-Stiftung vom 6.-11. August 1989, Berlin

Dölling, Irene 1990: Frauen- und Männerbilder. Eine Analyse von Fotos in DDR-Zeitschriften. In: Feministische Studien. Jg. 8 (1990), H. 1, S. 35-49

Fricke, Karl Wilhelm 1984: Die Problematik der Kaderauslese und das Ministerium für Staatssicherheit in der DDR. In: Beiträge zur Konfliktforschung. (1984), H. 2, S. 23-39

Gast, Gabrielle 1973: Die politische Rolle der Frau in der DDR. Düsseldorf

Gerecht, Rita/ Kulke, Christine/Scheich, Elvira 1988: Wie gehen Frauen mit der Macht - wie geht die Macht mit Frauen um? In: Schaeffer-Hegel, B. (Hg.): Frauen und Macht. Der alltägliche Beitrag der Frauen zur Politik des Patriarchats. Pfaffenweiler. S. 264-283

Glaeßner, Gert-Joachim 1977: Herrschaft durch Kader. Leitung der Gesellschaft und Kaderpolitik in der DDR. Opladen

Göhler, Gerhard 1991: Rationalität und Irrationalität der Macht: Adam Müller und Hegel. In: Greven, M. Th. (Hg.): Macht in der Demokratie. Denkanstöße zur Wiederbelebung einer klassischen Frage in der zeitgenössischen Politischen Theorie. Baden-Baden. S. 45-62

Greven, M. Th. 1991: 'Macht in der Demokratie'- Anathema in Politikwissenschaft als Demokratiewissenschaft und empirischer Politikforschung. In: ders. (Hg.): Macht in der Demokratie. Baden-Baden. S. 107-140

Gysi, Jutta 1990: Frauen in Partnerschaft und Familie. Sozialistisches Leitbild oder patriarchales Relikt? In: Schwarz, G./Zenner, C. (Hg.): Wir wollen mehr als ein "Vaterland". DDR-Frauen im Aufbruch. Reinbek. S. 91-119

Hagemann-White, Carol 1985: Zum Verhältnis von Geschlechtsunterschieden und Politik. In: Kulke, C. (Hg.): Rationalität und sinnliche Vernunft. Frauen in der patriarchalischen Gesellschaft. Berlin. S. 146-153

Hagemann-White, Carol 1987: Können Frauen die Politik verändern? In: Aus Politik und Zeitgeschichte. (1987), B 9-10/87, S. 29-37

Hoecker, Beate 1987a: Frauen in der Politik. Eine soziologische Studie. Opladen

Hoecker, Beate 1987b: Politik: Noch immer kein Beruf für Frauen. In: Aus Politik and Zeitgeschichte. (1987), B 9-10/87, S. 3-14

Keck, Otto 1991: Macht und Information bei Max Weber: Eine spieltheoretische Rekonstruktion. In: Greven, M. Th. (Hg.): Macht in der Demokratie. Baden-Baden. S. 63-85

Kleines politisches Wörterbuch 1978. Autorenkollektiv des Dietz Verlages (Hg.). Berlin (DDR)

Krais, Beate 1981: Einleitung. In: Köhler, H. u.a. (Hg.): Pierre Bourdieu, Luc Boltanski, Monique de Saint Martin, Pascale Maldidier: Titel und Stelle. Über die Reproduktion sozialer Macht. Frankfurt a.M. S. 7-21

Kulke, Christine 1991: Politische Sozialisation und Geschlechterdifferenz. In: Hurrelmann, K./Ulich, D. (Hg.): Neues Handbuch der Sozialisationsforschung. Weinheim. S. 595-613

Meyer, Gerd 1991: Die DDR-Machtelite in der Ära Honecker. Tübingen

Meyer, Gerd 1986: Frauen in den Machthierarchien der DDR oder: Der lange Weg zur Parität. Empirische Befunde 1971 - 1985. In: Deutschland Archiv. (1986), H. 3, S. 294-311

Meyer, Gerd 1983: Die politische Elite der DDR. Wer gehört dazu, wie übt sie ihre Macht aus, wie legitimiert sie sich. In: Der Bürger im Staat. Jg. 33 (1983), H. 2, S. 90-98

Penrose, Virginia 1993: Orientierungsmuster des Karriereverhaltens deutscher Politikerinnen. Ein Ost-West Vergleich. Schriftenreihe Theorie und Praxis der Frauenforschung, Bd. 21, Bielefeld

Popitz, Heinrich 1969: Prozesse der Machtbildung. Tübingen

Randzio-Plath, Christa 1987: Frauenmacht. Ausweg aus der Krise. Köln

Rebenstorf, Hilke 1990: Frauen im Bundestag - anders als die Männer? In: Der Bürger im Staat. Jg. 40 (1990), H. 1, S. 17-24

Reichwein, Regine 1990: Das Phantasma der bösen Herrscherin. In: Schaeffer-Hegel, B. (Hg.): Vater Staat und seine Frauen. Pfaffenweiler. S. 209-221

Roggemann, Hedwig 1989: Abgeordnetenrotation und Wähleraufträge in unterschiedlichen politischen Systemen. Ansätze zu einem verfassungspolitischen Vergleich. In: Rytlewski, R. (Hg.): Politik und Gesellschaft in sozialistischen Ländern. Ergebnisse und Probleme der sozialistischen Länder-Forschung. PVS Sonderheft 20, Opladen. S. 174-197

Rossade, Werner 1990: Kulturmuster in der DDR. Ein Werkstattbericht. In: Mänicke-Gyöngyösi, K./Rytlewski, R. (Hg.): Lebensstile und Kulturmuster in sozialistischen Gesellschaften. Köln. S. 50-72

Schmarsow, Christine 1988: Zur Lust und zu den Grenzen, etwas zu bewirken. In: Schaeffer-Hegel, B. (Hg.): Frauen und Macht. Der alltagliche Beitrag der Frauen zur Politik des Patriarchats. Pfaffenweiler. S. 333-339

Schöler-Macher, Bärbel 1991: Fremd(körper) in der Politik. Die Normalität des politischen Alltags in Parteien und Parlamenten aus der Sicht von Frauen. In: Zeitschrift für Frauenforschung. Jg. 9 (1991), H. 1-2, S. 98-116

Schöler-Macher, Bärbel 1992: Auf der Spur einer möglichen Fremdheit von Frauen in der Politik - Womit sind Politikerinnen konfrontiert, wenn sie sich in Parteien und Parlamenten engagieren? In: Wetterer, A. (Hg.): Profession und Geschlecht. Über die Marginalität von Frauen in hochqualifizierten Berufen. Frankfurt a.M. S. 257-276

Sichtermann, Barbara 1990: Die schweigende Mehrheit war weiblich. In: Weiblichkeit. Texte aus dem zweiten Jahrzehnt der Frauenbewegung. Frankfurt a.M. S. 229-241

Staritz, Dietrich 1985: Geschichte der DDR 1949-1985. Frankfurt

Stöss, Richard (Hg.) 1983: Parteien-Handbuch. Die Parteien der Bundesrepublik Deutschland 1945-1980, Bd. I. Opladen

Studie über den Stand der Auswahl, Vorbereitung und den Einsatz von Frauen in verantwortlichen Funktionen der Volkswirtschaft, des Staatsapparates sowie in gesellschaftlichen Bereichen 1988: Parteiinterner Bericht der SED. [Unveröffentlichte Schrift]

Weber, Max 1972: Wirtschaft und Gesellschaft. Tübingen

"Politik ist eine Sucht wie das Rauchen." Frauen in politischen Führungspositionen aus Baden-Württemberg

Birgit Meyer

1918, vor über 75 Jahren, wurde in Deutschland endlich auch für Frauen das aktive und passive Wahlrecht eingeführt. Die Ironie der Geschichte aber wollte es, daß speziell die Partei, die sich am vehementesten für das umstrittene Frauenstimmrecht eingesetzt hatte, die deutsche Sozialdemokratie,[1] bei den anschließenden Wahlen für die Nationalversammlung und den Reichstag nun gerade nicht von den weiblichen Wählern besonders bevorzugt worden ist. Und als ebensolche Ironie mag man es bezeichnen, daß auch diejenigen Frauen in die ersten Parlamente gewählt worden sind, die sich nicht den Parteien angeschlossen hatten, die das Frauenwahlrecht aktiv unterstützt hatten. Unter den ersten weiblichen Abgeordneten gab es auch solche, die dem Recht der Frauen auf ihre parlamentarische Repräsentation skeptisch gegenüber eingestellt waren oder es sogar abgelehnt hatten.

Jedenfalls war es ein lang erkämpftes Recht, daß fortan auch Frauen mitbestimmen konnten, wer in ihrem Lande regieren sollte, und sie nunmehr auch zumindest juristisch die Möglichkeit bekamen, selbst als Gewählte Politik zu betreiben, wie es jahrhundertelang ausschließlich von Männern getan worden war. Dieser kurze historische Rückblick mag daran erinnern, daß die Geschichte der weiblichen politischen Repräsentanz in Deutschland noch relativ jung ist, aber daß sich frauenpolitisch trotz des enormen Rückschritts zwischen 1933 und 1945 vieles verändert und verbessert hat.

In dem folgenden Aufsatz geht es mir darum, nicht - wie so oft - die mangelnde Präsenz von Frauen heute in der bundesdeutschen Politik zu beklagen oder primär die männerbündischen Strukturen zu analysieren, die für einen impliziten Frauenausschluß sorgen (vgl. insbes.: Hoecker 1987a; Kreisky 1993). Es ist mittlerweile an der Zeit, den gewachsenen Anteil von Frauen in politischen Führungspositionen, in Parlamenten und Regierungen sowie ihren Einfluß dort zu beurteilen. Ich möchte vielmehr die historische Besonderheit einer politischen Tätigkeit von Frauen in den Mittelpunkt rücken und von dem vielfach festgestellten angeblichen "weiblichen politischen Defizit" (Hoecker 1987) zu der Herausstellung spezifischer Qualitäten und des besonderen Lebenszusammenhanges von Frauen in der Politik kommen. Insofern ist die

---

1   In ihrem Erfurter Programm von 1891 forderte die SPD das Frauenstimmrecht.

Sichtbarmachung und die Stärkung der politischen Partizipation von Frauen ein Ziel.

Im folgenden stelle ich einige wichtige Aspekte von politischer Tätigkeit von Frauen in der bundesdeutschen Nachkriegszeit bis heute dar. Ich beleuchte ihr jeweiliges (frauen)politisches Selbstverständnis, die Motivation für ihren Eintritt in die Politik sowie die Vereinbarkeit ihres Engagements mit Familie und Beruf. Die Basis der folgenden Thesen bilden vor allem zwei eigene empirische Forschungsprojekte zum Thema: eine Studie mit lebensgeschichtlichen Interviews von Politikerinnen aus Baden-Württemberg von 1946-1991 und das Forschungsprojekt "Frauen in politischen Führungspositionen in der bundesdeutschen Nachkriegsgeschichte 1949-1961".[2] Die Ergebnisse dieser Untersuchungen wurden dann mit denen aktueller qualitativer Studien zu Frauen in politischen Führungspositionen verglichen. Es handelt sich hier auch um einen ersten Versuch, die immer zahlreicher werdenden Selbstbeschreibungen, Interviews und wissenschaftlichen Studien zum Thema ein wenig zu systematisieren (vgl. u.a. neuerdings: Langer 1989; Bernadoni 1992, Heinsen 1992, Penrose 1993, Schaeffer-Hegel 1993, Schöler-Macher 1994).

Eine lückenlose Diskussion der in diesen vielfältigen Arbeiten vertretenen Thesen ist im Rahmen dieses Aufsatzes nicht möglich. Demzufolge werde ich mich auf generations- und frauenspezifische Merkmale der politischen Lebensläufe von Frauen konzentrieren. Um interessante Auffälligkeiten her-

---

2   Die erstgenannte Studie wurde gefördert aus Mitteln des Frauenforschungsetats des Ministeriums für Familie, Frauen, Weiterbildung und Kunst in Baden-Württemberg. Die zweite wird im historischen Schwerpunktprogramm "Deutschland nach 1945" der Volkswagenstiftung gefördert. Projektbearbeiterin ist Regine Marquardt. Im Zentrum meiner Untersuchung standen alle 43 Parlamentarierinnen aus Baden-Württemberg, die jemals zwischen 1949 und 1991 im Deutschen Bundestag vertreten waren: elf aus der CDU, 17 aus der SPD, sechs aus der F.D.P. und acht von den GRÜNEN, eine von der KPD. Davon sind sechs verstorben. Als Auswahlkriterien galten, daß die Parlamentarierinnen 1). unterschiedlichen Parteien angehören, daß sie 2). mindestens zwei Legislaturperioden dem Gemeinderat, Landtag oder Bundestag angehört und sich 3). im Plenum und in den Ausschüssen durch besondere Aktivitäten hervorgetan haben - dieses läßt sich unschwer an Zahl und inhaltlichen Schwerpunkten ihrer Plenarbeiträge ablesen. Darüber hinaus war 4). ein Strukturierungsversuch, die Parlamentarierinnen in "ältere" und "jüngere" einzuteilen. Die *Zielsetzung* war, deren politischen Werdegang und ihr politisches Selbstverständnis herauszustellen. Es wurden Parlamentarierinnen verschiedener Generationen miteinander verglichen: Politikerinnen der "älteren Generation", die in den 20er Jahren geboren wurden und Politikerinnen der "jüngeren Generation" der in den 40er Jahren Geborenen. Gefragt wurde nach der Spezifik und der historischen Besonderheit einer politischen Tätigkeit von Frauen in einem traditionell eher männlich geprägten und dominierten Bereich: dem der parlamentarischen Politik.

auszustellen, wird auch - wo notwendig - der nicht unumstrittene Weg der Generalisierung beschritten.

1. Generationsunterschiede

Bei aller historischen Unvergleichbarkeit habe ich zwei Generationen von politisch aktiven Frauen in den Blick genommen. Zum einen diejenigen, die in den ersten Nachkriegsjahren - in Zeiten von politisch-sozialer Umwälzung und z.T. katastrophalen Lebensbedingungen - aktiv wurden und auf die neuen politischen Regeln und Machtverhältnisse reagierten und sie mitgestalteten. Zum anderen diejenigen Frauen, die in den 70er und 80er Jahren - in Zeiten der politischen Konsolidierung der Bundesrepublik und der sozialliberalen Reformära nach der Heraufkunft feministischer Deutungsmuster im Zuge der Neuen Frauenbewegung - in politische Führungspositionen gelangten. Gibt es Unterschiede oder Vergleichbares in ihrem politischen Zugang und Zugriff, in ihrem Politikverständnis oder in ihrem politischen Stil?

1.1 Die ältere Generation der Nachkriegspolitikerinnen

Bis Mitte der 60er Jahre waren die Bedingungen für Frauen, sich aktiv in die Politik zu begeben, teilweise günstiger, teilweise schwieriger als heute: In der bundesdeutschen Nachkriegsgeschichte hat es zunächst einmal kurzfristig Handlungsspielräume für Frauen in der Politik gegeben. Einzelne Frauen konnten diesen Freiraum in der Zeit der Neuordnung - oder der Wiederherstellung alter Zustände, wie es wohl richtiger heißen muß - für sich im Politischen nutzen.

Eine Vielzahl von Frauen trat in dieser Phase politischen Organisationen, auch Parteien bei, um in der größten Not den gesellschaftlichen Wiederaufbau aktiv mitzugestalten (vgl. Schmidt 1993, S. 218ff.; Schüller 1995). Persönliche Hintergründe parteipolitischen Engagements sind über die Besonderheit einer jeweiligen Parteikultur hinaus sowohl im Elternhaus als auch in der eigenen Berufsqualifikation und Berufstätigkeit zu finden. Aus zahlreichen Biographien (vgl. schon früh: Lepsius 1987; oder: Kahlweit 1994; Schüller 1995; Langer et al. 1995) wird deutlich, daß die Unterstützung für ein politisches Engagement aus dem Elternhaus kam oder durch den jeweiligen Partner bedeutsam ist. In nahezu allen Herkunftsfamilien war die Position des Vaters relativ stark und herausgehoben. Es herrschte ein geistig aufgeschlossenes, politisch interessiertes Klima. Die Mütter tolerierten den "anderen" als den üblichen frauentypischen Weg ihrer oft einzigen oder älteren Tochter (vgl. Meyer 1994a, S. 398ff.).

Die Motivation für den Eintritt in politische Organisationen waren unterschiedlich: Speziell Politikerinnen der älteren Generation gaben an, sich als Frauen berufen gefühlt zu haben, die katastrophalen Folgen des Nationalsozialismus durch Krieg und Zerstörung "wiedergutzumachen". Sie hofften auf eine Verbesserung der 'bösen männlichen Welt' der Politik durch weibliche Werte.

"Die meisten Frauen deuteten ihre politische Rolle selbst als die einer ... 'Ergänzerin' des Mannes. Dem 'männlichen' evolutionären, aber zerstörerischen Prinzip wurde das bewahrende 'weibliche' gegenübergestellt. Beide Prinzipien sollten in der komplementär verstandenen Zusammenarbeit der Geschlechter ihre Ergänzung und Erfüllung finden ... Nicht mehr die 'bürgerliche Verbesserung der Weiber', sondern gleichsam die weibliche Verbesserung der bürgerlichen Gesellschaft schien notwendig." (Möding 1988, S. 642)

Ein weiteres Motiv hing mit dem menschlichen Leid und den sozialen Mißständen ihrer Zeit zusammen. Durch ihre Berufsausbildung oder Berufstätigkeit in Frauen-Domänen (wie im Fürsorgebereich oder - eher untypisch - als Rechtsanwältin) waren Politikerinnen der Nachkriegszeit oft hautnah mit den schlimmen sozialen Problemen von Frauen und mit ihrer Rechtlosigkeit konfrontiert worden (vgl. Hoecker 1987a; Juristinnen in Deutschland 1984). Diese Zustände wirkten als Herausforderung für ihr politisches Handeln in den Nachkriegsjahren. Die Erfahrung, dem Schicksal ihres Geschlechts eventuell nur durch die Privilegien ihres gesellschaftlichen Standes, durch ihre gegen Widerstände erworbene Bildung, ihre persönliche Willensstärke und durch die eigene ökonomische Selbständigkeit entronnen zu sein, formte bei vielen ihr politisches Engagement.

Motive der älteren Frauen waren allenthalben das Gefühl, persönlich gebraucht zu werden, gemischt mit einem ausgeprägten Gerechtigkeitsempfinden sowie der Wunsch, sich für Schwächere und ungerecht Behandelte einsetzen zu wollen. Und schließlich verfehlten die damaligen Appelle an das "weibliche Pflichtgefühl" ihre Wirkung nicht.

Als spezifisches Merkmal der älteren Generation von Politikerinnen kann ihre retrospektive Darstellungsweise ihres Eintritts in die Politik gelten: In meinen Interviews betonen Politikerinnen im Nachhinein den puren Zufallscharakter ihres Eintritts in die Politik. Da ist frau eben so reingeschliddert, oder sogar gegen ihren Willen hineinbugsiert worden.

"Und ich wollte schon aufjaulen und sagen: um Gottes Willen, Mensch nehmet doch den davor, ich will doch gar nicht! Und da zupften mich die Frauen am Rock. Und das war auch so ein, ein Schockerlebnis in der Weise. Da hab` ich das erste Mal richtig kapiert, daß ich mir nicht mehr selbst gehöre, daß ich eigentlich, ja jetzt für andere stehe, nicht. Und da ist mir eigentlich erstmal so richtig zum Bewußtsein gekommen, daß ich mich ... jetzt am Riemen reißen muß und eben nun ja sagen muß." (Meyer 1995, S. 272)

Dieser Befund wird auch von anderen Studien bestätigt (bes.: Wischermann u.a. 1994):

> "Ich habe mich da auch ein bißchen gewehrt, weil ich gesagt habe: Ihr habt doch Frauen gehabt, ich bin doch hier völlig fremd, ich kenn' doch nichts und niemand ..., und da haben sie geschubst und geschubst und geschubst, na also, ich muß sagen, ich mußte auch geschubst werden, nicht, ich wollte nicht." (Schmidt 1993, S. 240)

Es scheint politisch aktiven Frauen der Nachkriegszeit schwer zu fallen, selbst im Nachhinein noch, wo vieles an lebensgeschichtlichen Umwegen begradigt werden kann, eine selbstbewußte Haltung zu ihren damals unüblichen Berufs- und Karrierewegen einzunehmen. Politikerinnen, die später ein Bundestagsmandat innehatten oder gar als Ministerinnen sichtbar wurden, haben nach ihren eigenen Beschreibungen wenig politischen Ehrgeiz gekannt (vgl. auch: Schmidt 1993; Metzler 1986). Sie hatten oftmals bloß "ungeheures Glück" bei ihrem politischen Aufstieg. Hier kommt ein auch aus anderen Studien zu Berufsverläufen qualifiziert ausgebildeter Frauen bekanntes Muster zum Tragen, das der Bescheidenheit und Selbstverkleinerung in den Schilderungen erfolgreicher Frauen (Flaake 1991; Wetterer 1985, 1992). Es scheint fast so, als wollten die Politikerinnen der "ersten Generation" in der Nachkriegszeit der Bundesrepublik eine eigene Beteiligung an ihrem Karriereweg bestreiten (Schlapheit-Beck 1991).

Die obigen Zitate beleuchten m.E. exemplarisch das bei vielen auszumachende "understatement" der eigenen politischen Kompetenzen. Politik scheint für diese Frauen noch heute als männliches Expertengeschäft, das zu erlernen ungeheuer schwierig sei. Die vielleicht wirklich typisch weibliche geringe Selbsteinschätzung, das fehlende Selbstbewußtsein, das Gefühl, "ich kenn' doch nichts und niemand[en]", kann als Ausdruck und Folge einer männlichen Dominanzkultur in der Politik, die auf Frauenausgrenzung beruht, gesehen werden (vgl. Meyer 1992). Sie hat auch Entsprechungen in Tiefendimensionen der weiblichen Psyche. Erst allmählich wandelt sich mit zunehmender Präsenz von Frauen in der Politik das Bewußtsein eigener Defizite in rebellisches Aufbegehren, das den Blick geschärft hat für die Mängel des männlichen "Normalpolitikers" (Hagemann-White 1987; Schöler-Macher 1994). Aus oben genannten Studien geht hervor, daß in der Nachkriegszeit ein Paradox bei Politikerinnen überwiegt: Obgleich viele Frauen in den Jungfernjahren der Republik politisch aktiv wurden, auch in Frauenausschüssen, Frauenverbänden usw., scheinen sie dieses Engagement zunächst nicht als "politisch" zu definieren. Politik bleibt der Definition nach "Männersache". Hiermit machen sich Frauen meines

Erachtens sozusagen selber unsichtbar und "verbergen" das Politische an ihrem Engagement.[3]

Ich möchte die angesprochenen Punkte folgendermaßen zusammenfassen: Die wesentlichen Dimensionen einer politischen Tätigkeit von Frauen in der deutschen Nachkriegsgeschichte scheinen mir die Unbewußtheit des (frauen)politischen Engagements zu sein und zwar in zweifacher Hinsicht: Zum einen dachten die Frauen selbst, sie würden nur der Not gehorchen und das Notwendige eben bloß erledigen. Überdies engagierten sie sich aber überwiegend speziell für Frauenbelange, ohne aus der Differenz die Konstruktion von männlicher Macht und weiblicher Unterordnung zu thematisieren. Insofern möchte ich in dieser Phase von einem unbewußten Frauenbewußtsein und von vorbewußtem Frauenhandeln sprechen.

Der andere wichtige Punkt scheint mir die machtpolitische Bescheidenheit der Frauenausschüsse und -organisationen selbst zu sein. Machtfragen wurden in Frauengruppen nicht wirklich gestellt. "Geschlechtsspezifische Barrieren wurden in der politischen Arbeit erfahren, nicht aber als Politikum oder gesellschaftspolitische Machtfrage öffentlich thematisiert." (Schmidt 1993, S. 252) Es ging vielen um die Teilhabe an politischer Macht, ohne ihre Prinzipien grundsätzlich infrage zu stellen (vgl. Gerhard 1994). Dieses scheint heute, 40 Jahre später, ein wenig anders zu sein - oder doch nicht?

1.2   Die jüngere Generation

Die 70er/80er Jahre-Parlamentarierinnen wurden anders politisch sozialisiert. Dieser Punkt ist bedeutsam für ihre Motivation, (partei)politisch tätig zu werden. Das läßt sich mittlerweile empirisch belegen (Meyer 1995; Schöler-Macher 1994). Das stark aufgeladene politisierte Klima der unruhigen Zeit der Studentenbewegung hat sich mit seinen polarisierenden Tendenzen auf die politische Standortfindung besonders derjenigen ausgewirkt, die in den 60er Jahren zwischen 15 und 30 Jahre alt waren. Wenn sie zudem noch studierten, vielleicht sogar noch in Berlin oder Frankfurt am Main, dann war es äußerst wahrscheinlich, daß ein Politisierungsschub ausgelöst wurde, der zu einem späteren längerfristigen (partei)politischen Engagement führte - bei Frauen wie bei Männern, ob in eher linken-reformoffenen oder eher konservativ-bewahren-

---

3   Im Zusammenhang von "Mädchen und Politik" habe ich vom "Verbergen" ihres politischen Engagements gesprochen, dem vielerlei Motive zugrundeliegen können. Eines ist eventuell der Konflikt mit den historisch entstandenen und gesellschaftlich wirksamen Bildern von Weiblichkeit, ein anderes die (oft unbewußte) Neigung von Frauen, Männer vor der eigenen weiblichen Kompetenz zu schützen. Ein Moment der Verheimlichung von bestimmten Kenntnissen scheint mir das unbewußte Motiv einer weiblichen Unterstützung der Männer zu sein. (Vgl.: Meyer 1994b, S. 64-77).

den Parteien. Die Studentenbewegung, aus der bald die Frauenbewegung hervorging, war ein Protest gegen die Generation der "Väter", gegen das Verschweigen der nationalsozialistischen Vergangenheit und gegen die saturierte Wohlstandsgesellschaft. Solche Schlüsselerlebnisse oder auch "motivierende Konfliktsituationen", in denen sich die Beteiligten gegen Ungerechtigkeit - auch die von "links" - gewehrt haben, sind entscheidende Motivationen für einen Parteibeitritt von Frauen gewesen (Penrose 1993, S. 67 ff.; Schöler-Macher 1994, S. 112 ff.).

Der überwiegende Teil der heute politisch tätigen Frauen hat eine fundierte Berufsausbildung oder ein Universitätsstudium in frauenuntypischen Fächern absolviert. Bildete der Fürsorgerinnen-Beruf bis in die späten 60er Jahre hinein den typischen professionellen Hintergrund einer politisch aktiven Frau - dafür waren die Ausbildungs- und Berufsbeschränkungen für Frauen aus der nationalsozialistischen Zeit mitverantwortlich -, so ist bei der jüngeren Generation die Akademisierung und Professionalisierung in "frauenuntypischen" Feldern auffällig: auf der Führungsetage, im Bundestag, finden wir Rechtsanwältinnen, Richterinnen, Informatikerinnen, Ingenieurinnen, Professorinnen, Ärztinnen.

Eine Analyse des Bildungshintergrunds der befragten baden-württembergischen Parlamentarierinnen läßt eine partei- und generationsspezifische Varianz erkennen, die man bei allen weiblichen Abgeordneten im Deutschen Bundestag, in Landes- und Kommunalparlamenten beobachten kann: durchweg ein höherer Bildungsstand bei den älteren und den jüngeren Unionsabgeordneten, während bei den Sozialdemokratinnen die ältere Generation häufig aus nicht-akademischen Kreisen und Berufen kam, was sich mittlerweile radikal geändert hat. So besaßen drei von vier der älteren befragten CDU-Abgeordneten, die zwischen 1949 und 1972 im Bundestag vertreten waren, das Abitur. Zwei arbeiteten in akademischen Berufen. Bei der SPD hatten nur zwei von sechs Frauen das Abitur, und bei der F.D.P. eine von zwei. Die KPD-Frau hatte die Mittelschule besucht. Insgesamt fällt dagegen bei der SPD eine Akademisierung der jüngeren Parlamentarierinnen auf: In der Mandatszeit zwischen 1972 und 1991 besaßen von elf SPD-Frauen zehn das Abitur, und neun arbeiteten in akademischen Berufen, während dies bei den jüngeren CDU-Abgeordneten vier von sieben taten. Bei den GRÜNEN-Frauen stellen wir durchweg eine hohe Bildungs- und Berufsqualifikation fest: Sechs von acht Frauen besaßen das Abitur, die Hälfte akademische Berufe.

Auf den ersten Blick scheinen sich manche Motive für ein politisches Engagement der 50er-Jahre-Politikerinnen und denen der 80er Jahre zu ähneln: So nannten auch baden-württembergische Parlamentarierinnen der jüngeren Generation auch ein vitales Gerechtigkeitsbedürfnis und den Wunsch, anderen Menschen zu helfen und die Welt ein wenig zum Besseren hin zu verändern als entscheidend. Ein persönliches Verantwortungsgefühl gegenüber gesellschaftlichen Zuständen und gegenüber den Sorgen und Nöten der Bevölkerung ebenso wie die Einsicht in die Notwendigkeit von eigener Aktivität sind beherrschende Motive, sich politisch zu engagieren (Meyer 1995, S. 292).

Auffallend ist andererseits, daß die Jüngeren nach eigener Darstellung nicht "durch Zufall" oder "Glück" in die politische Arbeit gekommen sind, wie es die älteren Politikerinnen für sich beschreiben. Sie haben sich das Feld der Politik meist klaren Auges ausgewählt, nicht selten unter dem Aspekt, auch in einfluß- reiche Positionen zu gelangen, in denen sie "wirklich etwas bewegen" können, "Einfluß bekommen", wenn nicht sogar "Macht, etwas durchzusetzen".

Im Selbstbild der von mir befragten Parlamentarierinnen (sowohl aus der älteren als auch aus der jüngeren Generation) taucht weiterhin durchgängig das Bewußtsein ihrer spezifischen Exponiertheit als Frau in der Politik auf. Ebenso werden Unterschiede zu den männlichen Kollegen im Politikstil, in Themen und in der Bewältigung der politischen Aufgaben wahrgenommen und proble- matisiert (vgl. auch: Penrose 1993, S. 187 ff.; Schöler-Macher 1994, S. 95ff./ 253).

Schließlich bestätigten alle Parlamentarierinnen in meinen Interviews die Funktionsmächtigkeit z.B. von männlichen Seilschaften oder Kumpaneien in der Politik. Es gibt zahlreiche Hinweise, daß der Arbeitsplatz Parlament ein spezifisches und unkalkulierbares Zusammenwirken von informellen und hin- tergründigen Beziehungen auf der einen Seite und Regelhaftigkeit und Sachori- entierung auf der anderen Seite aufweist. Hier scheint eine speziell frauenaus- schließende Dynamik vorzuherrschen. Das Bewußtsein und die Erfahrung die- ser Schwierigkeiten prägen durchweg die Aussagen der Politikerinnen.

2.   Frauenspezifik

Im Hinblick auf frauenspezifische Arbeitsbedingungen im parteipolitischen Leben möchte ich drei Aspekte nennen: individuelles Management von Politik- und Privatleben, Politik als Herausforderung für Frauen und die Frage nach der Gewichtung von Frauenpolitik in den politischen Tätigkeiten von Frauen.

2.1   *Das Management von familiären und politischen Aufgaben*

Eine Vielzahl von quantitativen und qualitativen Studien zu Frauen in der Poli- tik bestätigen die These, daß eine politische Karriere und ein Familienleben für Frauen schwer zu vereinbaren sind (vgl. u.a. schon Fuelles 1969, S. 50 f.; Hoecker 1987, S. 24 f.; Penrose 1993, S. 100 ff.). Eines der größten praktischen handicaps für eine politische Karriere stellt nach wie vor die mangelnde repro- duktive Absicherung und Unterstützung auch für jüngere Politikerinnen dar.

172

Wenn sie alleine leben, so müssen sie die fehlende oder unsichere Unterstützung durch gekaufte Hilfsleistungen und ständige Organisation ersetzen. Außerdem fehlt die für eine öffentlich sichtbare Person so wichtige Begleitung und Stabilisierung durch Personen, die verläßliche Fürsorge und korrigierende Kritik zugleich geben können. "Der einzige Unterstützer ist der Anrufbeantworter", stellt eine Politikerin lakonisch fest (Meyer 1995, S. 304).

Wenn Politikerinnen allerdings selber Familie haben (Kinder, Partner, Partnerinnen, noch lebende Eltern), dann gerät ihnen die Familientätigkeit und Verantwortung für diese möglicherweise zur Barriere. Sowohl aus der Partei-Perspektive als auch in der Außenerwartung und Bewertung ist eine Familie kontraproduktiv. Immer noch werden Frauen, die sich politisch engagieren oder um ein Mandat bewerben, unter geschlechtsbezogenem Vorbehalt strenger visiert als Männer. Dies gilt nicht nur für ihr Äußeres, sondern vor allem im Bereich ihres Privatlebens. Politikerinnen müssen sich einerseits - so anachronistisch sich dies ausnimmt am Abend des 20. Jahrhunderts - legitimieren, zum Beispiel Zeit für ihr Privatleben haben zu wollen.[4] Oft schaffen sie es ab oder schränken es stark ein.

> "... wir hatten auch mal ein Klavier. Das stand hier. Das hab' ich weggegeben... Die Beschäftigung mit Politik bringt auch eine starke Einseitigkeit, zum Beispiel auch Handwerklichem gegenüber. Ich habe zum Beispiel früher sehr viel genäht und gern genäht. Das ist total hinten runtergefallen." (Meyer 1995, S. 302)

Nicht selten müssen Frauen Rechenschaft ablegen, ob sie als Politikerinnen noch gute Mütter oder Partnerinnen/Ehefrauen sein können (vgl. dazu Penrose 1992, S. 136 ff.). Kompromisse, Verzichte, psychische Belastungen und körperliche Überanstrengung sind vorprogrammiert, solange der Bereich der Politik so männlich strukturiert bleibt und politisches Engagement auf eine so starke Vereinseitigung in der persönlichen Lebenspraxis hinausläuft.

In diesem Zusammenhang sind die Ergebnisse meiner Studien über baden-württembergische Parlamentarierinnen recht interessant. Schon die Angaben der Politikerinnen zum Familienstand und zur Kinderzahl lieferten erste Hinweise auf partei- bzw. generationsspezifische Aspekte individuellen Managements von Privat- und Politikleben: Während ihrer Mandatszeit war die Hälfte der älteren Unionsabgeordneten, die zwischen 1949 und 1972 im Bundestag vertreten waren, verheiratet, die andere Hälfte ledig. Keine dieser Politikerinnen hatte Kinder. Bei den jüngeren Unionsabgeordneten sind von sieben lediglich zwei ledig und haben keine Kinder; drei haben zwei und zwei Parlamenta-

---

4 Als Beispiel dafür kann man die Welle der Kritik nehmen, die die baden-württembergische Familienministerin Brigitte Unger-Soyka auf sich zog, als sie den Wunsch äußerte, ein Wochenende im Monat für ihre Familie politikfrei zu haben.

rierinnen haben sogar drei Kinder. Bei den älteren SPD-Abgeordneten sind/ waren von insgesamt sechs Frauen drei entweder ledig oder verwitwet. Leider waren ihre Angaben über Kinder lückenhaft. Von elf jüngeren SPD-Abgeordneten sind fünf verheiratet, eine jeweils ist verwitwet, geschieden bzw. ledig; acht haben Kinder, nur eine hat keine Kinder. Bei der F.D.P. waren die beiden Abgeordneten der älteren Generation verheiratet (bzw. eine war geschieden, eine verwitwet während ihrer Mandatszeit) und beide hatten Kinder. Bei den jüngeren F.D.P.-Parlamentarierinnen haben die vier Abgeordneten keine Kinder (dabei ist zu notieren, daß eine F.D.P.-Frau Jahrgang 1965 ist). Bei den GRÜNEN hatte die einzige ältere befragte Parlamentarierin fünf Kinder und war geschieden. Von insgesamt acht Frauen hatten fünf Kinder. Und schließlich: Die KPD-Abgeordnete war zweimal verheiratet, während ihrer Mandatszeit verwitwet und hat zwei Kinder (vgl. Meyer 1995, S. 4).

Interessant an dieser Aufzählung ist zunächst die offensichtliche Konsequenz, die die Nachkriegsgeneration von Politikerinnen aus den alltäglichen Schwierigkeiten der Vereinbarkeit gezogen zu haben scheint: Alleinstehende, ledige, verwitwete oder geschiedene Frauen sind bei den älteren Parlamentarierinnen überproportional vertreten; diese Frauen haben auch oft keine Kinder. Schließlich kommt auch das durchschnittlich höhere Eintrittsalter[5] in den ersten Bundestagen der älteren Generation hinzu. Dagegen hebt sich die Tatsache hervor, daß die überwiegende Zahl der 70er/80er-Jahre-Parlamentarierinnen verheiratet ist, (noch kleine) Kinder hat und beim Eintritt in den Bundestag deutlich jünger[6] war. Das heißt: Im Unterschied zu der Nachkriegsgeneration leben politisch aktive Frauen heute zunehmend beides, Familiengründungsphase und Karrierebeginn, zeitgleich parallel. Es stellt sich die Frage, was sich für politisch engagierte Frauen der jüngeren Generation geändert hat?

Politikerinnen der 80er Jahre - so die naheliegende Interpretation meiner Daten - wollen nicht mehr auf Lebensbereiche verzichten, in denen sie ihr Frausein als Partnerin und/oder Mutter erleben können. Die Politik ist ihnen wichtig, ebenso die Familie/persönliche Beziehungen. In diesem heute offener ausgesprochenen Bekenntnis zu beidem finden sich die heikelsten und persönlich schwierigsten Balanceakte zwischen gegensätzlichen Anforderungen, von denen nicht mehr wie früher ausgemacht ist, daß die Familie oder Partnerschaft die "wesensgemäße" Priorität erhält. Hier liegen aber gerade für ehrgeizige Frauen ihre verwundbarsten Stellen. Viele empfinden deutlich den großen Verzicht, den es bedeutet, wenn sie ihre Partner, Kinder oder Freunde jahrelang nur

---

5   So waren im 1. Deutschen Bundestag über die Hälfte der insgesamt 28 weiblichen Abgeordneten über 50 Jahre alt; vgl. Wissenschaftliche Dienste des Deutschen Bundestages 1993, S. 45.

6   Im 12. Deutschen Bundestag (1990-94) waren zwei Drittel der ingesamt 136 weiblichen Abgeordneten unter 50 Jahre alt; vgl. ebd.

noch "auf Besuch" sehen. Dies gilt insbesondere für Abgeordnete, die zwischen Wohnort, Wahlkreis und Bundestag hin- und herpendeln müssen. Überdies sind die meisten Partner von Politikerinnen keine geübten "Karrierebegleiter", die ihr eigenes berufliches Fortkommen zeitweise der Frau zuliebe hintenanstellen (vgl. Meyer 1995, S. 301 ff.; Schmidt 1989).

Wenn die Belastungen, die der politische Alltag zwangsläufig mit sich bringt, nicht "privat" ausbalanciert und kompensiert werden können, machen sie sich auf andere Weise bemerkbar. Vielleicht hängt damit auch der Umstand zusammen, daß zumindest im Bundestag die über 60jährigen Frauen mittlerweile zu den Ausnahmen gehören. Heutzutage verabschieden sich Parlamentarierinnen mit 60 oder 62 Jahren aus der aktiven Mandatszeit und lassen "Jüngere ran".[7] Vielleicht ist es für Außenstehende bloß bedauerlich, wenn sich Politikerinnen über 60 Jahre (mehr oder weniger freiwillig) aus der parlamentarischen Arbeit zurückziehen. Ein Skandal ist es allemal, wenn die Partei eine Frau über 60 bereits zu den Alten rechnet.[8] Und Männer im selben Alter werden als "erfahrene und bewährte Kollegen" für höchste und bestdotierte Posten nominiert. Auf den Sachverstand von Frauen scheint man heute immer noch gut verzichten zu können. Wenn Parlamentarierinnen über 60 Jahre alt sind, gehören sie zur "Senioren-Fraktion" und sind "einfach zu alt".

Andererseits ist der Zustand als "Politik-Pensionärin" für viele Frauen durchaus ein Gewinn, ein Plus an Lebensqualität, an Glück sogar, an Muße, Behaglichkeit und eben auch an Zeit für früher vernachlässigte Bereiche und Aktivitäten. Hier zeigt sich auch eine Fähigkeit von Frauen, andere Schwerpunkte in ihrem Leben setzen zu können und persönliche Erfüllung nicht allein aus (politischen) Machtpositionen zu bekommen. Politiker dagegen scheinen die genannte starke Vereinseitigung in der persönlichen Lebenspraxis nicht so zu spüren. Manche brauchen die äußeren Machtbezüge ein Lebenlang.

2.2   Politik als Herausforderung für Frauen

Trotz vielfacher Erschwernisse bleibt die Politik für Frauen auch sehr attraktiv (vgl. u.a. Meyer 1995, S. 312 ff.; Schöler-Macher 1994, S. 112ff.; Penrose 1992, S. 93 ff.; Kahlweit 1994). Die Mitgliedschaft in einer Partei, ein politisches Mandat oder ein gewähltes Amt enthalten, ebenso wie politisches und

---

7   Während in der 1. Wahlperiode 1949-1953 von 28 weiblichen Abgeordneten im Bundestag 5 (= rd. 18%) über 60 Jahre alt waren und somit noch aus der Zeit der Ersten Frauenbewegung stammten, sind es in der laufenden 12. Wahlperiode nur 7 von insgesamt 136 Frauen (= rd. 5%).

8   Bei den GRÜNEN sollen Vorbehalte gegen die "Omis" bereits ab Mitte 40 geäußert worden sein: "die Alte muß aufs Altenteil" über Waltraud Schoppe, Frauenministerin in Niedersachsen 1990 bis 1994.

soziales Engagement überhaupt, viel Verlockendes für Frauen, die öffentlich sichtbar werden wollen. Baden-württembergische Politikerinnen betonten, daß sie im politischen Engagement eine Gelegenheit sehen, die Geschicke des Landes mitzugestalten. Heute reizt Frauen an der Politik die Möglichkeit der persönlichen Selbstbehauptung und Selbstaufwertung. Hier ist ein legitimer Ort der öffentlichen Selbstrepräsentation, des Wettstreits. In vielen Aussagen wird deutlich, daß jüngere Politikerinnen bewußt die Möglichkeit genießen, den historischen Augenblick zu kontrollieren und die Zukunft mitzuformen. Die politische Arbeit reizt durch Wettbewerb, Risiken, komplexe Entscheidungen, oft einsame Siege. Eine früher untypische Aufstiegsmotivation und Faszination für das politische Geschäft sind heute unübersehbar. Alle jüngeren Parlamentarierinnen betonten in den Interviews positive Aspekte ihrer politischen Tätigkeit - trotz aller Schwierigkeiten oder politischer Rückschläge. "Politik ist eine Sucht wie das Rauchen", so bringt es die CDU-Abgeordnete Renate Hellwig auf den Punkt (Meyer 1995, S. 69).

2.3   Wo bleibt die Frauenpolitik?

Der dritte Aspekt - und mein Schluß - sind eher offene Fragen: Interessant finde ich es, daß überproportional viele baden-württembergische Politikerinnen der "jüngeren Generation" (ab Jahrgang 1940 und jünger) nicht aus einer explizit frauenspezifischen Betroffenheit in die Politik gegangen sind und auch explizit keine Frauenthemen als ihre speziellen Interessens- und Fachgebiete nennen.

> "Aber daß ich mich speziell engagieren würde in ... der Frauenbewegung, das liegt mir einfach nicht, weil ich der Ansicht bin, eine Politik muß so gut sein, daß sie auch für Frauen ein optimales Ergebnis hat. Also ich bin keine Frauenpolitikerin. Das sage ich ganz offen. Meine politischen Themen sind auch ganz andere." (Meyer 1995, S. 298)

Am Anfang eines Interviews stellt eine Ministerin sofort klar:

> "... ich hab's eigentlich nicht so sehr mit der Frauenpolitik. Ich mache lieber Politik für Frauen, aber keine Frauenpolitik. Es schadet nämlich nichts." (ebd.)

Selbst bei Politikerinnen, die sich in ihrer praktischen Arbeit sehr für Frauenthemen einsetzen bzw. eingesetzt haben, bezog sich ihr politisches Selbstverständnis nicht primär auf ihr Frausein. Politikerinnen, die sich wie beispielsweise Rita Süßmuth, Uta Würfel oder auch Renate Hellwig, lange Jahre kämpferisch für Frauenpositionen eingesetzt haben, ziehen sich mehr oder weniger

lautlos aus diesem Bereich zurück.[9] Dieses Phänomen könnte auf eine inten-
dierte Aufweichung der früher starren geschlechtsspezifischen Segregation der
Politikbereiche (der Grenzziehung zwischen angeblichen Frauen- bzw. Män-
nerpolitiken) verweisen, wie es eine Parlamentarierin andeutet:

> "Sie haben heute im Bereich der klassischen männlichen Felder, angefangen
> von Innenpolitik über Justiz und Außenpolitik und Finanzpolitik und Wirt-
> schaftspolitik genauso Frauen bei uns, wie Sie Männer zum Beispiel im Be-
> reich der Gleichstellungspolitik haben." (Meyer 1995, S. 298)

Aber auch eine gewisse Müdigkeit und Resignation ist festzustellen:

> "... dieses ewige Mahlen und Mahlen, ohne daß es voran geht... man ist einfach
> ungeduldiger, wenn man vorwärts drängt. Zum Beispiel diese Rede,... die kann
> man zwanzig Jahre und dann zwanzig Jahre später halten. Und da war ich dann
> der Meinung, jetzt können mal andere anfangen, diese Reden zu halten, damit
> ich mich nicht permanent wiederholen muß..." (ebd.),

so eine früher kämpferische CDU-Abgeordnete.

Darüber hinaus löst das Beharren jüngerer baden-württembergischer Politikerinnen darauf, keine explizite Frauenpolitikerin zu sein, bei mir Irritationen
aus. So sagt eine GRÜNE Basisfrau:

> "Mein politisches Selbstverständnis ist nicht frauenspezifisch, im Gegenteil, bei
> den Bürgerinitiativen ist es meiner Meinung nach weitestgehend möglich, die
> Polarität zwischen den Geschlechtern positiv zu erleben, wenig belastet von se-
> xistischen Spannungen."[10]

Warum streiten Politikerinnen - aus sog. fortschrittlichen und frauenfreundli-
chen Parteien - ihr frauenpolitisches Engagement ab, so als wollten sie ein zu
eng gewordenes Kleid abstreifen, etwa nach dem Motto: "Frauen sollten heute
eigentlich Männerpolitik betreiben"? Dieses Muster hat auf den ersten Blick
Ähnlichkeiten mit dem o.g. "unbewußten Frauenbewußtsein" der 50er/60er-
Jahre-Frauen (vgl. dazu Meyer 1994a, S. 385). Dieses ist aber heute, denke ich,
begründet auf einem gewachsenen Selbstbewußtsein und einer über Berufsqualifikation erreichten Autonomie. Oft ist es auch erst in einer späteren Phase
ihrer politischen Biographie sichtbar.

Auffällig ist auch, wie übereinstimmend besonders jüngere Politikerinnen
aus Baden-Württemberg abstritten, eine sogenannte Quotenfrau zu sein. Die
Betonung, es auch ohne Quote "geschafft" zu haben, ist ihnen wichtig: "Ich
habe nur für Posten kandidiert, wo ich wirklich die Beste war. Wenn Sie so

---

9   Oder sie stolpern. Wie Carola von Braun oder Heide Pfarr über eigen- oder fremdver-
     schuldete Skandälchen.
10   Politikerin 4.6. in einem Brief an die Verfasserin vom 14.1.1993.

wollen. Man hätte mir was anderes auch nicht abgenommen." (Meyer 1995, S. 300)

Eine frühere GRÜNE Bundestagsabgeordnete urteilt 1993 über die Quote:

"Also mein Schicksal ist davon überhaupt nicht abhängig, ob die Quotierung fällt oder nicht, weil wenn ich wieder einen Platz kriege in dieser Partei, dann krieg' ich ihn, weil ich eben bekannt bin. Wenn ich ihn kriege, dann kriege ich ihn auch deswegen, weil ich bekannt bin. Insofern für mich spielt es überhaupt keine Rolle." (ebd., S. 299)

Dies kann man einerseits als großes Selbstbewußtsein interpretieren - das ist sicher nötig und positiv für Frauen in der Politik. Andererseits deuten die Aussagen aber auf eine Schieflage in der historisch-politischen Analyse hin. Suggerieren sie doch die Unterstellung von faktischer Gleichberechtigung, so als würde Bekanntheitsgrad oder Leistung allein für die politische Förderung ausreichen.

Der Quote wird insgeheim trotz anders lautender Proklamationen die Förderung von Leistungsschwäche unterstellt.

"... irgendwelche Bevorzugungen wegen des Geschlechts,... das hätte nicht in meiner Rolle gelegen. Schlicht und einfach." (ebd., S. 300)

".. weil ich mich dazu nicht eigne, jetzt in dieses Feld reingesetzt zu werden. Das war bei anderen. Das sind andere Typen..." (Meyer 1995, S. 300)

Diese Aussagen lassen konservativste Unterstellungen der Quotengegner durchscheinen. Um die Quote fraglos anerkennen zu können, steht vielen Frauen - nicht allein Politikerinnen - ihr eigenes Selbstbewußtsein im Wege. Sie sind stolz auf ihre Leistungen und auf die Entbehrungen, die sie für die politische Arbeit auf sich genommen haben. Eine Quotengegnerin aus der FDP urteilt:

"... auf die Dauer möglicherweise kommen wir um eine Quote nicht 'rum,... Also ich hab' da deshalb wahrscheinlich nicht so einen Zugang dazu, weil ich es eben anders geschafft habe, und das mag vielleicht eine gewisse Unbarmherzigkeit sein, aber was man aus eigenem Erleben eben nicht so nachvollziehen kann, das ist für einen nicht so prioritär." (ebd.)

Für mich stellen sich in diesem Zusammenhang zunächst folgende Fragen: Wird in solchen Äußerungen ein "defensiver Feminismus" (Marianne Rodenstein) erkennbar? Wo ist das frauenpolitische Bewußtsein oder Engagement von Frauen, die in der Politik an herausgehobener Stelle agieren? Und brauchen wir überhaupt frauenbewußte Frauen im Parlament, um Frauenpolitik zu betreiben, oder was ist sonst das Vehikel, damit frauenpolitische Erfolge greifen können? Zeigt sich hier verschärft die Verunsicherung des feministischen Standpunktes angesichts ökonomischer und politischer Krisen nach der Verei-

nigung, die direkt und indirekt alle Formen der feministischen Praxis beeinflußt? Haben sich Politikerinnen dem Universalisierungsdruck in der Politik
gebeugt und die Besonderheit von Frauenpolitik und ihre Ansprüche zurückge-
nommen? Oder machen sie sich ihn auf eigene Weise langfristig geschickt
zunutze?[11]

Diese und andere noch nicht schlüssig oder gar eindeutig zu beantwortende
Fragen sollen dieses momentane Zwischenresümee abschließen. Nach wie vor
stehen sich - zusammengefaßt - der Patriarchalismus der Politik und der weibliche Lebenszusammenhang unversöhnlich gegenüber. Nichtdestotrotz entwerfen
Politikerinnen in meinen, aber auch in anderen Interviews darüber hinaus auch
eine hoffnungsvolle Perspektive. Sie zeigen frauenpolitisches Engagement und
Veränderungsimpulse aber auch Anpassungstendenzen gegenüber der Parteirai-
son und der geschlechtsübergreifenden Fraktionsdisziplin.

Entgegen manch aktuellem Versuch - etwa von Medien oder Wahlfor-
schung -, Frauen politische Unmündigkeit, Unkenntnis oder gar Ignoranz zu
unterstellen, stehen zahlreiche der von mir untersuchten Parlamentarierinnen
aus Baden-Württemberg über die Jahrzehnte hinweg auch für das "Andere" im
politischen Engagement von Frauen (Meyer 1995, S. 316 ff.).

Sicher müssen wir frauenpolitische Erfolge und deren Trägerinnen mit Mandat nicht nur unter dem Brennglas ungeduldiger Kritik oder gar Resignation
betrachten, sondern vielleicht eher auf die "langen Wellen" der Frauenpolitik
achten, die Ute Gerhard (1992) zitiert, die letztlich vielleicht doch - auch gegen
Rückschläge - an den Ufern ankommen. Es dauert nur sicher länger, als viele
gehofft hatten.

Literatur:

Bernadoni, Claudia 1992: Reformpolitik - der Ariadnefaden für Frauen in der Regierung. In:
    Zeitschichte für Frauenforschung, Jg. 10 (1992), H. 4, S. 1-7
Deutscher Juristinnenbund (Hg.) 1984: Juristinnen in Deutschland, München
Eckart, Christel 1995: Feministische Politik gegen institutionelles Vergessen. In: Feministi-
    sche Studien (1995), H. 1, S. 82-90
Flaake, Karin 1991: Frauen und öffentlich sichtbare Einflußnahme - Selbstbeschränkungen
    und innere Barrieren. In: Feministische Studien. (1991), H. 1, S. 136-141
Gerhard, Ute 1992: Westdeutsche Frauenbewegung: Zwischen Autonomie und dem Recht
    auf Gleichheit. In: Feministische Studien. (1992), H. 2, S. 35-55

---

11   Vgl. in dieser Fragestellung neuerdings: Christel Eckart 1995.

Gerhard, Ute 1993: "Fern von jedem Suffragettentum" - Frauenpolitik nach 1945, eine Bewegung der Frauen? In: Wischermann et al., Frankfurt a.M., S. 9-40

Heinsen, Elke 1992: Reform auch nach innen - ein Fallbeispiel für eine veränderte "Problemlösungskultur" in der politischen Verwaltung. In: Zeitschichte für Frauenforschung, Jg. 10 (1992), H. 4, S. 8-19

Hoecker, Beate 1987a: Frauen in der Politik. Eine soziologische Studie, Opladen

Hoecker, Beate 1987b: Politik: Noch immer kein Beruf für Frauen? In: Aus Politik und Zeitgeschichte. Beilage zur Wochenzeitung "Das Parlament". (1987a), B 9-10, S. 3-14

Kahlweit, Cathrin 1994: Damenwahl. Politikerinnen in Deutschland, München

Kreisky, Eva 1992: Der Staat als "Männerbund"? Der Versuch einer feministischen Staatssicht. In: Biester, Elke/ Geißel, Brigitte/ Lang, Sabine/ Sauer, Birgit/ Schäfter, Petra/ Young, Brigitte (Hg.): Staat aus feministischer Sicht, Berlin, S. 53-63

Langer, Ingrid 1989: Zwölf vergessene Frauen. Die weiblichen Abgeordneten des Volksstaates Hessen. Ihre politische Arbeit - ihr Alltag - ihr Leben, Frankfurt a.m.

Langer, Ingrid (Hg.)/Ley, Ulrike/Sander, Susanne 1995: Alibi-Frauen? Hessische Politikerinnen, Bd. I und II. Frankfurt a. M.

Lepsius, Renate 1987: Frauenpolitik als Beruf. Gespräche mit SPD-Parlamentarierinnen. Hamburg

Metzler, Gabriele 1986: Frauen, die es geschafft haben. Portraits erfolgreicher Karrieren, Düsseldorf

Meyer, Birgit 1992: Die "unpolitische" Frau. Politische Partizipation von Frauen oder: haben Frauen ein anderes Verständnis von Politik? In: Aus Politik und Zeitgeschichte. Beilage zur Wochenzeitung Das Parlament. (1992), B 25-26, S. 3-18

Meyer, Birgit 1994a: "Hat sie heute denn überhaupt gekocht?", Frauen in der Politik von der Nachkriegszeit bis heute. In: Margrit Brückner/Birgit Meyer (Hg.): Die sichtbare Frau. Freiburg 1994. Vorabdruck in: Zeitschrift für Frauenforschung. (1993), H. 3, S. 6-32

Meyer, Birgit 1994b: "Wenn man so politisch aktiv ist, muß man sich ja noch lange nicht für Politik interessieren!" Zum Politikverständnis von Mädchen. In: Zeitschrift für Frauenforschung. (1994), H. 1+2, S. 64-77.

Meyer, Birgit 1995: Frauen in politischen Führungsppositionen aus Baden-Württemberg. Endbericht für das Ministerium für Frauen, Familie, Weiterbildung und Kunst des Landes Baden-Württemberg, [unv. Ms.], Stuttgart

Möding, Nori 1988: Die Stunde der Frauen? In: Von Stalingrad zur Währungsreform. Zur Sozialgeschichte des Umbruchs in Deutschland, München, S. 619-647

Penrose, Virginia 1993: Orientierungsmuster des Karriereverhaltens deutscher Politikerinnen. Ein Ost-West-Vergleich, Bielefeld

Pitzschke, Angela 1994: Frauenleben und Frauenpolitik. Lebensgeschichte und politisches Engagement von Kasseler Frauen der politischen Linken in der Nachkriegszeit, Pfaffenweiler

Schaeffer-Hegel, Barbara 1993: Ist Politik noch Männersache? Ergebnisse einer Untersuchung über den Berliner Frauensenat von 1989-1990. In: Aus Politik und Zeitgeschichte. Beilage zur Wochenzeitung Das Parlament. (1993), B 45, S. 3-13

Schindler, Peter 1984: Datenhandbuch zur Geschichte des Deutschen Bundestages 1949-1983. 3. durchges. Auflage, Bonn

Schindler, Peter 1992: Datenhandbuch zur Geschichte des Deutschen Bundestages, Bonn

Schlapeit-Beck, Dagmar 1991: Karrierefrauen im Konflikt zwischen Ohnmachtszuschreibung und weiblichem Führungsstil. In: feministische Studien (1991), H. 1, S. 147-157

Schmidt, Margot 1993: Interpretierte Geschichte - Lebensgeschichtliche Interviews mit hessischen Politikerinnen. In: Wischermann et. al. Frankfurt a.M., S.193-267

Schmidt, Martina 1989: Karrierefrauen und Partnerschaft. Sozialpsychologische Aspekte der Beziehungen zwischen karriereambitionierten Frauen und ihren Lebenspartnern, Münster/New York

Schöler-Macher, Bärbel 1991: Fremd(körper) in der Politik. Die Normalität des politischen Alltags in Parteien und Parlamenten aus der Sicht von Frauen. In: Frauenforschung. (1991), H. 1/2, S. 98-116

Schöler-Macher, Bärbel 1994: Die Fremdheit der Politik. Erfahrungen von Frauen in Parteien und Parlamenten, Weinheim

Schöll, Ingrid 1984: Frauenwiderstand gegen die Remilitarisierung zu Beginn der 50er Jahre. [unv. Ms.]

Schüller, Elke 1993: "Keine Frau darf fehlen!" - Frauen und Kommunalpolitik im ersten Nachkriegsjahrzehnt in Hessen. In: Wischermann et.al. Frankfurt a.m, S.88-150

Schüller, Elke 1995: Neue, andere Menschen, andere Frauen? Kommunalpolitikerinnen in Hessen, 1945-1956, Bd. I, Frankfurt a.m.

Wetterer, Angelika 1985: "Nein, selbst beworben hätte ich mich nie!" Zum Selbstverständnis von Wissenschaftlerinnen. In: Frauenforschung. Beiträge zum 22. Soziologentag 1984, Frankfurt, S. 116-126

Wetterer, Angelika (Hg.) 1992: Profession und Geschlecht. Über die Marginalität von Frauen in hochqualifizierten Berufen, Frankfurt a.M/ New York

Wischermann, Ulla/ Schüller, Elke/ Gerhard, Ute (Hg.) 1993: "Staatsbürgerinnen zwischen Partei und Bewegung - Frauenpolitik in Hessen 1945 bis 1955", Frankfurt a.M.

Wissenschaftliche Dienste des Deutschen Bundestages (Hg.) 1976/1983/1993: Parlamentarierinnen in Deutschen Parlamenten. Bd. 1: 1919-1976. (1976), Mat. Nr. 42, Bonn; Bd. 2: 1919-1983. (1983), Mat Nr. 82, Bonn; Bd. 3 1949-1993, (1993), Mat. Nr. 122, Bonn

Frauenbewegung in Ostdeutschland – Innenansichten

Christina Schenk und Christiane Schindler

1. Herkunft

Die Kenntnis der Lebenslage von Frauen in der DDR und deren politische
Grundlegung bildet den notwendigen Hintergrund für ein Verständnis des
Umgangs mit der jetzigen Situation, des Selbstverständnisses und der politischen Ansätze von Frauen in Ostdeutschland. Ergebnis der staatlichen Gleich-
berechtigungspolitik realsozialistischer Prägung war, daß sich die Situation von
Frauen in der DDR zum Teil recht deutlich von der in der Alt-BRD unterschied.[1] Hinsichtlich der Stellung der Frau in der Gesellschaft und auch hinsichtlich des Geschlechterverhältnisses hatten sich in der DDR wesentliche
positive Entwicklungen vollzogen. Politisch waren elementare Voraussetzungen und erste Schritte für eine tatsächliche Emanzipation von Frauen organisiert worden. Die Veränderungen in den Bedingungen weiblicher Existenz

---

[1] Diese Aussage läßt sich u.a. durch folgende Fakten verdeutlichen (Frauenreport '90,
Sozialreport '90):
-   über 90% der Frauen im erwerbsfähigen Alter übten einen Beruf aus oder befan-
    den sich in der Ausbildung bzw. studierten und waren damit ökonomisch selb-
    ständig,
-   etwa 30% der Leitungspositionen waren von Frauen besetzt,
-   das Einkommen von Frauen bewegte sich, je nach Branche, zwischen 75 und
    90% des Einkommens von Männern,
-   der Beitrag von Frauen zum Familieneinkommen lag bei ca. 40%, was einen er-
    heblichen Einfluß auf ihre Position in der Partnerschaft hatte (die Höhe der
    Scheidungsrate von knapp 40% und die Tatsache, daß in 70% der Fälle die Frau
    die Scheidung begehrte, hatte ihre Ursache hauptsächlich im Selbstbewußtsein
    von Frauen und in den ihnen aufgrund ihrer ökonomischen Selbständigkeit so-
    wohl materiell als auch mental zur Verfügung stehenden Handlungsspielräu-
    men),
-   die häusliche Gesamtarbeit, d.h. die im familialen Bereich notwendige Arbeit,
    war zwischen Frauen und Männern mehrheitlich gleichverteilt - wenn auch ge
    schlechtstypische Zuordnungen dabei zwar abgeschwächt, aber nicht aufgehoben
    wurden (schon die Zwänge des Faktischen, die volle Berufstätigkeit beider Part-
    ner, machten das Beharren auf einer streng traditionellen Arbeitsteilung unmög-
    lich),
-   das Recht auf Schwangerschaftsabbruch war - wenigstens innerhalb der ersten
    drei Monate - gegeben (bei voller Kassenfinanzierung und ohne Zwangsbera-
    tung).

setzten zugleich Zwänge für das Verhalten von Männern. Insgesamt hat das in allen Lebensbereichen, sowohl in der Arbeitswelt als auch im alltäglichen Leben, zu einem geänderten Verhältnis der Geschlechter zueinander geführt - dies ist inzwischen vor dem Hintergrund heutiger Entwicklungen besonders deutlich erkennbar.

Die staatliche Politik bezog sich jedoch ausschließlich auf Frauen ließ damit zwangsläufig die Lebenswirklichkeit von Männern und folglich die patriarchale Verfaßtheit der DDR-Gesellschaft in ihrer Grundstruktur unangetastet. Diese war zu keinem Zeitpunkt Gegenstand öffentlicher Diskussion oder gar der Politik. Es war eine Emanzipation ohne explizite Kritik des Patriarchats als Herrschafts- und Machtverhältnis.

Eine demokratische Öffentlichkeit, in der dies hätte thematisiert werden können, gab es unter den Bedingungen des totalitären Herrschaftsanspruches der SED nicht. Politik wurde paternalistisch, d.h. von "oben" her und ohne Möglichkeit der Selbstverständigung und Mitbestimmung umgesetzt. Die patriarchale Struktur der DDR-Gesellschaft war - zumindest von innen her - für die überwiegende Mehrheit nicht ohne weiteres erkennbar und daher auch nicht Bestandteil des öffentlichen Bewußtseins. Die Zuordnung zu bestimmten Tätigkeiten bzw. Verantwortungsbereichen, die soziale Differenzierung und das Machtgefälle qua Geschlecht waren nicht so ausgeprägt wie etwa in der Alt-BRD, daß sie im Berufsleben oder im familiären Bereich unmittelbar und direkt erfahrbar gewesen wären. Offensichtlich herabwürdigende Darstellungen von Frauen im öffentlichen Raum, wie etwa in der westdeutschen Regenbogenpresse oder in der Werbung üblich, gab es nicht - es existierte ein ungeschriebenes Verbot offen sexistischer Äußerungen. Sicher haben auch die seit Anfang der 70er Jahre von der SED verbreitete Propaganda von der Gleichberechtigung als gegebene Realität und entsprechende Vermittlungen über die verschiedenen Bildungs- und Schulungswege dazu beigetragen, daß die Unterschiedlichkeit der Entwicklungs- und Selbstverwirklichungschancen von Frauen und Männern nur von wenigen wahrgenommen worden sind. Sozialdaten, die das geschönte Bild hätten relativieren können, waren der Allgemeinheit nicht zugänglich. Soweit Ungleichheiten wahrgenommen wurden, wurden sie in ihrer Ursache und in ihrer Lösung individualisiert.

Dennoch gehörten zur Oppositionsbewegung, die sich gegen Ende der 70er Jahre unter dem Dach der evangelischen Kirche herauszubilden begann, auch Frauen- und Lesbengruppen. Die evangelische Kirche bot den einzigen nichtprivaten Raum, in dem gesellschaftskritisches Denken offen und unzensiert möglich war und Gesprächszusammenhänge aufgebaut werden konnten, die auch politisch aktionsfähig waren.

Der Ausgangspunkt des Engagements lag für die Frauen- und Lesbengruppen - im Gegensatz zur Alt-BRD - nicht in der individuellen Gewalterfahrung von Frauen, sondern in der enttäuschenden Feststellung, daß der kritische Blick auf die gesellschaftliche Realität in der DDR in der Öffentlichkeit keinen Platz hatte und daß Forderungen nach Demokratisierung der Gesellschaft und nach einer grundlegenden Reform des politischen Systems nicht im öffentlichen Raum konzeptionell erarbeitet und formuliert werden konnten bzw. durften. Die Aktivitäten dieser Gruppen sind ungeachtet der relativ geringen Zahl von Beteiligten sowohl von der gastgebenden Kirche, vom Staatssicherheitsdienst und in gewissem Umfang auch von der übrigen Gesellschaft politisch wahrgenommen worden. Auf einigen Feldern hat das zu positiven Veränderungen geführt - insbesondere hinsichtlich der Situation von Lesben und Schwulen (Schenk 1992, S. 189-194). Obwohl insbesondere in den 80er Jahren eine Vielzahl von Frauen- und Lesbengruppen entstand, konnte sich jedoch unter den Bedingungen eines Mangels an Demokratie daraus nur ansatzweise eine Frauen-Bewegung entwickeln.

2. Aufbruch

Im Herbst 1989 kam es - selbst für Kennerinnen der DDR und ihrer Frauen-Szene überraschend - zu einem eruptionsartigen Aufbruch von Frauen. Innerhalb weniger Wochen fanden sich, völlig unabhängig voneinander, in mehreren Städten und auch Dörfern engagierte Frauen zusammen. Es waren Frauen aus den oppositionellen Zusammenhängen unter dem Dach der Kirche, aus privaten Diskussionskreisen von Frauen, die im universitären bzw. wissenschaftlichen Bereich arbeiteten, SED-Frauen und auch Frauen, die sich bisher nicht politisch betätigt hatten, aber jetzt das Bedürfnis entwickelten, sich für die Belange von Frauen einzusetzen.

Dieser Aufbruch der Frauen ist nicht allein damit zu erklären, daß Frauen in derselben Weise wie Männer einen grundlegenden gesellschaftlichen Wandel in der DDR gewollt haben. Zwei weitere Faktoren traten hinzu, die insbesondere für Frauen von entscheidender Bedeutung waren. Zum einen gab es jetzt erstmals Möglichkeiten zum aktiven Handeln in politischen Organisationen oder auch in Form von Demonstrationen und anderen Aktivitäten und zum anderen war die Gewißheit weit verbreitet, daß sich festgefügte Strukturen auflösen (lassen) und sich Wege zu weitreichenden Veränderungen eröffnen. Die Antizipation der tatsächlichen und unmittelbaren Einflußnahme wirkte überaus motivierend und mobilisierend.

Dies erklärt jedoch noch nicht hinreichend, warum Frauen sich in eigenständigen Zusammenhängen und unter Ausschluß von Männern organisierten. Hierfür waren unserer Auffassung nach ausschlaggebend:

-   Die Erfahrung der weitgehenden Wirkungslosigkeit des bisherigen, wenn auch nur vereinzelten frauenpolitischen Engagements in den Institutionen, Parteien und Massenorganisationen der DDR,
-   die Tatsache, daß in den in der Wendezeit gegründeten bzw. an die Öffentlichkeit getretenen zahlreichen Bürgerbewegungen über alle möglichen Aspekte der jetzt anstehenden Gesellschaftsreform diskutiert wurde, nicht jedoch über die sog. Frauenfrage, sowie
-   die zunehmende Erkenntnis, daß die Interessen von Frauen authentisch nur von Frauen selbst artikuliert und durchgesetzt werden können und daß dafür eigener Raum erforderlich ist.

Unabhängig voneinander entstanden an mehreren Orten in der DDR Initiativen zur Gründung einer eigenständigen Frauenvereinigung. Mit dieser Bündelung der Kräfte in Form einer politischen Interessenvertretung wollten Frauen das Problem der patriarchalen Verfaßtheit der Gesellschaft und die damit verbundene Benachteiligung oder gar Diskriminierung von Frauen auf die Tagesordnung des politischen Wandels setzen und sich in verschiedenen Formen aktiv in die gesellschaftlichen Prozesse einmischen.

Anfang Dezember 1989 konstituierte sich der Unabhängige Frauenverband (UFV). Dieses viel beachtete Ereignis veränderte die politische Landschaft der DDR deutlich. Im Aufruf des Initiativkomitees zur seinen Gründung hieß es:

"Gründen wir gemeinsam einen Frauenverband, in dem sich alle unabhängigen Frauengruppen und -initiativen, Frauenvereine und -kommissionen, Frauenfraktionen der Parteien und Massenorganisationen und jede einzelne Frau zu einer politischen Interessenvertretung zusammenschließen, ohne ihre Eigenständigkeit aufzugeben" (Kahlau 1990).

Der Unabhängige Frauenverband war als Dachverband selbständig bleibender Gruppen gedacht, der Öffentlichkeit für die Lage der Frauen herstellt und die verschiedenen Aktivitäten der Frauengruppen, Fraktionen usw. koordinieren und ihnen auf diesem Weg zu größerer politischer Wirksamkeit verhelfen sollte. Die Hauptziele des Verbandes bestanden darin, die Gleichstellung von Frau und Mann sowie die Akzeptanz aller Lebensformen in der Gesellschaft entscheidend zu befördern. Dies sollte mit einer dreifachen Strategie erreicht werden:

-   Durch den Aufbau einer außerparlamentarischen Frauen-Gegen-Kultur in Gestalt von Frauenprojekten, Frauenzentren, Frauenbuchläden, Frauencafès etc., um für Frauen eine Möglichkeit zu eröffnen, im Kontakt mit anderen Frauen die Situation des weiblichen Geschlechts in der Gesellschaft zu erkennen, gesellschaftlich bedingte Probleme zu entindividualisieren und Ermutigung für eigene politische Betätigung zu finden, die letztlich

Voraussetzung sind für eine starke Frauenbewegung, die zur Ausübung politischen Druckes in der Lage ist;

- durch die Einrichtung von Gleichstellungsstellen um den Einfluß gleichstellungspolitischer Gesichtspunkte durch eine institutionelle Verankerung in den Entscheidungsebenen der Wirtschaft, in den Verwaltungsgremien der Städte, Kommunen und Gemeinden (Gleichstellungs- oder Frauenbeauftragte) und nicht zuletzt in der Legislative in Gestalt eines Ministeriums für Gleichstellung zu sichern. Die Aufgabe bestand darin, die Arbeit der jeweiligen Gremien kritisch und konstruktiv zu begleiten. Kontroll- und Sanktionsrechte sowie ein eigener Etat wurden im Interesse einer effizienten Wirksamkeit eingefordert; und schließlich
- durch feministisches Engagement in den Parlamenten (Projekt "Feminismus im Parlament"), weil dies die Orte waren, wo die politischen Entscheidungen getroffen wurden und von wo aus Einfluß auf das Geschehen in der Gesellschaft genommen werden konnte.

Die Selbstverständlichkeit des Hineingehens von Frauen in etablierte politische Strukturen und auch der auf die ganze Gesellschaft zielende politische Anspruch stehen mit den folgenden drei Faktoren in einem engen Zusammenhang:

Struktur des gesellschaftlichen Systems der DDR

Die DDR war - im Gegensatz zu den westlichen kapitalistischen Demokratien - eine von einer Idee bzw. einem ideologischen Konzept her gestaltete Gesellschaft. Das gesellschaftliche Leben war in allen Bereichen das Resultat von politischen Entscheidungen und daraus abgeleiteten Maßnahmen. Die institutionalisierte Politik war insofern die entscheidende Kraft der Gesellschaftsgestaltung.[2] Es war daher in der DDR folgerichtig, in den politischen Institutio-

---

2 Es gab keinen Bereich, für den nicht von "oben" festgelegt wurde, was dort wie und zu welchem Zeitpunkt geschehen sollte (ob es sich um die Herstellung von Schrauben, um eine Betriebsstillegung oder um die Einrichtung eines Kindergartens handelte). Das politische Konzept wurde von der de facto alleinherrschenden SED in totalitärer Weise umgesetzt. Raum für die Artikulation und das Austarieren von Interessen der verschiedenen sozialen Gruppen oder gar für eine breite öffentliche Verständigung über die künftige gesellschaftliche Entwicklung gab es nicht. Die dafür notwendigen Strukturen wurden nicht geschaffen bzw. deren Entstehen wurde mit allen Mitteln verhindert.
   In kapitalistischen Gesellschaften ist das völlig anders. Der zentrale Bereich der Gesellschaft, die Wirtschaft, existiert nahezu autonom - die institutionalisierte Politik schafft hier nur wechselnde Rahmenbedingungen. Alles, was in dieser Gesellschaft geschieht, ist das Resultat eines Kampfes verschiedener Kräfte in der Gesellschaft um die Durchsetzung ihrer jeweiligen Interessen.

nen das Zentrum der Macht zu verorten. Die Konsequenz aus dem Anspruch, sich einmischen zu wollen, konnte somit nur darin bestehen, in diese Institutionen hineinzugehen. Das hieß im Herbst '89 zunächst, um Plätze an den Runden Tischen zu kämpfen und sich später auf den verschiedenen Ebenen um Sitze in den Vertretungskörperschaften zu bewerben.

Spezifikum der politischen Sozialisation

Bestimmend für die politische Sozialisation in der DDR war das Postulat der Vorrangstellung des "Gesellschaftlichen" gegenüber dem "Persönlichen". Daraus erklärt sich der umfassende Blick, wie er in den zur Wendezeit von den sich bildenden Frauengruppen verfaßten politischen Grundsatzerklärungen zum Ausdruck kommt. Dies wirkte sich unmittelbar auf die Formulierung des politischen Anspruchs aus. Nicht die Schaffung von subkulturellen Nischen für Frauen oder Frauenpolitik als gesondertes Thema - etwa mit sozialpolitischen Schwerpunktsetzungen - war gemeint, sondern feministische Politik, die die Auflösung des hierarchischen Verhältnisses zwischen Frauen und Männern in der Gesellschaft zum Ziel hat und die daher ausnahmslos alle Bereiche der Gesellschaft durchdringen muß.

Situation zur Zeit der "Wende"

Der Umbruch im Herbst '89 war begleitet von einem tiefgreifenden Akzeptanzverlust gegenüber den gesellschaftstragenden Strukturen der DDR, da sie nicht durch demokratische Wahlen legitimiert waren. Ein Prozeß der Auflösung dieser Strukturen und der Suche nach neuen Formen politischer Institutionen setzte ein. Die Zeit der "Runden Tische" begann. In dieser von Euphorie geprägten Zeit schien sehr vieles möglich zu sein - auch die feministische Gestaltbarkeit der Gesellschaft. Dies hat gerade Frauen stark motiviert, sich in die politischen Prozesse einzubringen.

Innerhalb kurzer Zeit erlangte der Unabhängige Frauenverband einen beachtlichen Stellenwert in der politischen Landschaft der DDR. Der UFV hatte Sitz und Stimme an den Runden Tischen aller Ebenen, er schickte eine Ministerin in die Modrow-Regierung, auf seine Initiative hin entstand ein Netz von Gleichstellungsbeauftragten, mit seiner Unterstützung erkämpften Frauen an den Runden Tischen Gelder und Räume für Frauenprojekte.

3. Anschluß

Der für viele doch überraschende Sieg der "Allianz für Deutschland", bestehend aus CDU, DA und DSU,[3] bei der Wahl zur Volkskammer der DDR im März 1990 veränderte die Situation drastisch. Nun stand der schnellstmögliche Anschluß an die BRD auf der Tagesordnung. Es war klar, daß der Beitritt nach Art. 23 des Grundgesetzes nichts anderes bedeutet, als die vollständige und bedingungslose Übertragung westdeutscher Verhältnisse auf das Gebiet der DDR (vgl. z.B. SOFI 1990). Sämtliche Vorstellungen von der Gestaltbarkeit der gesellschaftlichen Verhältnisse in einer alternativen DDR unter feministischen Schwerpunktsetzungen waren nunmehr obsolet. All die Determinanten weiblichen Lebens, von denen aus die Frauen im Herbst 1989 ihre Forderungen nach einer frauengerechten Veränderung der Gesellschaft formulierten, standen zur Disposition.

Unter diesen Bedingungen kam es darauf an, der rücksichtslosen Übertragung westdeutscher Verhältnisse möglichst wirksamen Widerstand entgegenzusetzen. Die Frauenbewegung konnte ihr Selbstverständnis nicht länger aus der konstruktiv-gestaltenden Einmischung in den Prozeß der Gesellschaftsveränderung ableiten. Sie fand sich in der Rolle der Opposition wieder.

Der Beitritt führte nicht nur dazu, daß sich für DDR-Bürgerinnen und Bürger in nahezu allen Lebensbereichen und in sehr kurzer Zeit tiefgreifende Umbrüche vollzogen, sondern er bedeutete auch die Einführung patriarchaler Verhältnisse gänzlich neuer Dimension. Die Reaktion von Frauen auf diese veränderte Situation bewegt sich vielfach zwischen Ratlosigkeit, Resignation und diffuser Wut - wobei sich diese z.T. aggressive Stimmung kaum ins Politische umsetzt und organisiert.

Es gibt im einzelnen viele Gründe, warum Frauen sich nicht mehr oder noch nicht politisch engagieren. Die aus unserer Sicht wesentlichen sollen im folgenden benannt werden (vgl. Schenk 1993):

- Die Probleme der alltäglichen Existenzsicherung (Job, Mieten, Kita, Schule etc.) absorbieren viel Kraft und Zeit. Der Umgang mit ungewohnten Problemen, mit existentiellen Gefährdungen, Ängsten, Ungewißheiten usw. muß erst gefunden werden. Der Gedanke an ein politisches Engagement ist da nicht unbedingt der naheliegendste.
- Die Antizipation der Erfolglosigkeit spielt vermutlich ebenfalls eine große Rolle. Die BRD scheint vergleichbar zu sein mit einer Gummizelle - die Strukturen dieser Gesellschaft sind äußerst stabil und dabei schein-

---

3   DA (Demokratischer Aufbruch) - gegründet im Dezember 1989; DSU (Deutsch-Soziale Union) - gegründet im Januar 1990 aus mehreren christlich-konservativen Gruppen und Parteien.

bar unendlich elastisch. Jetzt ist alles erlaubt, was in der DDR verboten war (Demonstrationen, Gründung von Vereinen, Herausgabe von Zeitungen etc.), aber dies erzielt in dieser Gesellschaft kaum Wirkung, jedenfalls keine, die in einem angemessenen Verhältnis zum Kraftaufwand stünde. Kaum jemand hört zu, es interessiert nur wenige, es ist völlig unklar, wie in dieser Gesellschaft etwas "von unten" bewegt werden kann, was über den örtlichen Bereich hinausgeht (siehe der 20 Jahre währende Kampf der Frauenbewegung der BRD gegen den §218). Die Ohnmachtsgefühle jetzt sind partiell stärker als in der DDR, wo selbst relativ bescheidene Aktivitäten Reaktionen auslösten - und sei es seitens der Stasi - und das Gefühl entstand, wenigstens wahrgenommen zu werden. Politik- und Aktionsformen, die unter den neuen Verhältnissen Wirkung erzielen, sind noch nicht oder erst schemenhaft erkennbar. Spürbare Erfolge, wie z.B. an den Runden Tischen sind nicht mehr möglich. Es ist frustrierend, nach der vergleichsweise ungeheuren Leichtigkeit des Anfangs entweder gar nicht oder nur wenig bzw. nur unter entwürdigenden Bedingungen weiterzukommen. Der Ausstieg oder der Rückzug in Nischen, in denen noch etwas bewegbar ist, sind mögliche Wege, mit dieser Situation umzugehen.

- Der Lustverlust ist ein weiterer Grund. Das, worum es jetzt geht, sind aus DDR-Sicht banale Selbstverständlichkeiten (Frauenberufs- und auch -erwerbstätigkeit, Kitas mit ganztägiger Öffnungszeit zu angemessenen Preisen, bezahlbare Mieten, Recht auf Schwangerschaftsabbruch, Chancen für relativ freie Berufswahl auch für Mädchen usw.). Das Einfordern dieser bereits gehabten Selbstverständlichkeiten ist für keine Frau im Osten stark motivierend.

- Ein weiterer Grund ist die Absorption durch Projektarbeit. Der Arbeits- und Zeitaufwand für die Sicherung der Existenz des jeweiligen Frauenprojektes nimmt solche Ausmaße an, daß die eigene inhaltliche Arbeit vielfach auf extreme Weise reduziert wird. Die Kraft reicht dann erst recht nicht mehr für die "große" Politik. Zudem hat sich die Ausrichtung der Frauenprojekte verändert. Sahen die Gründerinnen der Wendezeit die Arbeit in Frauenprojekten als eine der Ebenen politischen Handelns, so werden Frauenprojekte gegenwärtig zumeist unter dem Aspekt der Arbeitsplatzbeschaffung aufgebaut. Hierzu hat vor allem eine Arbeitsmarktpolitik beigetragen, die die Ostberliner Projekte in den Jahren 1990/91 mit Arbeitsbeschaffungsmaßnahmen geradezu überschüttete (vgl. Rieger 1993).

- Viele Frauen bestimmen jetzt für sich das Verhältnis von "Gesellschaftlichem" und "Persönlichem" neu. Die eigene Befindlichkeit wird in bisher unbekanntem und unerprobtem Maße wichtig und bedeutsam. Das führt bei einigen Frauen zu einem vorübergehenden oder dauerhaften Ausstieg aus dem politischen Engagement.

- Die allgemeine Verdrossenheit gegenüber politischen Organisationen befällt auch Frauen. Die Lethargie ist allgemein und die Wut (noch?) diffus, ein konkreter Zielpunkt dafür ist nicht oder kaum auszumachen. Der Weg in eine politische Organisation ist für viele z.Zt. nicht akzeptabel.

- DDR-Frauen haben, von einigen wenigen abgesehen, das Kämpfen um eigene Interessen nicht praktiziert. Zum überwiegenden Teil haben sie nicht die Erfahrung machen können, daß sich mit politischem Engagement etwas erreichen und verändern läßt. Die Notwendigkeit des Selbst-Bewegens wird daher auch heute noch nicht von jeder an Veränderung interessierten Frau gesehen.

Für diejenigen, die sich unter den jetzigen Verhältnissen politisch engagieren, bringt die Entfaltung des politischen Spektrums einer pluralistischen Gesellschaft ein entsprechendes Angebot an möglichen Verortungen mit sich. Es findet eine Ausdifferenzierung politischer Ansätze bzw. eine Neuorientierung von Frauen an thematischen Bezügen (Arbeits- und Lebensbereiche, sozialer Situation etc.) statt, in deren Folge nicht alle dort bleiben, wo sie sich zur Zeit der Wende engagiert haben. Forciert wurde dieser Prozeß durch die Überstülpung des bundesdeutschen Systems der Organisierung von Fraueninteressen.

Frauen sind heute in den Frauenorganisationen der Parteien (Arbeitsgemeinschaft Sozialdemokratischer Frauen, Frauen-Union, Frauenarbeitsgemeinschaft LISA der PDS) organisiert, sind Mitglied im Landfrauenverband, in den Gewerkschaften, bei SHIA (Selbsthilfeinitiative Alleinerziehender), im Arbeitslosenverband etc.. In Ignoranz bereits vorhandener spezifischer Formen der Vernetzung, wie z.B. des UFV und der Frauenpolitischen Runden Tische, wurde die Struktur des Deutschen Frauenrates und der Landesfrauenräte in den ostdeutschen Bundesländern installiert.

Der Unabhängige Frauenverband ist heute ein Teil des frauenpolitischen Spektrums. Er versteht sich als feministische Organisation, die parlamentarische und außerparlamentarische Arbeit miteinander zu verbinden sucht. Trotz einer wachsenden Zahl von Mitfrauen aus den Alt-Bundesländern ist der UFV nach wie vor primär im Osten des Landes präsent und vertritt in erster Linie die Interessen ostdeutscher Frauen.

4.   Fremdheiten

Der Fall der Mauer machte von einem Tag auf den anderen Begegnungen zwischen frauenbewegten Frauen aus Ost und West möglich. Das Interesse und die

Erwartungen waren auf beiden Seiten groß. Auf Seiten der Westfrauen war es unserer Wahrnehmung nach vor allem Neugier. Neugier, die Frauen aus dem anderen Teil Deutschlands kennenzulernen, von deren Lebenswirklichkeit frau/ Feministin im Westen nur eine außerordentlich vage Vorstellung hatte. Viele hatten bis dato den Osten, die DDR, aus ihrer Wahrnehmung ausgeklammert.

"An der deutsch-deutschen Grenze hörte für uns die Welt auf. Dahinter begann der realexistierende Sozialismus, der 'Ostblock', eine scheinbar völlig gleichgeschaltete uninteressante Welt - auf der Landkarte in unserem Kopf einfach eine riesige, wenig bekannte Fläche, rechts von 'unserem' Europa" (Graner/Jäger 1992).

Andere hatten nicht mehr über den anderen deutschen Staat wissen wollen, um ihre Loyalität mit der DDR nicht auf die Probe stellen zu müssen (Thürmer-Rohr 1992). Gleichzeitig wollten Westfrauen die Frauen kennenlernen, die die "neue" ostdeutsche Frauenbewegung vertraten und es geschafft hatten, innerhalb kürzester Zeit eine landesweite politische Organisation zu gründen - was in der Alt-BRD je nach Sichtweise Begeisterung oder Unverständnis hervorrief. Auch hofften viele Westfrauen, durch die Begegnung mit der neuen Frauenbewegung im Osten den Schwung aus den eigenen Anfangsjahren wiederbeleben zu können. Vereinzelt wurde der Begriff der 'Frischzellkur' verwandt.

Ostfrauen waren sehr daran interessiert, mit den Frauen in Kontakt zu kommen, die sich seit zwanzig Jahren innerhalb eigenständiger Zusammenhänge offen für die Interessen von Frauen engagierten und dabei ihre Patriarchatsanalyse und -kritik auch theoretisch unterlegt hatten. Die Hoffnung auf Unterstützung für die eigenen Forderungen durch die westdeutschen Frauen, auf einen gemeinsamen Kampf und Widerstand auf der Grundlage gegenseitigen Gebens und Nehmens war groß. Dabei spielte der Gedanke eine große Rolle, daß ein "Deutschland einig Vaterland" eine "einige" Frauenbewegung benötigt. Der Optimismus, daß sich diese relativ schnell bilden könnte, war unmittelbar nach dem Fall der Mauer noch ungebrochen.

Das erste große bundesweite Treffen von Ost- und Westfrauen im Rahmen eines gemeinsamen Kongresses im April 1990 in Berlin machte die Unterschiedlichkeiten und Gegensätze in aller Schärfe sichtbar, hat Ost- und Westfrauen das Anderssein der jeweils Anderen drastisch vor Augen geführt. Die Schwierigkeiten des Weges zueinander begannen sich abzuzeichnen.

Die gegenseitige Fremdheit von "Ossas" und "Wessas" hätte im Grunde bei nüchterner Betrachtung nicht überraschen dürfen - zu unterschiedlich waren die in den grundverschiedenen gesellschaftlichen Systemen gemachten Erfahrungen. Diese führten zu deutlichen Differenzierungen zwischen Ost- und Westfrauen im Verhältnis zu folgenden wesentlichen Kategorien des feministischen Diskurses (vgl. Schenk/Schindler 1993):

Das Verhältnis zum Staat

In der DDR waren Staat und SED nicht voneinander getrennt und auch in der Wahrnehmung nicht oder nur schwer trennbar.[4] Die engstens verflochtene Macht von Staat und Partei war einerseits politisch repressiv und andererseits Garant sozialer Sicherheit und Fürsorge. Der "Staat" wurde zwar als Urheber der Beschränkung politischer Freiheitsrechte erlebt, nicht jedoch als Existenzbedrohung oder Quelle von Frauenunterdrückung. Im Zusammenhang mit der Struktur und dem Funktionsmechanismus der DDR-Gesellschaft ergaben sich daraus in der Wende Forderungen nach einer Reform staatlicher Gewalt und nach einer verfassungsrechtlichen Garantie der Presse-, Versammlungs- und Meinungsfreiheit, ohne daß von feministischer Seite der Staat selbst einer grundsätzlichen Kritik unterzogen wurde.

In Westdeutschland hingegen hat insbesondere die autonome Frauenbewegung ihre Patriarchatskritik stets verbunden mit der Kritik am Staat als Repressionsinstrument, als Organisationsform der Herrschaft nicht nur des Kapitals schlechthin, sondern auch des Patriarchats. Der Staat wurde als Träger struktureller Gewalt gegen Frauen stets als existentiell bedrohend und in die persönliche Lebenssphäre eingreifend erlebt und begriffen. Die Abwehr von staatlichem Zugriff, der Schutz vor der Staatsgewalt, prägte daher das Verhältnis zum Staat und wurde zur dringenden politischen Forderung frauenbewegter Frauen. Die Schutzfunktion des Staates in bezug auf die Sicherung sozialer Mindeststandards und in bezug auf die Bekämpfung von Diskriminierung, Benachteiligung und Bedrohung von Frauen ist in der BRD nicht bzw. nur außerordentlich begrenzt erlebbar. Ein positives Verhältnis zum Staat war (und ist) unter diesen Bedingungen für viele Feministinnen undenkbar.

Bei vielen ostdeutschen Frauen war noch lange Zeit nach dem Beitritt eine in den sozialen Lebensbedingungen in der DDR gründende positive Erwartungshaltung gegenüber dem Staat erkennbar. Auf die drohende Übernahme des §218, die gezielten Ausgrenzungen von Frauen auf dem Arbeitsmarkt, die Kitaschließungen oder die Mietpreissteigerungen wurde mit Äußerungen wie "das können die doch mit uns nicht machen ..." reagiert. Funktion und Aufgabe

---

4   Formal waren die Führungsgremien der SED (Zentralkomitee, Politbüro, Sekretariat des Zentralkomitees, Parteitag) von den Staatsorganen (Staatsrat, Ministerrat, staatliche Verwaltung, Volkskammer) getrennt. Jedoch hatte die Partei die Macht, von ihr ging auch die "Staatsgewalt" aus. Die Entscheidungen wurden in den Gremien der Partei getroffen und von den Organen des Staates nur noch verkündet und umgesetzt. Der Ministerrat war im seinem Verhältnis zum Politbüro quasi ein Schattenkabinett. Diese Vermischung und Verquickung zwischen Staat und Partei kommt in der Sprachformel von der "Partei- und Staatsführung der DDR" sehr deutlich zum Ausdruck.

des bundesdeutschen Staates werden in ihrem Unterschied zum DDR-Staat erst langsam erfaßt.

Das Verhältnis zu Strukturen

Für ostdeutsche Frauen war in der Wendezeit die Bildung eines überregionalen Frauenverbandes ein ganz selbstverständlicher Schritt, um ihrem Anliegen Geltung und Durchsetzungsvermögen zu verschaffen. Dies erklärt sich zum einen daraus, daß bei vielen ostdeutschen Frauen der Blick eher auf die gesamte Gesellschaft und nicht nur auf das überschaubare Nahfeld gerichtet (gewesen) ist. Dies liegt in der kollektivistischen politischen Sozialisation in der DDR begründet. Im Rahmen des kollektivistischen Ansatzes wird nicht nur den Interessen des umgebenden personalen Kollektivs eine vorrangige Bedeutung zugemessen, sondern die Gesellschaft bzw. die gesamte Welt werden als kollektive Subjekte begriffen, für die die Rangfolge der Wichtigkeit analog gilt. In der Wendezeit schien die Möglichkeit vorhanden gewesen zu sein, mittels einer politischen Organisation gesellschaftsverändernd eingreifen zu können. Zum anderen entstand im Herbst '89 plötzlich die Möglichkeit und damit die Notwendigkeit, eine Entscheidung über einen unmittelbaren Zugriff auf institutionalisierte politische Macht zu treffen.

Abgesehen davon, daß es unserer Auffassung nach für westdeutsche Frauen zu keinem Zeitpunkt eine vergleichbare Situation gegeben hat, dürfte sowohl die im Westen ausgeprägte Ablehnung von Strukturen als auch die erklärte Distanz zum Staat, die den Griff nach mit ihm verknüpften Formen der Macht konsequenterweise ausschließt, die bisherige Nichtexistenz derartiger Organisationsformen im Westen begründen helfen.

Das Verhältnis zum Ich

Der politischen Sozialisation in der DDR war das Postulat der Vorrangstellung des "Gesellschaftlichen" gegenüber dem "Persönlichen" immanent. Die Wahrnehmung der eigenen Befindlichkeit wurde nicht geübt - ebensowenig wie die Reflexion über gruppendynamische Prozesse im Arbeits- oder Freizeitkollektiv und deren Bedeutung für die beteiligten Individuen. Für ostdeutsche Frauen sind Fragen wie "Was macht das mit mir?" oder "Wie fühle ich mich dabei?" oder auch "Will ich das jetzt?", die ganz offensichtlich bei der Mehrheit der frauenbewegten Frauen in Westdeutschland zur Grundlage von Entscheidungen über das eigene Engagement gehören, noch fremd. Für sie ist in sehr vielen Fällen das als "notwendig" Erkannte handlungsleitend. Die These könnte lauten: Ostfrauen sind eher sachbezogen, Westfrauen hingegen eher beziehungsbezogen; ost- und westdeutsche Frauen unterscheiden sich in ihrer jeweiligen

Gewichtung von "Sachzwängen" und "Befindlichkeiten". Mittlerweile scheint im Osten - nicht zuletzt aufgrund der insgesamt enttäuschenden Erfahrungen mit den Wirkungen der eigenen politischen Arbeit - der Stellenwert der Selbstwahrnehmung zuzunehmen.

Das Verhältnis gegenüber anderen und Anderem

Bereits kurz nach dem Fall der Mauer gab es bei den ersten Kontakten zu Westfrauen widersprüchliche Erfahrungen. Großes Interesse und Offenheit auf der einen Seite, aber auch besserwisserische Arroganz, mit der einige uns erklären zu müssen glaubten, wie frau das alles zu machen hätte, auf der anderen Seite. Uns fiel auf, daß es in Westdeutschland zum Teil heftige Animositäten zwischen Frauengruppen und auch zwischen Frauen gibt, die eine Zusammenarbeit erschweren oder gar unmöglich machen. Aus unserer Sicht vergleichsweise harmlose Differenzen wurden zu Gründen, mit anderen auch politisch nichts mehr gemeinsam machen zu wollen (vgl. z.B. Paul 1990, S. 33, 49, 65, 66). Die Fähigkeit zu punktueller, sachbezogener Zusammenarbeit auch mit politisch ferner Stehenden - wie es das Konzept der Runden Tische war und wie wir es zu praktizieren versuchen, wo immer es geht - scheint im Westen nicht ohne weiteres möglich zu sein.

Allein die Tatsache, daß der UFV im Frühjahr 1990 mit Frauen vom Argument-Verlag zusammenarbeitete, veranlaßte beispielsweise Alice Schwarzer zu der Frage, wie unabhängig er denn eigentlich sei, der "Unabhängige Frauenverband". Kurze Zeit später beendete sie ihre Zusammenarbeit mit uns. Nach bisheriger Erfahrung spielen derartige Abgrenzungen im Osten (noch?) nicht eine so große Rolle. Es drängt sich die These auf, daß dies u.a. mit dem unterschiedlichen Maß an Zerstörung weiblicher Identität in der BRD bzw. DDR im Zusammenhang steht.[5]

---

5   Wer als Person und Persönlichkeit in seinem Leben permanent infragegestellt worden ist, wird später auf mögliche Angriffe auf die eigene Integrität oder auch auf eigene Auffassungen und Ansichten mit Abwehr reagieren. Die Rigidität von Ab- und Ausgrenzung in politischen Arbeitszusammenhängen ist somit u.E. nicht allein auf die Gegensätzlichkeit in politischen Anschauungen zurückführbar, sondern sie scheint auch ein Indiz zu sein für das Bedürfnis nach einem ich-schützenden ideologisch "reinen" und potentiell konfliktarmen Nahfeld, das Sicherheit und in gewissem Sinne auch Geborgenheit vermitteln kann. Das Bedürfnis danach ist um so stärker, desto geringer infolge von sozialisationsbedingter Selbstunsicherheit Souveränität und Frustrationstoleranz sind.

Das Verhältnis zu Männern

Ostdeutsche Frauen haben anfangs die Radikalität vieler Westfrauen gegenüber Männern nicht verstanden - aufgrund ihrer Erfahrungen in der DDR, die nicht so extrem sexistisch geprägt waren wie die von Frauen in der BRD. Viele Ostfrauen hätten sich ohne das "Mitziehen" ihrer Partner nicht in dem Maße beruflich und/oder politisch, auch frauenpolitisch, engagieren können, wie sie es gewollt und getan haben. Es gibt eine weitverbreitete Übereinstimmung darüber, daß die sogenannte Frauenfrage nur als "Geschlechterfrage", d.h. als eine Frage des politischen, sozialen und mentalen Verhältnisses von Männern zu Frauen und umgekehrt diskutiert werden kann. Häufig äußern Ostfrauen, daß eine Veränderung dieser Gesellschaft oder auch dieser Welt nur mit den Männern geht, da vom Patriarchat beide Geschlechter, wenn auch in höchst unterschiedlicher Weise, betroffen seien. Die Erfahrungen, die Frauen inzwischen mit dem anderen Patriarchat und in männerfreien Räumen gemacht haben, haben sie in ihrem Verhältnis zu Männern radikalisiert. Heute ist es beispielsweise unstrittig, daß Frauen Räume haben müssen, die frei sind von männlicher Dominanz.

Das Verhältnis zur Sprache

Der von ostdeutschen Frauen auch heute noch in der Regel praktizierte männliche Sprachgebrauch - insbesondere bei der Angabe eines Berufs, der zu den eher männertypischen zählt - ist nicht nur Folge des zwangsweise unterbliebenen Diskurses über die Bedeutung von Sprachformen, sondern hat seine Wurzeln auch in der nicht so krassen Gegensätzlichkeit der Lebenswirklichkeiten von Frauen und Männern in der DDR. Frauen haben keinen Grund gesehen, Frau-Sein explizit zu bezeichnen. Inzwischen ist jedoch für die meisten frauenbewegten Frauen eine frauenbenennende Sprache durchaus üblich geworden. Dazu hat das Erleben der Brutalität des bundesdeutschen Patriarchats sicher mitbeigetragen.

Angesichts dieser vielfältigen und auch vielschichtigen *kulturellen* Verschiedenheiten, angefangen von der politischen Sehweise bis zum Verhalten, kann es im Grunde nicht überraschen, daß die deutsch-deutschen Begegnungen mit Verständigungsschwierigkeiten begannen. Die nicht hinterfragte und trivial scheinende Annahme, wir würden die gleiche Sprache sprechen, verzögerte die Erkenntnis, daß die simple These von der "Rückständigkeit der Ostschwestern" kaum etwas erklärte, sondern daß die Differenzen zum größeren Teil darin begründet sind, daß wir aus sehr unterschiedlichen gesellschaftlichen Verhältnissen mit einer sehr unterschiedlichen Kultur kommen.

Unter diesen Voraussetzungen erfüllte sich die Hoffnung der Ostfrauen, in ihrem Kampf um den Erhalt wichtiger rechtlicher und sozialer Standards von ihren Schwestern im Westen unterstützt zu werden, nicht. So entstand z.b. keine gesamtdeutsche Diskussion unter Frauen über Erwerbsarbeit, über Gleichstellungspolitik, über gesellschaftliche Kinderbetreuungseinrichtungen, über das Thema "Frauen und Sozialstaat". Dies blieb wohl auch deshalb aus, weil die jeweilige ostdeutsche Version von der Politik in den Medien in einer Weise diffamiert wurde, daß wir selbst zum Teil sprachlos wurden. Zum anderen waren wir Ostfrauen, bevor wir unsere Kritik am DDR-Patriarchat (z.B. Sozialstaat) in aller Fundiertheit ausformulieren konnten, bereits in eine vorrangig defensive, Bestände verteidigende Rolle gedrängt. Das machte den Verständigungsprozeß zwischen Ost- und Westfrauen noch schwieriger. Die gemeinsame Diskussion dieser Themen blieb aber auch deshalb aus, weil die Vereinigung die Frauenbewegung West in einem Zustand antraf, als sie sich in ihren männerfreien Nischen und informellen Netzen eingerichtet hatte. Wir mußten erkennen, daß die Frauenbewegung in Westdeutschland nicht in der von uns projizierten Form als einflußreiche politische Kraft existierte.

Das einzige Thema, bei dem es bald zu einem gemeinsamen ost-westdeutschen Bündnis und zu gemeinsamen Aktionen kam, war das Thema §218 - nicht zuletzt aber deswegen, weil es hier im Westen ein seit Jahren arbeitendes bundesweites Bündnis gab, das Ansprechpartnerin für die Ost-Frauen war.

Trotz Mauerfall und Einheit wurden sich die deutschen Schwestern fremder denn je. Auf beiden Seiten erfolgte ein Rückzug auf das jeweilige Gebiet, in die gewohnten Arbeits- und Lebenszusammenhänge.

"Bei jeder Gelegenheit bestätigen wir uns gegenseitig, daß wir schwer miteinander können. Wir erneuern beständig unsere (Vor)Urteile übereinander: Westfrauen sind arrogant, wissen alles besser, sind kinder- und männerfeindlich, dogmatisch und intolerant. Ostfrauen sind angepaßt, biedere Muttis, männerfixiert und kein bißchen radikal. Die jeweils andere "drüben" halten wir für weniger emanzipiert und selbständig als uns" (Helwerth 1992, S. 9).

Die Kommunikationsprobleme zwischen West und Ost und ihre Ursachen sind erst im Laufe der Zeit als solche erkannt worden. Bemerkenswert ist allerdings, daß ostdeutsche Frauen auch jetzt noch - wo die Kommunikation wieder in Gang gekommen ist - von Westfrauen oft "vergessen" oder einfach nicht mitgedacht werden. Der umgekehrte Fall tritt unserer Wahrnehmung nach weitaus seltener ein - vielleicht ist dies die Folge eines unterschiedlich starken Interesses aneinander. Es ist eine noch ungelöste Aufgabe, dieses Phänomen offen zu diskutieren, ihm auf den Grund zu gehen und zu lernen, anders miteinander umzugehen.

5.   Aussichten

Mit der Zeit begreifen immer mehr Ostdeutsche, vor allem Frauen, daß sich nicht nur einfach das Geld, die Preise, das Warenangebot, der Grad der Erwerbstätigkeit, die Organisation von Produktionsprozessen, die Struktur staatlicher Gewalt, die Parteienlandschaft usw. geändert haben, sondern daß mit der Übernahme des kapitalistischen Systems Veränderungen grundsätzlicher Art einhergehen, die begleitet sind von einem tiefgreifenden Statusverlust von Frauen in der Gesellschaft - unabhängig davon, ob sich im individuellen Fall die Lebensverhältnisse verbessert haben oder nicht. Wir haben es jetzt mit einem Patriarchat völlig neuer Dimension zu tun, das mit dem der DDR nicht vergleichbar ist.

Von Tag zu Tag wird auch im Westen deutlicher, daß die "Vereinigung" zu einer grundlegenden Veränderung der Alt-BRD führt. Dies ist sowohl durch den Wegfall des sogenannten real existierenden Sozialismus als staatsgewordenen Kritik des Kapitalismus als auch dadurch bedingt, daß der Anschluß der DDR an die BRD die Grenzen des westdeutschen Modells der Wachstums- und Konsumgesellschaft sichtbar macht. Auch die Frauen dieses Landes befinden sich inmitten der jetzt stattfindenden Verteilungskämpfe um Erwerbsarbeit und Einkommen, um politische Partizipation und demokratische Rechte. Der Anschluß wird von den Regierungsparteien benutzt, um gesamtdeutsch Frauenrechte abzubauen. Frauen sehen sich mit einem patriarchalen Rollback konfrontiert, dessen Ausmaß und Ende noch nicht abzusehen sind.

Die Frauenbewegung in Ost und West ist in ihrer gegenwärtigen Zustand nicht in der Lage, dieser Entwicklung Frauenmacht wirksam entgegenzusetzen. Im Westen selbst mehren sich die Stimmen, die von einer Krise der Frauenbewegung sprechen und eine kritische Bestandsaufnahme und eine tiefgreifende Neuorientierung einfordern. Diese Erkenntnisse erzeugen unter den frauenbewegten Frauen sowohl im Osten als auch Westen den Wunsch nach Veränderung der jetzigen Situation.

Die Grünen sind nach ihrer Fusion mit dem Bündnis 90 und mit ihrem immer stärker werdenden Drang nach Regierungsbeteiligung kaum mehr bereit und geeignet, feministische Positionen in die Parlamente und in die Öffentlichkeit zu transportieren. Immer mehr Feministinnen verabschieden sich aus den Grünen, weil sie das Experiment "feministische Politik in einer mit alternativem Anspruch angetretenen Partei" als gescheitert ansehen.

Diese Bedingungen scheinen den notwendigen äußeren Druck zu erzeugen, der Frauen in Ost- und in Westdeutschland über neue Aktions- und Organisationsformen von Frauenbewegung nachdenken läßt. Ein erster Schritt war der FrauenStreikTag '94. Die organisatorische Vorbereitung dieses Ereignisses schloß den Anspruch ein, der Vereinzelung von Frauen in ihrem frauenpolitischen Engagement entgegenzuwirken, zu einer neuen Solidarität und zu einem anderen Miteinander von Frauen in Ost und West zu kommen. Durch diesen Prozeß bildeten sich neue Arbeitsstrukturen über den ab- und ausgrenzenden Rahmen bestehender Netze und Bündnisse hinaus (vgl. Schenk/Schindler 1995).

Der spezifische Beitrag des Unabhängigen Frauenverbandes (UFV) zur dringend notwendigen Weiterentwicklung der Frauenbewegung ist in zweifacher Hinsicht denkbar - zum einen organisatorisch und zum anderen gesellschaftstheoretisch:

- Der UFV ist eine überregionale feministische Organisation in den ostdeutschen Bundesländern, mit einer - wenn auch lückenhaften - personellen und materiellen Infrastruktur. Die in den vergangenen Jahren auf den verschiedenen Ebenen von Politik mit unterschiedlichen Politikformen, auch bündnispolitischer Art (z.B. in Gestalt Runder Tische), gemachten Erfahrungen stehen zur Verfügung.
- Der kritische Blick auf die BRD-Gesellschaft ist von Ostdeutschland her aufgrund der unmittelbaren Erfahrung mit zwei Gesellschaftssystemen in besonderer Weise möglich. Darüber hinaus kann die differenzierte Kritik der Verhältnisse in der DDR, insbesondere die Analyse der Frauenpolitik, sowohl die emanzipatorischen Momente der realsozialistischen Gesellschaft als auch die Ursachen und Phasen ihres Verfalls sichtbar machen.

Beides, die Aufarbeitung der DDR-Geschichte und die feministische Kritik des kapitalistischen Systems der BRD, ist notwendig, um zumindest Umrisse einer gesellschaftlichen Alternative zu entwickeln (Schindler/Klotz 1993).

Um zu einem dauerhaften und institutionalisierten Miteinander zu kommen, bedarf es auf der westdeutschen Seite einer kritischen Auseinandersetzung mit dem bisherigen Verhältnis, insbesondere des autonomen Teils der Frauenbewegung, zu Organisationsstrukturen. Ohne die Bereitschaft, innerhalb von Strukturen und mit einem bestimmten Mindestmaß an Verbindlichkeit zu arbeiten, wird die Konstituierung einer politisch starken Frauenbewegung in Deutschland nicht möglich.

Entscheidend wird dabei vor allem sein, inwieweit insbesondere die westdeutsche Frauenbewegung zu einem Paradigmenwechsel willens und in der Lage ist (Schenk 1994). Themen wie Wirtschafts-, Finanz-, Steuer- und Arbeitsmarktpolitik müssen spätestens jetzt - angesichts der gegenwärtigen Entwicklungen nicht nur in der BRD, sondern auch innerhalb der "Europäischen Union" und auf internationaler Ebene - oberste Priorität bekommen. Die Verbindung dieser Problemfelder mit feministischer Herrschaftskritik ist das Terrain, auf dem sich die Frauenbewegung weit stärker als bisher Kompetenz erwerben und auf dem sie sich mit kreativen Ideen einmischen muß. Theoretische Grundlegungen gibt es schon seit langem, aber sie sind von der Bewegung bislang nicht in den politischen Raum transportiert worden.

Die bisherigen Hauptthemen der westdeutschen Frauenbewegung - Männer-Gewalt gegen Frauen und Kinder, insbesondere Mädchen, sexuelle Selbstbestimmung und das Recht auf Schwangerschaftsabbruch sowie Rassismus - erfassen, so wichtig sie auch sind und so unbestreitbar das Verdienst der Bewegung in diesen Zusammenhängen auch ist, letztendlich Phänomene, die zwar zu den besonders deutlichen Entäußerungsformen patriarchaler Unterdrückung gehören, nicht jedoch deren kausalen Kern ausmachen. Ohne wirkliche Lösungen auf den obengenannten Gebieten, etwa allein durch bewußtseinsbildene Arbeit im Rahmen von frauenbewegten Nischen, kann der für das Patriarchat konstitutive und daher allgegenwärtige Sexismus nicht wirksam bekämpft werden. Die politischen Entwicklungen in der Bundesrepublik Deutschland nach dem administrativen Zusammenschluß beider deutscher Staaten haben die Neukonstituierung einer politischen feministischen Bewegung mit einer besonderen Dringlichkeit auf die Tagesordnung gesetzt. Die Frauenbewegung muß wieder zu einem unübersehbaren Faktor werden, damit die Chance gewahrt bleibt, daß aus der gegenwärtigen Situation eine demokratische, soziale und ökologische Perspektive erwächst.

Literatur

Graner, Claudia/Jäger, Susa M. 1992: Von der 'fröhlichen Revolution' zur Resignation? Einblicke und Ausblicke - die ostdeutsche Frauenbewegung aus westdeutscher Perspektive. In: Ludwig-Uhland-Institut für Empirische Kulturwissenschaft der Universität Tübingen/Institut für Europäische Ethnologie der Humboldt-Universität zu Berlin: Blick-Wechsel Ost-West. Tübingen. S. 6

Helwerth, Ulrike 1992: Abschied vom feministischen Paradies - Zu den Schwierigkeiten der Annäherung zwischen Ost- und Westfrauen. In: WeibBlick. (1992), H. 2, S. 9

Kahlau, Cordula (Hg.) 1990: Aufbruch! Frauenbewegung in der DDR, Dokumentation. München. S. 27

Paul, Chris (Hg.) 1990: Lesbenblicke von hier nach drüben. Hohenfels

Rieger, Renate 1993: Frauenprojekte in Ostberlin. In: Rieger, R. (Hg): Der Widersprenstigen Lähmung? - Frauenprojekte zwischen Autonomie und Anpassung. Berlin. S. 54-69

Schenk, Christina 1990: Experiment UFV. In: Das Argument 184, Jg. 32 (1990), H. 6, S. 847-857

Schenk, Christina 1992: Lesbische Existenz in der DDR - ein Rückblick mit Aussichten. In: Joester, A./Schöningh, I. (Hg.): So nah beieinander und doch so fern. Pfaffenweiler

Schenk, Christina 11993: Ein paar Gedanke zu UFV.... In: Weibblick (1993), H. 12, S. 34-40

Schenk, Christina 1994: Zum Politikbegriff der ostdeutschen Frauenbewegung am Beispiel des UFV. In: Stecker, H./Bütow, B. (Hg.): EigenArtige Ostfrau - Frauenemamzipation in der DDR und in den neuen Bundesländern. Bielefeld. S. 285-299

Schenk, Christina/Schindler, Christiane 1993: Frauenbewegung in Ostdeutschland - eine kleine Einführung. In: Beiträge zur feministischen Theorie und Praxis. (1993), H. 35, S. 136-138

Schenk, Christina/Schindler, Christiane 1995: Mottenkistenfeminismus. In: Utopie kreativ, H. 8 (1995), [Im Erscheinen]

Schindler, Christiane/Klotz, Sibyll 1991: Angekommen in der Realität bundesdeutscher Verhältnisse. In: Klein/Vordenbäumen/Wiegrefe/Wolf (Hg.): Keine Opposition. Nirgends? Berlin. S. 75

SOFI (Sozialistische Fraueninitiative): Positionspapier zur Vereinigung beider deutscher Staaten. In: Feministische Studien. Jg. 8 (1990), Nr. 1, S. 143-147

Thürmer-Rohr, Christina 1992: Die Irritation der ewig Empörten. In: Freitag (26.6.1992), Nr. 27, S. 14

Winkler, Gunnar (Hg.) 1990: Frauenreport '90. Berlin

Winkler, Gunnar (Hg.) 1990: Sozialreport '90. Berlin

Zu den Herausgeberinnen und Autorinnen:

Eva Maleck-Lewy, Dr.phil.; studierte Philosophie und lehrte viele Jahre an der Humboldt-Universität Berlin, Fachbereich Geschichte der Philosophie. Längere Studienaufenthalte in Rußland und den USA. Sie ist Mitbegründerin des Unabhängigen Frauenverbandes (UFV) und arbeitet in verschiedenen frauenpolitischen Netzwerken. Arbeitsschwerpunkte: Institutionalisierung von Gleichstellungs- und Frauenpolitik, Transformationsprozeß und Demokratieentwicklung in Osteuropa, politische Partizipation von Frauen, Frauenbewegung in den neuen Bundesländern. Neben ihrer Arbeit als Mitherausgeberin ("Das unsichtbare Geschlecht der Europa", "Gleichstellungspolitik -Totem und Tabus", beide 1994) und Autorin verschiedener Aufsätze veröffentlichte sie u.a. "Die Frau ist frei geboren..."(1989, gemeinsam mit B. Maleck) und "Und wenn ich nun schwanger bin? Frauen zwischen Selbstbestimmung und Bevormundung" (1994).

Virginia Penrose, geb. 1958 in California, USA; B.A.; Dr. phil.; Studium der "International Relations" und Deutsch als Fremdsprachephilologie an der University of Redlands, California; Promotion am Institut der Politikwissenschaft an der Technischen Universität Berlin. Zur Zeit wissenschaftliche Mitarbeiterin an der Fachhochschule für Wirtschaft Berlin. Arbeitsschwerpunkte: Frauen in der Politik, deutsch-deutscher Systemvergleich, geschlechtsspezifische Berufsverläufe. Neben Aufsätzen zu Frauenpolitik in der DDR, Politik-, Staats- und Demokratieverständnis ost- und westdeutscher Politikerinnen im Vergleich veröffentlichte sie "Orientierungsmuster des Karriereverhaltens deutscher Politikerinnen. Ein Ost-West-Vergleich" (1993) und ist Herausgeberin (mit Ch. Lemke und U. Ruppert) von "Frauenbewegung und Frauenpolitik in den Transformationsprozessen Osteuropas" (1995).

Brigitte Geißel, geb. 1962; Dipl. Politologin. Ehemals wissenschaftliche Mitarbeiterin am Zentralinstitut für sozialwissenschaftliche Forschung der Freien Universität Berlin. Wissenschaftliche Mitarbeiterin am Institut für Politikwissenschaft der Technischen Universität Berlin. Arbeitet an ihrer Dissertation zur politischen Sozialisation von Politikerinnen; Veröffentlichungen zu Arbeiterjugendbewegung, politischer Sozialisation von Mädchen - Frauen und im Bereich der politikwissenschaftlichen Frauenforschung.

Lee Ann Banaszak, Associate Professor of Political Science an der Pennsylvania State University. 1991-1992 Forschungsjahr in Berlin als Stipendiatin des Bundeskanzler Programms der Alexander von Humboldt-Stiftung. Zahlreiche Publikationen insbesondere zu Themen der Frauenbewegungen und Frauenpolitik in Westeuropa und den Vereinigten Staaten.

Sonja Kiesbauer, geb. 1951. Studium der Rechtswissenschaft an der Humboldt Universität. Seit 1989 aktiv in der Frauenbewegung. Mitbegründerin der Feministischen Frauenarbeitsgemeinschaft Lisa; z.Zt. Referentin des Arbeitskreises Feministische Politik der PDS-Bundestagsgruppe, Mitglied der PDS.

Heidi Knake-Werner, Dr. phil., Sozialwissenschaftlerin. Wissenschaftliche Mitarbeiterin im Bereich Familien-, Bildungs- und Industriesoziologie der Universität Oldenburg; 1969-1981 Mitglied der SPD, übernahm in dieser Zeit zahlreiche Funktionen u.a. Stadträtin von Oldenburg; nach Parteiaustritt Mitgliedschaft in der DKP bis zum Austritt 1989. Seit 1990 Engagement in der PDS, Mitglied im Präsidium und Bundesvorstand; MdB seit 1994 in der Fraktion PDS/Linke Liste.

Birgit Meyer, geb. 1949, Dr. phil., M.A.; Studium der Politischen Wissenschaften, Erziehungswissenschaften, Kommunikationsforschung und Osteuropäischen Geschichte in Hamburg, München und Bonn. Mitglied (und ehemalige Sektionsrätin) in der Sektion Frauenforschung der Deutschen Gesellschaft für Soziologie und im Arbeitskreis "Politik und Geschlecht" in der Deutschen Vereinigung für Politikwissenschaft. Seit 1988 Professorin für Politikwissenschaft/Sozialpädagogik an der Fachhochschule für Sozialwesen Esslingen mit den Schwerpunkten Frauenpolitik und Frauenarbeit. Zur Zeit Leitung von zwei Forschungsprojekten zu "Frauen in politischen Führungspositionen", gefördert vom Ministerium für Arbeit, Gesundheit, Familie und Frauen in Baden-Württemberg und von der Volkswagenstiftung im Schwerpunkt "Deutschland nach 1945".

Ingrid Reichart-Dreyer, Dr. re. pol.; Eintritt in die CDU 1965; Wissenschaftliche Assistentin der CDU Fraktion des Abgeordnetenhaus Berlins 1970-1972 und 1984-1990. Zur Zeit wissenschaftliche Assistentin am Zentralinstitut für sozialwissenschaftliche Forschung der Freien Universität Berlin,. habilitiert zum Thema "Machtverteilung und innerparteiliche Willensbildung dargestellt am Prozeß und Ergebnis der Diskussion zu einem neuen Grundsatzprogramm in der CDU 1990-1994". Arbeitsschwerpunkte: Parteienforschung, CDU: programmatische Willensbildung.

Ute Schäfer, Dipl.-Ökonomin. 1988 Eintritt in die LDPD; 1990 Kandidatin zur Leipziger Kommunalwahl; Mitbegründerin der Jungliberalen Aktion in Sachsen; 1991-1994: Mitglied des F.D.P.-Vorstandes in Sachsen; 1991-1992: Geschäftsführerin der F.D.P.-Fraktion im Leipziger Stadtparlament.

Christina Schenk, geb. 1952; Dipl.-Physikerin. Seit 1984 in der Lesbenbewegung; Mitbegründerin des Unabhängigen Frauenverbandes (UFV) und eine von dessen Vertreterinnen am Zentralen Runden Tisch der DDR. 1990-1994 Bundestagsabgeordnete des UFV in der Fraktion Bundnis '90/Die Grünen; seit 1994 MdB in der Fraktion der PDS/Linke Liste; z.Zt. Fernstudium der Soziologie/Politologie. Zahlreiche Veröffentlichungen insbes. zu Frauenbewegung in Ostdeutschland/UFV.

Christiane Schindler, Dr. phil.; Studium der Wirtschaftswissenschaft und anschließende Promotion an der Hochschule für Ökonomie Berlin. Mitbegründerin des Unabhängigen Frauenverbandes (UFV) und des frauenpolitischen Runden Tisches zur Arbeitsmarktpolitik Berlin. Seit 1990 persönliche Mitarbeiterin von MdB Christina Schenk. Zahlreiche Veröffentlichungen insbes. zu Frauenbewegung in Ostdeutschland/UFV.

Petra Weis, geb. 1957; 1. Staatsexamen in Sozialwissenschaften und Geschichte. 1980 Eintritt in die SPD. Seit 1993 Frauenreferentin beim SPD-Parteivorstand. Ehrenamtliche Funktionen in der SPD auf Ortsvereins- und Unterbezirksebene, ehrenamtliche Funktionen in der Arbeitsgemeinschaft Sozialdemokratischer Frauen (ASF) auf Unterbezirks- und Bezirksebene. Veröffentlichungen zur lokalen Frauengeschichte.